OEUVRES

DE

MONTESQUIEU.

TOME II.

CHEZ HENRI FERET, LIBRAIRE,
PLACE DU PALAIS-ROYAL, GALERIE DE NEMOURS, N° 5

IMPRIMERIE DE MARCHAND DU BREUIL,
RUE DE LA HARPE, N° 80.

OEUVRES

DE

MONTESQUIEU

AVEC

ÉLOGES, ANALYSES, COMMENTAIRES,

REMARQUES, NOTES, RÉFUTATIONS, IMITATIONS;

PAR

MM. DESTUTT DE TRACY, VILLEMAIN,

MEMBRES DE L'INSTITUT;

D'ALEMBERT, HELVÉTIUS, VOLTAIRE, CONDORCET ET BERTOLINI.

ESPRIT DES LOIS

TOME I.

A PARIS,

CHEZ DALIBON, LIBRAIRE

DE S. A. R. MONSEIGNEUR LE DUC DE NEMOURS,

RUE HAUTEFEUILLE, N° 10.

M. DCCC. XXVII.

DE
L'ESPRIT DES LOIS.

AVERTISSEMENT

DE L'AUTEUR.

Pour l'intelligence des quatre premiers livres de cet ouvrage, il faut observer 1° que ce que j'appelle la *vertu* dans la république est l'amour de la patrie, c'est-à-dire l'amour de l'égalité. Ce n'est point une vertu morale, ni une vertu chrétienne, c'est la vertu *politique;* et celle-ci est le ressort qui fait mouvoir le gouvernement républicain, comme l'*honneur* est le ressort qui fait mouvoir la monarchie. J'ai donc appelé *vertu politique* l'amour de la patrie et de l'égalité. J'ai eu des idées nouvelles; il a bien fallu trouver de nouveaux mots, ou donner aux anciens de nouvelles acceptions. Ceux qui n'ont pas compris ceci m'ont fait dire des choses absurdes, et qui seroient révoltantes dans tous les pays du monde, parce que dans tous les pays du monde on veut de la morale.

2° Il faut faire attention qu'il y a une très-grande différence entre dire qu'une certaine qualité, modification de l'âme, ou vertu, n'est pas le ressort qui fait agir un gouvernement, et dire qu'elle n'est point dans ce gouvernement. Si je disois telle roue, tel pignon, ne sont point le ressort qui fait mouvoir cette montre, en concluroit-on qu'ils ne sont point dans la montre?

Tant s'en faut que les vertus morales et chrétiennes soient exclues de la monarchie, que même la vertu politique ne l'est pas. En un mot, l'honneur est dans la république, quoique la vertu politique en soit le ressort; la vertu politique est dans la monarchie, quoique l'honneur en soit le ressort.

Enfin l'homme de bien dont il est question dans le livre III, chapitre v, n'est pas l'homme de bien chrétien, mais l'homme de bien politique, qui a la vertu politique dont j'ai parlé. C'est l'homme qui aime les lois de son pays, et qui agit par l'amour des lois de son pays. J'ai donné un nouveau jour à toutes ces choses dans cette édition-ci, en fixant encore plus les idées; et dans la plupart des endroits où je me suis servi du mot de *vertu*, j'ai mis *vertu politique*.

PRÉFACE.

Si dans le nombre infini de choses qui sont dans ce livre il y en avoit quelqu'une qui, contre mon attente, pût offenser, il n'y en a pas du moins qui y ait été mise avec mauvaise intention. Je n'ai point naturellement l'esprit désapprobateur. Platon remercioit le ciel de ce qu'il étoit né du temps de Socrate; et moi je lui rends grâces de ce qu'il m'a fait naître dans le gouvernement où je vis, et de ce qu'il a voulu que j'obéisse à ceux qu'il m'a fait aimer [1].

Je demande une grâce que je crains qu'on ne m'accorde pas; c'est de ne pas juger par la lecture d'un moment d'un travail de vingt années [2]; d'approuver ou de condamner le livre entier, et non pas quelques phrases. Si l'on veut chercher le dessein de l'auteur, on ne le peut bien découvrir que dans le dessein de l'ouvrage.

J'ai d'abord examiné les hommes, et j'ai cru

---

[1] Après avoir lu l'Esprit des Lois, on voit la franchise de cet aveu. (*Note d'Helvétius.*) Nous n'indiquerons plus celles qui appartiennent à ce commentateur que par l'initiale H.

[2] Ce n'est que dans les choses où l'auteur semble avoir des idées à lui qu'il faut critiquer, afin qu'une nouvelle erreur ne s'introduise pas. H.

que, dans cette infinie diversité de lois et de mœurs, ils n'étoient pas uniquement conduits par leurs fantaisies.

J'ai posé les principes, et j'ai vu les cas particuliers s'y plier comme d'eux-mêmes [1], les histoires de toutes les nations n'en être que les suites; et chaque loi particulière liée avec une autre loi, ou dépendre d'une autre plus générale.

Quand j'ai été rappelé à l'antiquité, j'ai cherché à en prendre l'esprit pour ne pas regarder comme semblables des cas réellement différens; et ne pas manquer les différences de ceux qui paroissent semblables.

Je n'ai point tiré mes principes de mes préjugés [2], mais de la nature des choses.

Ici, bien des vérités ne se feront sentir qu'après qu'on aura vu la chaîne qui les lie à d'autres. Plus on réfléchira sur les détails, plus on sentira la certitude des principes. Ces détails mêmes, je ne les ai pas tous donnés; car qui pourroit dire tout sans un mortel ennui?

On ne trouvera point ici ces traits saillans qui semblent caractériser les ouvrages d'aujourd'hui. Pour peu qu'on voie les choses avec une certaine étendue, les saillies s'évanouissent; elles ne nais-

---

[1] C'est souvent une très-mauvaise méthode. H.

[2] Nos préjugés nous entraînent à notre insu; et plus ils sont puissans, et moins ils sont sentis. H.

sent d'ordinaire que parce que l'esprit se jette tout d'un côté, et abandonne tous les autres.

Je n'écris point pour censurer ce qui est établi dans quelque pays que ce soit[1]. Chaque nation trouvera ici les raisons de ses maximes; et on en tirera naturellement cette conséquence, qu'il n'appartient de proposer des changemens qu'à ceux qui sont assez heureusement nés pour pénétrer d'un coup de génie toute la constitution d'un état.

Il n'est pas indifférent que le peuple soit éclairé. Les préjugés des magistrats ont commencé par être les préjugés de la nation[2]. Dans un temps d'ignorance, on n'a aucun doute, même lorsqu'on fait les plus grands maux; dans un temps de lumière, on tremble encore lorsqu'on fait les plus grands biens. On sent les abus anciens, on en voit la correction; mais on voit encore les abus de la correction même. On laisse le mal, si l'on craint le pire; on laisse le bien, si on est en doute du mieux. On ne regarde les parties que pour juger du tout ensemble; on examine toutes les causes pour voir tous les résultats.

[1] Pourquoi pas, quand ce qui est établi est mauvais et nuit au bonheur des hommes? H.

[2] Cela est certain, et même du peuple. C'est lui qui élève les magistrats, qui a soin de leur enfance. C'est le peuple dont on adopte les idées; et quand on est grand ou qu'on est petit, on dit qu'il faut les respecter.

Si je pouvois faire en sorte que tout le monde eût de nouvelles raisons pour aimer ses devoirs, son prince, sa patrie, ses lois; qu'on pût mieux sentir son bonheur dans chaque pays, dans chaque gouvernement, dans chaque poste où l'on se trouve, je me croirois le plus heureux des mortels.

Si je pouvois faire en sorte que ceux qui commandent augmentassent leurs connoissances sur ce qu'ils doivent prescrire, et que ceux qui obéissent trouvassent un nouveau plaisir à obéir, je me croirois le plus heureux des mortels.

Je me croirois le plus heureux des mortels, si je pouvois faire que les hommes pussent se guérir de leurs préjugés. J'appelle ici préjugés, non pas ce qui fait qu'on ignore de certaines choses, mais ce qui fait qu'on s'ignore soi-même [1].

C'est en cherchant à instruire les hommes que l'on peut pratiquer cette vertu générale qui comprend l'amour de tous. L'homme, cet etre flexible, se pliant dans la société aux pensées et aux impressions des autres, est également capable de connoître sa propre nature lorsqu'on la lui montre, et d'en perdre jusqu'au sentiment lorsqu'on la lui dérobe.

---

[1] Cette définition n'est pas trop intelligible. Les préjugés sont des opinions reçues et adoptées sans raison, et la vérité peut n'être qu'un préjugé; et alors elle ne sert pas beaucoup. Il faut éclairer les hommes. Ce n'est que la nuit qu'on s'égare. H.

J'ai bien des fois commencé et bien des fois abandonné cet ouvrage; j'ai mille fois envoyé aux vents les feuilles que j'avois écrites [1]; je sentois tous les jours les mains paternelles tomber [2]; je suivois mon objet sans former de dessein; je ne connoissois ni les règles, ni les exceptions; je ne trouvois la vérité que pour la perdre : mais quand j'ai découvert mes principes, tout ce que je cherchois est venu à moi; et, dans le cours de vingt années, j'ai vu mon ouvrage commencer, croître, s'avancer et finir.

Si cet ouvrage a du succès, je le devrai beaucoup à la majesté de mon sujet : cependant je ne crois pas avoir totalement manqué de génie. Quand j'ai vu ce que tant de grands hommes, en France, en Angleterre et en Allemagne, ont écrit avant moi, j'ai été dans l'admiration, mais je n'ai point perdu le courage. « Et moi aussi je suis peintre [3] », ai-je dit avec le Corrége.

[1] *Ludibria ventis.*
[2] *Bis patriæ cecidere manus...*
[3] *Ed io anche son pittore.*

ANALYSE

DE

L'ESPRIT DES LOIS,

PAR D'ALEMBERT;

POUR SERVIR DE SUITE A L'ÉLOGE DE MONTESQUIEU.

La plupart des gens de lettres qui ont parlé de l'*Esprit des Lois* s'étant plus attachés à le critiquer qu'à en donner une idée juste, nous allons tâcher de suppléer à ce qu'ils auroient dû faire, et d'en développer le plan, le caractère et l'objet. Ceux qui en trouveront l'analyse trop longue, jugeront peut-être, après l'avoir lue, qu'il n'y avoit que ce seul moyen de bien faire saisir la méthode de l'auteur. On doit se souvenir d'ailleurs que l'histoire des écrivains célèbres n'est que celle de leurs pensées et de leurs travaux, et que cette partie de leur éloge en est la plus essentielle et la plus utile.

Les hommes, dans l'état de nature, abstraction faite de toute religion, ne connoissant, dans les différends qu'ils peuvent avoir, d'autre loi que celle des animaux, le droit du plus fort, on doit regarder l'établissement des sociétés comme une espèce de traité contre ce droit injuste ; traité destiné à établir entre les différentes parties du genre humain une sorte de balance. Mais il en est de l'équilibre moral comme du physique ; il est rare qu'il soit parfait et durable ; et les traités du genre humain sont, comme les traités entre nos princes, une semence continuelle de divisions. L'intérêt, le besoin et le plaisir, ont rapproché les hommes; mais ces mêmes motifs les poussent sans cesse à vouloir jouir des avantages de la société sans en porter les charges ; et c'est en ce sens qu'on peut dire, avec l'auteur, que les hommes, dès qu'ils sont en société, sont en état de guerre. Car la guerre suppose, dans ceux qui se la font, sinon l'égalité de force, au moins l'opinion de cette égalité ; d'où naît le désir et l'espoir mutuel de se vaincre. Or, dans l'état de société, si la balance n'est jamais parfaite entre les hommes, elle n'est pas non plus trop inégale : au contraire, ou ils n'auroient rien à se disputer dans l'état de nature, ou si la nécessité les y obligeoit, on ne verroit que la foiblesse fuyant devant la force, des oppresseurs sans combat, et des opprimés sans résistance.

Voila donc les hommes réunis et armés tout à la fois, s'embrassant d'un côté, si on peut parler ainsi, et cherchant de l'autre à se blesser mutuellement. Les lois sont le lien plus ou moins efficace destiné à suspendre ou à retenir leurs coups : mais l'étendue prodigieuse du globe que nous habitons, la nature différente des régions de la terre et des peuples qui la couvrent, ne permettant pas que tous les hommes vivent sous un seul et même gouvernement, le genre humain a dû se partager en un certain nombre d'états, distingués par la différence des lois auxquelles ils obéissent. Un seul gouvernement n'auroit fait du genre humain qu'un corps exténué et languissant, étendu sans vigueur sur la surface de la terre : les différens états sont autant de corps agiles et robustes, qui, en se donnant la main les uns aux autres, n'en forment qu'un, et dont l'action réciproque entretient partout le mouvement et la vie.

On peut distinguer trois sortes de gouvernemens ; le républicain, le monarchique, le despotique. Dans le républicain, le peuple en corps a la souveraine puissance. Dans le monarchique, un seul gouverne par des lois fondamentales. Dans le despotique, on ne connoît d'autre loi que la volonté du maître, ou plutôt du tyran. Ce n'est pas à dire qu'il n'y ait dans l'univers que ces trois espèces d'états ; ce n'est pas à dire même qu'il y ait des états qui appartiennent uniquement et rigoureusement à quelqu'une de ces formes ; la plupart sont, pour ainsi dire, mi-partis ou nuancés les uns des autres. Ici, la monarchie incline au despotisme; là, le gouvernement monarchique est combiné avec le républicain; ailleurs, ce n'est pas le peuple entier, c'est seulement une partie du peuple qui fait les lois. Mais la division précédente n'en est pas moins exacte et moins juste. Les trois espèces de gouvernement qu'elle renferme sont tellement distinguées qu'elles n'ont proprement rien de commun; et d'ailleurs tous les états que nous connoissons participent de l'une ou de l'autre. Il étoit donc nécessaire de former de ces trois espèces des classes particulières, et de s'appliquer à déterminer les lois qui leur sont propres. Il sera facile ensuite de modifier ces lois dans l'application à quelque gouvernement que ce soit, selon qu'il appartiendra plus ou moins à ces différentes formes.

Dans les divers états, les lois doivent être relatives à leur *nature*, c'est-à-dire à ce qui les constitue; et à leur *principe*, c'est-à-dire à ce qui les soutient et les fait agir; distinction importante, la clef d'une infinité de lois, et dont l'auteur tire bien des conséquences.

Les principales lois relatives à la *nature* de la démocratie sont que le peuple y soit, à certains égards, le monarque, à d'autres, le sujet; qu'il élise et juge ses magistrats; et que les magistrats, en certaines occasions, décident. La nature de la monarchie demande qu'il y ait entre le monarque et le peuple beaucoup de pouvoirs et de rangs intermédiaires, et un corps dépositaire des lois, médiateur entre les sujets et le prince. La nature du despotisme exige que le tyran exerce son autorité, ou par lui seul, ou par un seul qui le représente.

Quant au *principe* des trois gouvernemens, celui de la démocratie est l'amour de la république, c'est-à-dire de l'égalité. Dans les monarchies, où un seul est le dispensateur des distinctions et des récompenses, et où l'on s'accoutume à confondre l'état avec ce seul homme, le principe est l'honneur, c'est-à-dire l'ambition et l'amour de l'estime. Sous le despotisme enfin, c'est la crainte. Plus ces principes sont en vigueur, plus le gouvernement est stable; plus ils s'alterent et se corrompent, plus il incline à sa destruction. Quand l'auteur parle de l'égalité dans les démocraties, il n'entend pas une égalité extrême, absolue, et par conséquent chimérique; il entend cet heureux équilibre qui rend tous les citoyens également soumis aux lois, et également intéressés à les observer.

Dans chaque gouvernement les lois de l'éducation doivent être relatives au *principe*. On entend ici par *éducation* celle qu'on reçoit en entrant dans le monde, et non celle des parens et des maîtres, qui souvent y est contraire, et surtout dans certains états. Dans les monarchies, l'éducation doit avoir pour objet l'urbanité et les égards réciproques : dans les états despotiques, la terreur et l'avilissement des esprits : dans les républiques, on a besoin de toute la puissance de l'éducation; elle doit inspirer un sentiment noble, mais pénible, le renoncement à soi-même, d'où naît l'amour de la patrie.

Les lois que le législateur donne doivent être conformes au *principe* de chaque gouvernement : dans la république, entretenir l'égalité et la frugalité; dans la monarchie, soutenir la noblesse sans écraser le peuple; sous le gouvernement despotique, tenir également tous les états dans le silence. On ne doit point accuser M. de Montesquieu d'avoir ici tracé aux souverains les principes du pouvoir arbitraire, dont le nom seul est odieux aux princes justes, et à plus forte raison au citoyen sage et vertueux. C'est travailler à l'anéantir que de montrer ce qu'il faut faire pour le conserver. La perfection de ce gouvernement en est la ruine; et le code exact de la tyrannie, tel que l'auteur le donne, est en même temps la satire et le fléau le plus redoutable des tyrans. A l'égard des autres gouvernemens, ils ont chacun leurs avantages : le républicain est plus propre aux petits états; le monarchique aux grands; le républicain plus sujet aux excès, le monarchique aux abus;

le républicain apporte plus de maturité dans l'exécution des lois, le monarchique plus de promptitude.

La différence des principes des trois gouvernemens doit en produire dans le nombre et l'objet des lois, dans la forme des jugemens et la nature des peines. La constitution des monarchies étant invariable et fondamentale, exige plus de lois civiles et de tribunaux, afin que la justice soit rendue d'une manière plus uniforme et moins arbitraire. Dans les états modérés, soit monarchies, soit républiques, on ne sauroit apporter trop de formalités aux lois criminelles. Les peines doivent non-seulement être en proportion avec le crime, mais encore les plus douces qu'il est possible, surtout dans la démocratie : l'opinion attachée aux peines fera souvent plus d'effet que leur grandeur même. Dans les républiques, il faut juger selon la loi, parce qu'aucun particulier n'est le maître de l'altérer. Dans les monarchies, la clémence du souverain peut quelquefois l'adoucir; mais les crimes ne doivent jamais y être jugés que par les magistrats expressément chargés d'en connoître. Enfin, c'est principalement dans les démocraties que les lois doivent être sévères contre le luxe, le relâchement des mœurs et la séduction des femmes. Leur douceur et leur foiblesse même les rendent assez propres à gouverner dans les monarchies; et l'histoire prouve que souvent elles ont porté la couronne avec gloire.

M. de Montesquieu, ayant ainsi parcouru chaque gouvernement en particulier, les examine ensuite dans le rapport qu'ils peuvent avoir les uns aux autres, mais seulement sous le point de vue le plus général, c'est-à-dire sous celui qui est uniquement relatif à leur nature et à leur principe. Envisagés de cette manière, les états ne peuvent avoir d'autres rapports que celui de se défendre ou d'attaquer. Les républiques devant, par leur nature, renfermer un petit état, elles ne peuvent se défendre sans alliance; mais c'est avec des républiques qu'elles doivent s'allier. La force défensive de la monarchie consiste principalement à avoir des frontières hors d'insulte. Les états ont, comme les hommes, le droit d'attaquer pour leur propre conservation : du droit de la guerre dérive celui de conquête; droit nécessaire, légitime et malheureux, *qui laisse toujours à payer une dette immense pour s'acquitter envers la nature humaine*, et dont la loi générale est de faire aux vaincus le moins de mal qu'il est possible. Les républiques peuvent moins conquérir que les monarchies : des conquêtes immenses supposent le despotisme, ou l'assurent. Un des grands principes de l'esprit de conquête doit être de rendre meilleure, autant qu'il est possible, la condition du peuple conquis : c'est satisfaire tout à fois la loi naturelle et la maxime d'état. Rien n'est plus beau que le traité de paix de Gélon avec les Carthaginois, par lequel il leur défendit d'immoler à l'avenir leurs propres enfans. Les Espagnols, en conquérant le Pérou, auroient dû obliger de même les habitans à ne plus immoler des hommes à leurs dieux; mais ils crurent plus avantageux d'immoler ces peuples mêmes. Ils n'eurent plus pour conquête qu'un vaste désert; ils furent forcés à dépeupler leur pays, et s'affoiblirent pour toujours par leur propre victoire. On peut être obligé quelquefois de changer les lois du peuple vaincu; rien ne peut jamais obliger de lui ôter ses mœurs, ou même ses coutumes, qui sont souvent toutes ses mœurs. Mais le moyen le plus sûr de conserver une conquête, c'est de mettre, s'il est possible, le peuple vaincu au niveau du peuple conquérant, de lui accorder les mêmes droits et les mêmes priviléges : c'est ainsi qu'en ont souvent usé les Romains; c'est ainsi surtout qu'en usa César à l'égard des Gaulois.

Jusqu'ici, en considérant chaque gouvernement tant en lui-même que dans son rapport aux autres, nous n'avons eu égard ni à ce qui doit leur être commun, ni aux circonstances particulières, tirées ou de la nature du pays, ou du génie des peuples : c'est ce qu'il faut maintenant développer.

La loi commune de tous les gouvernemens, du moins des gouvernemens modérés et par conséquent justes, est la liberté politique, dont chaque citoyen doit jouir. Cette liberté n'est point la licence absurde de faire tout ce qu'on veut, mais le pouvoir de faire tout ce que les lois permettent. Elle peut être envisagée, ou dans son rapport à la constitution, ou dans son rapport au citoyen.

Il y a dans la constitution de chaque état deux sortes de pouvoirs ; la puissance *législative*, et l'*exécutrice* ; et cette dernière a deux objets, l'intérieur de l'état et le dehors. C'est de la distribution légitime et de la répartition convenable de ces différentes espèces de pouvoirs que dépend la plus grande perfection de la liberté politique par rapport à la constitution. M. de Montesquieu en apporte pour preuve la constitution de la république romaine et celle de l'Angleterre. Il trouve le principe de celle-ci dans cette loi fondamentale du gouvernement des anciens Germains, que les affaires peu importantes y étoient décidées par les chefs, et que les grandes étoient portées au tribunal de la nation, après avoir auparavant été agitées par les chefs. M. de Montesquieu n'examine point si les Anglais jouissent ou non de cette extrême liberté politique que leur constitution leur donne ; il lui suffit qu'elle soit établie par leurs lois. Il est encore plus éloigné de vouloir faire la satire des autres états : il croit au contraire que l'excès, même dans le bien, n'est pas toujours désirable; que la liberté extrême a ses inconvéniens comme l'extrême servitude; et qu'en général la nature humaine s'accommode mieux d'un état moyen.

La liberté politique, considérée par rapport au citoyen, consiste dans la sûreté où il est, à l'abri des lois; ou du moins dans l'opinion de cette sûreté, qui fait qu'un citoyen n'en craint point un autre. C'est principalement par la nature et la proportion des peines que cette liberté s'établit ou se détruit. Les crimes contre la religion doivent être punis par la privation des biens que la religion procure; les crimes contre les mœurs, par la honte; les crimes contre la tranquillité publique, par la prison ou l'exil; les crimes contre la sûreté, par les supplices. Les écrits doivent être moins punis que les actions; jamais les simples pensées ne doivent l'être. Accusations non juridiques, espions, lettres anonymes, toutes ces ressources de la tyrannie, également honteuses à ceux qui en sont l'instrument et à ceux qui s'en servent, doivent être proscrites dans un bon gouvernement monarchique. Il n'est permis d'accuser qu'en face de la loi qui punit toujours ou l'accusé ou le calomniateur. Dans tout autre cas, ceux qui gouvernent doivent dire avec l'empereur Constance : *Nous ne* saurions soupçonner celui à qui il a manqué un accusateur, lorsqu'il ne lui manquoit pas un ennemi. C'est une très-bonne institution que celle d'une partie publique qui se charge, au nom de l'état, de poursuivre les crimes, et qui ait toute l'utilité des délateurs sans en avoir les vils intérêts, les inconvéniens et l'infamie.

La grandeur des impôts doit être en proportion directe avec la liberté. Ainsi, dans les démocraties, ils peuvent être plus grands qu'ailleurs, sans être onéreux, parce que chaque citoyen les regarde comme un tribut qu'il se paie à lui-même, et qui assure la tranquillité et le sort de chaque membre. De plus, dans un état démocratique, l'emploi infidèle des deniers publics est plus difficile, parce qu'il est plus aisé de le connoître et de le punir, le dépositaire en devant compte, pour ainsi dire, au premier citoyen qui l'exige.

Dans quelque gouvernement que ce soit, l'espèce de tributs la moins onéreuse est celle qui est établie sur les marchandises, parce que le citoyen paie sans s'en apercevoir. La quantité excessive de troupes, en temps de paix, n'est qu'un prétexte pour charger le peuple d'impôts, un moyen d'énerver l'état, et un instrument de servitude. La régie des tributs, qui en fait rentrer le produit en entier dans le fisc public, est, sans comparaison, moins à charge au peuple, et par conséquent plus avantageuse, lorsqu'elle peut avoir lieu, que la ferme de ces mêmes tributs, qui laisse toujours entre les mains de quelques particuliers une partie des revenus de l'état. Tout est perdu surtout (ce sont ici les termes de l'auteur) lorsque la profession de traitant devient honorable; et elle le devient dès que le luxe est en vigueur. Laisser quelques hommes se nourrir de la substance publique pour les dépouiller à leur tour, comme on l'a autrefois pratiqué dans certains états, c'est réparer une injustice par une autre, et faire deux maux au lieu d'un.

Venons maintenant, avec M. de Montesquieu, aux circonstances particulières indépendantes de la nature du gouvernement, et qui doivent en modifier les lois. Les circonstances qui viennent de la nature du pays sont de deux sortes; les unes ont rapport au climat, les autres au terrain. Personne ne doute que le climat n'influe sur la disposition habituelle des corps, et par conséquent sur les caractères; c'est pourquoi les lois doivent se conformer au physique du climat dans les choses indifférentes, et au contraire le combattre dans les effets vicieux. Ainsi, dans les pays où l'usage du vin est nuisible, c'est une très-bonne loi que celle qui l'interdit : dans les pays où la chaleur du climat porte à la paresse, c'est une très-bonne loi que celle qui encourage au travail. Le gouvernement peut donc corriger les effets du climat : et cela suffit pour mettre l'*Esprit des Lois* à couvert du reproche très-injuste qu'on lui a fait d'attribuer tout au froid et à la chaleur; car, outre que la chaleur et le froid ne sont pas la seule chose par laquelle les climats soient distingués, il seroit aussi absurde de nier certains effets du climat que de vouloir lui attribuer tout.

L'usage des esclaves, établi dans les pays chauds de l'Asie et de l'Amérique, et réprouvé dans les climats tempérés de l'Europe, donne sujet à l'auteur de traiter de l'esclavage civil. Les hommes n'ayant pas plus de droit sur la liberté que sur la vie les uns des autres, il s'ensuit que l'esclavage, généralement parlant, est contre la loi naturelle. En effet, le droit d'esclavage ne peut venir ni de la guerre, puisqu'il ne pourroit être alors fondé que sur le rachat de la vie, et qu'il n'y a plus de droit sur la vie de ceux qui n'attaquent plus; ni de la vente qu'un homme fait de lui-même à un autre, puisque tout citoyen, étant redevable de sa vie à l'état, lui est, à plus forte raison, redevable de sa liberté, et par conséquent n'est pas le maître de la vendre. D'ailleurs quel seroit le prix de cette vente? Ce ne peut être l'argent donné au vendeur, puisqu'au moment qu'on se rend esclave toutes les possessions appartiennent au maître : or une vente sans prix est aussi chimérique qu'un contrat sans condition. Il n'y a peut-être jamais eu qu'une loi juste en faveur de l'esclavage; c'étoit la loi romaine qui rendoit le débiteur esclave du créancier : encore cette loi, pour être équitable, devoit borner la servitude quant au degré et quant au temps. L'esclavage peut tout au plus être toléré dans les états despotiques, où les hommes libres, trop foibles contre le gouvernement, cherchent à devenir pour leur propre utilité les esclaves de ceux qui tyrannisent l'état; ou bien dans les climats dont la chaleur énerve si fort le corps et affoiblit tellement le courage, que les hommes n'y sont portés à un devoir pénible que par la crainte du châtiment.

A côté de l'esclavage civil on peut placer la servitude domestique, c'est-à-dire celle où les femmes sont dans certains climats. Elle peut avoir lieu dans ces contrées de l'Asie où elles sont en état d'habiter avec les hommes avant que de pouvoir faire usage de leur raison; nubiles par la loi du climat, enfans par celle de la nature. Cette sujétion devient encore plus nécessaire dans les pays où la polygamie est établie; usage que M. de Montesquieu ne prétend pas justifier dans ce qu'il a de contraire à la religion, mais qui, dans les lieux où il est reçu (et à ne parler que politiquement), peut être fondé jusqu'à un certain point, ou sur la nature du pays, ou sur le rapport du nombre des femmes au nombre des hommes. M. de Montesquieu parle à cette occasion de la répudiation et du divorce; et il établit sur de bonnes raisons que la répudiation, une fois admise, devroit être permise aux femmes comme aux hommes.

Si le climat a tant d'influence sur la servitude domestique et civile, il n'en a pas moins sur la servitude politique; c'est-à-dire sur celle qui soumet un peuple à un autre. Les peuples du nord sont plus forts et plus courageux que ceux du midi : ceux-ci doivent donc en général être subjugués, ceux-là conquérans; ceux-ci esclaves, ceux-là libres. C'est aussi ce que l'histoire confirme : l'Asie a été conquise onze fois par les peuples du nord; l'Europe a souffert beaucoup moins de révolutions.

A l'égard des lois relatives à la nature du terrain, il est clair que la démocratie convient mieux que la monarchie aux pays stériles, où la terre a besoin de toute l'industrie des hommes. La liberté d'ailleurs est, en ce cas, une espèce de dédommagement de la dureté du travail. Il faut plus de lois pour un peuple agriculteur que pour un peuple qui nourrit des troupeaux, pour celui-ci que pour un peuple chasseur, pour un peuple qui fait usage de la monnoie que pour celui qui l'ignore.

Enfin, on doit avoir égard au génie particulier

de la nation. La vanité, qui grossit les objets, est un bon ressort pour le gouvernement; l'orgueil, qui les déprise, est un ressort dangereux. Le législateur doit respecter, jusqu'à un certain point, les préjugés, les passions, les abus. Il doit imiter Solon, qui avoit donné aux Athéniens, non les meilleures lois en elles-mêmes, mais les meilleures qu'ils pussent avoir : le caractère de ces peuples demandoit des lois plus faciles; le caractère dur des Lacédémoniens, des lois plus sévères. Les lois sont un mauvais moyen pour changer les manières et les usages; c'est par les récompenses et l'exemple qu'il faut tâcher d'y parvenir. Il est pourtant vrai en même temps que les lois d'un peuple, quand on n'affecte pas d'y choquer grossièrement et directement ses mœurs, doivent influer insensiblement sur elles, soit pour les affermir, soit pour les changer.

Après avoir approfondi de cette manière la nature et l'esprit des lois par rapport aux différentes espèces de pays et de peuples, l'auteur revient de nouveau à considérer les états les uns par rapport aux autres. D'abord, en les comparant entre eux d'une manière générale, il n'avoit pu les envisager que par rapport au mal qu'ils peuvent se faire; ici il les envisage par rapport aux secours mutuels qu'ils peuvent se donner; or ces secours sont principalement fondés sur le commerce. Si l'esprit de commerce produit naturellement un esprit d'intérêt opposé à la sublimité des vertus morales, il rend aussi un peuple naturellement juste, et en éloigne l'oisiveté et le brigandage. Les nations libres qui vivent sous des gouvernemens modérés doivent s'y livrer plus que les nations esclaves. Jamais une nation ne doit exclure de son commerce une autre nation sans de grandes raisons. Au reste, la liberté en ce genre n'est pas une faculté absolue accordée aux négocians de faire ce qu'ils veulent; faculté qui leur seroit souvent préjudiciable : elle consiste à ne gêner les négocians qu'en faveur du commerce. Dans la monarchie, la noblesse ne doit point s'y adonner, encore moins le prince. Enfin il est des nations auxquelles le commerce est désavantageux : ce ne sont pas celles qui n'ont besoin de rien, mais celles qui ont besoin de tout : paradoxe que l'auteur rend sensible par l'exemple de la Pologne, qui manque de tout, excepté du blé, et qui, par le commerce qu'elle en fait, prive les paysans de leur nourriture pour satisfaire au luxe des seigneurs. M. de Montesquieu, à l'occasion des lois que le commerce exige, fait l'histoire de ses différentes révolutions : et cette partie de son livre n'est ni la moins intéressante, ni la moins curieuse. Il compare l'appauvrissement de l'Espagne par la découverte de l'Amérique au sort de ce prince imbécile de la fable, prêt à mourir de faim pour avoir demandé aux dieux que tout ce qu'il toucheroit se convertît en or. L'usage de la monnoie étant une partie considérable de l'objet du commerce et son principal instrument, il a cru devoir, en conséquence, traiter des opérations sur la monnoie, du change, du paiement des dettes publiques, du prêt à intérêt, dont il fixe les lois et les limites, et qu'il ne confond nullement avec les excès si justement condamnés de l'usure.

La population et le nombre des habitans ont avec le commerce un rapport immédiat; et les mariages ayant pour objet la population, M. de Montesquieu approfondit ici cette importante matière. Ce qui favorise le plus la propagation est la continence publique; l'expérience prouve que les conjonctions illicites y contribuent peu, et même y nuisent. On a établi avec justice pour les mariages le consentement des pères : cependant on y doit mettre des restrictions; car la loi doit en général favoriser les mariages. La loi qui défend le mariage des mères avec les fils est (indépendamment des préceptes de la religion) une très-bonne loi civile; car, sans parler de plusieurs autres raisons, les contractans étant d'âge très-différent, ces sortes de mariages peuvent rarement avoir la propagation pour objet. La loi qui défend le mariage du père avec la fille est fondée sur les mêmes motifs : cependant (à ne parler que civilement) elle n'est pas si indispensablement nécessaire que l'autre à l'objet de la population, puisque la vertu d'engendrer finit beaucoup plus tard dans les hommes : aussi l'usage contraire a-t-il eu lieu chez certains peuples que la lumière du christianisme n'a point éclairés. Comme la nature porte d'elle-même au mariage, c'est un mauvais gouvernement que celui où on aura besoin d'y encourager. La liberté, la sûreté, la modération des impôts, la proscription du luxe, sont les vrais principes et les vrais soutiens de la population : cependant on peut avec succès faire des lois pour encourager les mariages, quand, malgré la corruption, il reste encore des ressorts dans le peuple qui l'attachent à sa patrie. Rien n'est plus beau que les lois d'Auguste pour favoriser la propagation de l'espèce. Par malheur il fit ces lois dans la décadence ou plutôt dans la chute de la république; et les citoyens découragés devoient prévoir qu'ils ne mettroient plus au monde que des esclaves : aussi l'exécution de ces lois fut-elle bien foible durant tout le temps des empereurs païens. Constantin enfin les abolit en se faisant chrétien ; comme si le christianisme avoit pour but de dépeupler la société, en conseillant à un petit nombre la perfection du célibat !

L'établissement des hôpitaux, selon l'esprit dans

lequel il est fait, peut nuire à la population, ou la favoriser. Il peut et il doit même y avoir des hôpitaux dans un état dont la plupart des citoyens n'ont que leur industrie pour ressource, parce que cette industrie peut quelquefois être malheureuse; mais les secours que ces hôpitaux donnent ne doivent être que passagers, pour ne point encourager la mendicité et la fainéantise. Il faut commencer par rendre le peuple riche, et bâtir ensuite des hôpitaux pour les besoins imprévus et pressans. Malheureux les pays où la multitude des hôpitaux et des monastères, qui ne sont que des hôpitaux perpétuels, fait que tout le monde est à son aise, excepté ceux qui travaillent!

M. de Montesquieu n'a encore parlé que des lois humaines. Il passe maintenant à celles de la religion qui, dans presque tous les états, font un objet si essentiel du gouvernement. Partout il fait l'éloge du christianisme, il en montre les avantages et la grandeur; il cherche à le faire aimer; il soutient qu'il n'est pas impossible, comme Bayle l'a prétendu, qu'une société de parfaits chrétiens forme un état subsistant et durable : mais il s'est cru permis aussi d'examiner ce que les différentes religions (humainement parlant) peuvent avoir de conforme ou de contraire au génie et à la situation des peuples qui les professent. C'est dans ce point de vue qu'il faut lire tout ce qu'il a écrit sur cette matière, et qui a été l'objet de tant de déclamations injustes. Il est surprenant surtout que, dans un siècle qui en appelle tant d'autres barbares, on lui ait fait un crime de ce qu'il dit de la tolérance; comme si c'étoit approuver une religion que de la tolérer; comme si enfin l'Évangile même ne proscrivoit pas tout autre moyen de le répandre que la douceur et la persuasion. Ceux en qui la superstition n'a pas éteint tout sentiment de compassion et de justice ne pourront lire sans être attendris la remontrance aux inquisiteurs, ce tribunal odieux qui outrage la religion en paroissant la venger.

Enfin, après avoir traité en particulier des différentes espèces de lois que les hommes peuvent avoir, il ne reste plus qu'à les comparer toutes ensemble, et à les examiner dans leur rapport avec les choses sur lesquelles elles statuent. Les hommes sont gouvernés par différentes espèces de lois : par le droit naturel, commun à chaque individu ; par le droit divin, qui est celui de la religion; par le droit ecclésiastique, qui est celui de la police de la religion; par le droit civil, qui est celui des membres d'une même société; par le droit politique, qui est celui du gouvernement de cette société; par le droit des gens, qui est celui des sociétés les unes par rapport aux autres. Ces droits ont chacun leurs objets distingués, qu'il faut bien se garder de confondre. On ne doit jamais régler par l'un ce qui appartient à l'autre, pour ne point mettre de désordre ni d'injustice dans les principes qui gouvernent les hommes. Il faut enfin que les principes qui prescrivent le genre des lois, et qui en circonscrivent l'objet, règnent aussi dans la manière de les composer. L'esprit de modération doit, autant qu'il est possible, en dicter toutes les dispositions. Des lois bien faites seront conformes à l'esprit du législateur, même en paroissant s'y opposer. Telle étoit la fameuse loi de Solon par laquelle tous ceux qui ne prenoient point de part dans les séditions étoient déclarés infâmes. Elle prévenoit les séditions, ou les rendoit utiles, en forçant tous les membres de la république à s'occuper de ses vrais intérêts. L'ostracisme même étoit une très-bonne loi ; car, d'un côté, elle étoit honorable au citoyen qui en étoit l'objet, et prévenoit, de l'autre, les effets de l'ambition : il falloit d'ailleurs un très-grand nombre de suffrages, et on ne pouvoit bannir que tous les cinq ans. Souvent les lois qui paroissent les mêmes n'ont ni le même motif, ni le même effet, ni la même équité ; la forme du gouvernement, les conjonctures, et le génie du peuple, changent tout. Enfin le style des lois doit être simple et grave. Elle peuvent se dispenser de motiver, parce que le motif est supposé exister dans l'esprit du législateur ; mais quand elles motivent ce doit être sur des principes évidens. Elles ne doivent pas ressembler à cette loi qui, défendant aux aveugles de plaider, apporte pour raison qu'ils ne peuvent pas voir les ornemens de la magistrature.

M. de Montesquieu, pour montrer par des exemples l'application de ses principes, a choisi deux différens peuples, le plus célèbre de la terre, et celui dont l'histoire nous intéresse le plus, les Romains et les Français. Il ne s'attache qu'à une partie de la jurisprudence du premier, celle qui regarde les successions. A l'égard des Français, il entre dans le plus grand détail sur l'origine et les révolutions de leurs lois civiles, et sur les différens usages abolis ou subsistans qui en ont été la suite. Il s'étend principalement sur les lois féodales, cette espèce de gouvernement inconnu à toute l'antiquité, qui le sera peut-être pour toujours aux siècles futurs, et qui a fait tant de biens et tant de maux. Il discute surtout ces lois dans le rapport qu'elles ont à l'établissement et aux révolutions de la monarchie française. Il prouve contre M. l'abbé Dubos que les Francs sont réellement entrés en conquérans dans les Gaules, et qu'il n'est pas vrai, comme cet auteur le prétend, qu'ils aient été appelés par les peuples pour succéder aux droits des empereurs romains qui les opprimoient. Détail profond, exact et curieux, mais dans lequel il nous est impossible de le suivre.

Telle est l'analyse générale, mais très-informe et très-imparfaite, de l'ouvrage de M. de Montesquieu. Nous l'avons séparée du reste de son éloge, pour ne pas trop interrompre la suite de notre récit.

ANALYSE RAISONNÉE

DE

L'ESPRIT DES LOIS,

PAR BERTOLINI.

L'AUTEUR des *Considérations sur les causes de la grandeur des Romains et de leur décadence* a publié un ouvrage de législation. Une parfaite harmonie, un heureux enchaînement, une exacte ressemblance, et, pour ainsi dire, un même air majestueux de famille entre ces deux originaux, ont indiqué d'abord les mêmes mains paternelles. C'est ainsi que Platon, Cicéron et autres grands hommes, après avoir développé les ressorts des gouvernemens, s'attachèrent à donner des règles de législation; tant il est vrai que la durée et la prospérité des états sont inséparables de la bonté des lois, et que de pareilles opérations sont réservées à des hommes rares et d'une extrême vigueur de génie, capables de tracer le plan des empires et d'en jeter les fondemens.

L'objet de l'ouvrage ne sauroit être plus intéressant : on ne cherche qu'à augmenter les connoissances de ceux qui commandent, sur ce qu'ils doivent prescrire, et à faire trouver à ceux qui obéissent un nouveau plaisir à obéir.

Il est aisé de remplir un objet aussi bienfaisant, quand on se propose des principes également bienfaisans. La paix et le désir de vivre en société, puisés dans les lois de la nature ; le système, autant dangereux qu'absurde, de l'état naturel de guerre, anéanti ; le droit des gens établi sur ce grand principe, que les nations doivent se faire dans la paix le plus de bien, et dans la guerre le moins de mal qu'il est possible ; l'esprit de conquête et d'agrandissement, décrié ; des flétrissures perpétuelles sur le despotisme ; de l'horreur contre les grands coups d'autorité ; la félicité publique fondée sur le rapport d'amour entre le souverain et les sujets ; enfin des maximes propres à faire naître la candeur des mœurs et la douceur des lois : voilà les principaux traits de cet ouvrage, qui forment son esprit général, ou plutôt le triomphe de la modération et de la sûreté.

Notre auteur considère d'abord les lois dans la vue la plus universelle, c'est-à-dire ces lois générales et immuables qui, dans la relation qu'elles ont avec les divers êtres physiques, s'observent, sans aucune exception, avec un ordre, une régularité et une promptitude infinie.

Il fait descendre du ciel les lois primitives dans la relation qu'elles ont avec les êtres intelligens.

Comme ces lois doivent leur origine non aux institutions humaines, mais à l'auteur de la nature, on est charmé d'y voir résider la vérité, sans que leurs traits vieillissent jamais.

Il examine les lois par rapport à l'homme considéré avant l'établissement des sociétés, et par conséquent dans l'état de nature. Il les cherche telles qu'on les a fixées après que les hommes se sont liés en société, dans les rapports, ou de nation à nation, ce qui forme le *droit des gens;* ou du souverain aux sujets, ce qui établit le *droit politique;* ou de citoyen à citoyen, ce qui constitue le *droit civil.* Notre auteur a trop de pénétration pour ne pas apercevoir la suprême influence de ces notions, qui dominent sur le corps entier de son ouvrage : aussi est-il attentif à porter une lumière toute nouvelle sur cette matière qui, malgré les éclaircissemens de tant d'habiles gens, ne laissoit pas d'être encore de nos jours défigurée par des absurdités.

Après ces notions préliminaires, la constitution des gouvernemens, leur force offensive et défensive, la liberté, le physique du climat et du terroir, l'esprit général de la nation, le commerce, la population, sont les principaux chefs auxquels notre auteur rapporte la législation [1]. C'est de ces

---

[1] J'ai cru à propos, en renvoyant le lecteur à l'original, de me

rapports primitifs qu'une infinité d'autres coulent comme de leur source.

Pour ce qui est de la constitution, il fixe trois espèces de gouvernemens : *républicain*, *monarchique* et *despotique*. Il en découvre la nature, et il montre les lois fondamentales qui en dérivent. Ces lois partent d'elles-mêmes d'une si grande universalité, qu'on peut les regarder comme la base de la constitution. Comme c'est par ces lois fondamentales qu'il faut régler la puissance souveraine, les droits des sujets et les fonctions des magistrats, aussi est-ce dans la juste fixation de ces mêmes lois que notre auteur s'est signalé. J'oserai presque dire que ses théories n'ont pas produit une admiration stérile. Il ne s'arrête pas à des préjugés; il va directement au but des choses, tirant ces lois de la nature de chaque constitution. C'est ainsi qu'un auteur judicieux établit des principes.

Comme chaque espèce de gouvernement, outre

---

taire dans mon travail à l'égard des lois civiles de la monarchie française et de ses lois féodales, matières difficiles, épineuses, et qui demandent des connoissances locales et sans nombre. J'en ai agi de même au sujet des lois par rapport à la religion. Eh! comment un écrivain subalterne oseroit-il lever ses mains tremblantes pour cueillir des fruits d'un arbre qui a sa racine dans le ciel? Je n'ai rien dit non plus sur quelques exemples. Néanmoins toutes les grosses masses y restent.

ses lois fondamentales qui lui sont propres, a besoin aussi de ressorts particuliers qui maintiennent et soutiennent sa constitution et la fassent agir, notre auteur, avec un esprit de justesse et de précision incomparable, recherche, examine et découvre ces ressorts dans la nature même de chaque gouvernement; ressorts qu'il appelle *principes*. La *vertu politique*, c'est-à-dire l'amour de la patrie et de l'égalité, fait agir le gouvernement républicain; l'*honneur* est le mobile du gouvernement monarchique; la *crainte* entraîne tout dans le gouvernement despotique. Ces principes ont tant de vues, et ils influent si immédiatement sur la constitution, qu'on peut les considérer comme la clef d'une infinité de lois. Notre auteur découvre d'un si beau point de vue les détails immenses des lois.

C'est à ce principe qu'il rapporte les lois de l'éducation. En effet, c'est par-là que les grands politiques et les sages législateurs ont tracé le plan de leur législation, ayant toujours regardé l'éducation comme l'âme, l'ordre, le conseil, la vigueur du gouvernement. C'est surtout lorsqu'il parle de l'éducation propre au gouvernement monarchique qu'il fouille dans les replis les plus secrets du cœur humain, afin de pouvoir dévoiler les ressorts de l'honneur, et développer les semences de ses bizarreries. Il remonte à l'antiquité la plus reculée pour y chercher des exemples frappans de cette vertu politique si nécessaire à former un vrai républicain. Il nous fait trouver des points fixes dans ces institutions singulières que, sans ses éclaircissemens, on auroit crues n'être que l'ouvrage d'une spéculation oisive, ou de quelque esprit inquiet.

Notre auteur, sûr de la possession de ses immenses richesses, se plaît à faire toujours entrevoir des germes de pensées cachées que la méditation du lecteur fait éclore. La chaîne précieuse des idées qui se suivent, même sans se montrer, paroît indiquer dans ce livre sur l'éducation que ce seroit l'endroit propre pour rendre hommage à cette philosophie qui, débarrassée de toutes questions frivoles, ou plus curieuses qu'utiles, n'a pour objet que la recherche du vrai bien et les principes de la saine morale; par conséquent cette philosophie sage et bienfaisante qui, avec des yeux de mère, n'a d'autre soin que de cultiver un esprit et une âme qui doit être vigilante, qui doit être sage, qui doit être juste pour la société; cette philosophie, qui a une force et une efficace de vive loi, parce qu'elle forme le bon prince, le bon magistrat, le bon sujet, le bon patriote, le bon parent et, pour tout dire, le citoyen vertueux. Sans cette philosophie, Alexandre n'auroit jamais civilisé tant de peuples. Inspirés par cette philosophie, les enfans de ces contrées barbares faisoient leur passe-temps de lire les vers d'Homère, et de chanter les tragédies de Sophocle et d'Euripide. Sans cette philosophie, Épaminondas n'auroit pas fait l'admiration de l'univers.

Notre auteur, après avoir jeté des fondemens si solides à l'égard de l'éducation, suivant toujours de près les principes de chaque gouvernement, rapporte à une théorie si féconde et si générale de ces mêmes principes les lois que le législateur veut donner à toute la société.

Chose singulière! toutes promptes et étendues que sont les vues de notre auteur, elles ne sauroient ici le décharger de la plus laborieuse attention. Comme il a l'habileté suprême de distinguer quand il faut seulement indiquer, quand il faut enseigner, quand il faut diriger, ce n'est qu'après des recherches sans nombre et compliquées, inséparables d'un grand travail et d'une application suivie, qu'il découvre ici toutes les faces de ces objets de législation, et leurs différences les plus délicates. C'est ainsi que dans une beauté achevée du corps humain, qui consiste dans la juste proportion de ses parties, celles qui doivent avoir plus de force ont aussi plus de grosseur, celles qui doivent être plus déliées sont à mesure plus déchargées.

Ainsi c'est avec la dernière exactitude que notre auteur, en conformité des principes du gouvernement républicain, où il est souverainement important que la volonté particulière ne trouble pas la disposition de la loi fondamentale, montre les lois propres à favoriser la subordination aux magistrats, le respect pour les vieillards, la puissance paternelle, l'attachement aux anciennes institutions, la bonté des mœurs. Il règle aussi le partage des terres, les dots, les manières de contracter, les donations, les testamens, les successions, pour conserver l'égalité qui est l'âme de ce gouvernement.

Et comme les lois romaines, malgré la révolution des empires, seront toujours à plusieurs égards le modèle de toute législation sensée, notre auteur, pour faire mieux sentir l'étroite liaison des lois de succession avec la nature du gouvernement, remonte jusqu'à l'origine de Rome pour chercher sous des toits rustiques, et dans le partage du petit territoire d'un peuple naissant, composé de pâtres, les lois civiles à ce sujet, dont le changement tint toujours à celui de la constitution [1]. Ici, comme partout ailleurs, on est convaincu que la politique, la philosophie, la jurisprudence, par leur secours mutuel, portent

---

[1] L'article des lois romaines sur les successions, qui seul dans l'original forme le livre XXVII, non sans interruption, trouve ici naturellement sa place après le chapitre v du livre V, où je l'ai mis.

des lumières là où l'on n'entrevoyoit que de foibles lueurs.

Les prééminences, les rangs, les distinctions, la noblesse, entrent dans l'essence de la monarchie. C'est donc des principes de ce gouvernement qu'il fait descendre les lois qui concernent les priviléges des terres nobles, les fiefs, les retraits lignagers, les substitutions, et autres prérogatives, qu'on ne sauroit par conséquent communiquer au peuple sans diminuer la force de la noblesse et celle du peuple même, et sans choquer inutilement tous les principes.

Notre auteur est charmé de reconnoître ici l'excellence des principes du gouvernement monarchique, et ses avantages sur les autres espèces de gouvernemens : les différens ordres qui tiennent à la constitution la rendent inébranlable au point de voir ses ressorts remis en équilibre au moment même de leur déréglement.

Il développe les lois qui sont relatives à ce mouvement de rapidité, à ces violences, à cette affreuse tranquillité, à cette léthargie, à cet esclavage du gouvernement despotique : il se déchaîne contre ces caprices, ces fureurs, ces vengeances, cette avarice, ces volontés rigides, momentanées et subites d'un visir qui est tout, tandis que les autres ne sont rien : il trace avec les couleurs les plus noires une peinture si naïve des fantaisies, des indignations, des inconstances, des imbécillités, des voluptés, de cette paresse, et de cet abandon de tout, d'un despote, ou plutôt du premier prisonnier enfermé dans son palais, que, nous inspirant de l'horreur contre cette espèce de gouvernement, il paraît nous avertir tacitement combien nous sommes obligés de rendre grâces au ciel de nous avoir fait naître dans nos contrées heureuses, où les souverains, toujours agissant, toujours travaillant, et menant une vie appliquée, ne sont occupés que du bien-être de leurs sujets, comme un bon père de famille est attentif au bien de ses enfans.

C'est en tirant les conséquences de ces mêmes principes, par rapport à la manière de former les jugemens, qu'il sait tendre les piéges les plus adroits au despotisme, heureusement inconnu aux sages gouvernemens de nos jours, où un corps permanent de plusieurs juges est le seul dépositaire de la vie, de l'honneur et des biens de chaque citoyen; où les souverains, laissant aux mêmes juges le pouvoir de punir, se réservent celui de faire grâce, qui est le plus bel attribut de la souveraineté; et où les ministres, sans se mêler des affaires contentieuses, veillent nuit et jour aux grands intérêts de l'état, n'exigeant d'autre récompense de leurs travaux que le pouvoir de faire des heureux. Notre auteur, pour inspirer par le contraste plus de respect pour ces corps augustes, ou, pour mieux dire, pour ces sanctuaires de justice, de vérité, de sagesse, nous rappelle avec horreur le jugement d'Appius, ce magistrat inique, qui abusa de son pouvoir jusqu'à violer la loi faite par lui-même.

Il nous met entre les mains des trésors inestimables à l'égard de l'établissement des peines. Il nous montre que la douceur et la modération sont les vertus propres des grandes âmes, nées pour faire le bonheur des peuples. Il faut en convenir, les connoissances rendent les hommes doux, la raison porte à l'humanité, et il n'y a que les préjugés qui y fassent renoncer.

Ainsi, ce n'est pas ici un de ces législateurs qui, avec un air irrité et terrible, avec des yeux pleins d'un feu sombre, lance des regards farouches, menace, tonne, et porte l'épouvante partout, et ne sachant être juste sans outrer la justice même, ni bienfaisant sans avoir été oppresseur, prend toujours les voies extrêmes pour agir avec violence au lieu de juger, pour faire des outrages au lieu de punir, pour exterminer tout par le glaive au lieu de régler.

C'est un bon législateur qui cherche plutôt à corriger qu'à mortifier, plutôt à humilier qu'à déshonorer, plutôt à prévenir des crimes qu'à les punir, plutôt à inspirer des mœurs qu'à infliger des supplices, plutôt à obliger à vivre selon les règles de la société qu'à retrancher de la société : c'est un sage magistrat qui sait distinguer les cas où il faut être neutre, et ceux où il faut être protecteur; parce qu'il a assez d'esprit et de cœur pour saisir le point critique et délicat auquel la justice finit, et où commence l'oppression qui, étant exercée à l'ombre de la justice et de sang-froid, seroit la source la plus empoisonnée d'une tyrannie sourde et inexorable : c'est un père tendre et compatissant, qui sait trouver ce sage milieu entre l'indolence et la dureté, je veux dire la clémence.

Il n'est pas indifférent que je fasse ici une remarque. Quand notre auteur parle des peines, il ne faut pas attendre de lui des interprétations, des déclarations, des axiomes, et des décisions, comme on voit dans les livres des jurisconsultes : ce seroit n'avoir pas une idée juste de son ouvrage que de le regarder dans un point de vue si borné. Notre auteur, ici comme partout ailleurs, aspire à quelque chose de plus haut, de plus noble et de plus étendu; il n'enseigne point en simple jurisconsulte qui s'arrête à examiner en détail ce qui est juste ou injuste dans les affaires contentieuses; son dessein est de découvrir tous les objets différens de législation, qu'il a dû embrasser d'une vue générale. Ainsi le grand ressort de son ouvrage est la science du gouvernement, qui réunit toutes les sciences, tous les arts, toutes les connoissances, toutes les lois, en un mot tout ce qui peut être utile à la société.

C'est lorsqu'il traite du luxe propre au gouvernement républicain, et lorsqu'il parle de la condition des femmes, qu'il sait accorder d'une manière merveilleuse la politique avec la pureté des mœurs. Pour preuve de cette heureuse conciliation, il suffiroit de rappeler ici le bel éloge que notre auteur fait des coutumes de ces peuples où l'amour, la beauté, la chasteté, la vertu, la naissance, les richesses même, tout cela étoit pour ainsi dire la dot de la vertu.

On est charmé de la juste-apologie que notre auteur fait de l'administration des femmes, jusqu'à les placer sur le trône, non par leurs grâces, par leurs talens, mais par leur humanité, mais par leur douceur, mais par leurs sentimens tendres et compatissans qui assurent la modération dans le gouvernement. En effet, quel beau règne que celui de l'auguste souveraine Marie-Thérèse ! Non, le ciel n'a jamais confié la tutelle des peuples à une princesse plus vertueuse et plus digne de les gouverner.

L'influence des principes de chaque gouvernement est si grande, et ils ont tant de force sur la constitution, que c'est par leur corruption que tout gouvernement doit périr. Sparte, dont les institutions furent avec raison regardées comme l'ouvrage des dieux, périt par la corruption de ses principes. Dès-lors ce ne furent plus les mêmes vues, les mêmes désirs, les mêmes craintes, les mêmes précautions, les mêmes soins, les mêmes travaux. Rien ne se rapporta plus au bien général, personne ne respira plus la gloire et la liberté. Ce fut par la corruption de ses principes qu'Athènes, malgré sa police, ses mœurs, et les belles institutions de Solon, reçut des plaies profondes, sans pouvoir retrouver aucun vestige de cette ancienne politique mâle et vigoureuse, qui savoit préparer les bons succès et réparer les mauvais. Dès-lors Athènes, autrefois si peuplée d'ambassadeurs qui venoient en foule réclamer sa protection; Athènes, superbe par le nombre de ses vaisseaux, de ses troupes, de ses arsenaux, par l'empire de la mer, fut réduite à combattre, non pour la prééminence sur les Grecs, mais pour la conservation de ses foyers. Quel spectacle affreux de voir des scélérats qui conspiroient à la ruine de la patrie, prétendre aux honneurs rendus à Thémistocle, et aux héros qui moururent aux batailles de Marathon et de Platée! Cela fit que des citoyens impies, et vendus aux puissances ennemies lorsqu'elles prospéroient, se promenoient avec un visage content et serein dans les places publiques; et, au récit des événemens heureux pour la patrie, ils n'étoient point honteux de trembler, de gémir, de baisser les yeux vers la terre. Cela fit qu'on vit paroître sur la tribune, des flatteurs, des prévaricateurs, des mercenaires, pour proposer des décrets aussi fastueux que lâches et scandaleux, qui dégradoient la cité et la couvroient d'opprobre. Ce fut enfin par la corruption de ces principes que tout fut perdu à Rome. Rome, cette ville réputée éternelle, qu'on vénéroit comme un temple; Rome, dont le sénat étoit respecté comme une assemblée de rois, où l'on voyoit les rois étrangers se prosterner et baiser le pas de la porte, appelant les sénateurs leurs patrons, leurs souverains, leurs dieux; Rome enfin dont le gouvernement étoit regardé comme le plus grand et le plus beau chef-d'œuvre qui fut jamais parmi les humains perdit, par la corruption de ses principes la force de son institution. Plus de patrie, plus de lois, plus de mœurs, plus de déférence, plus d'intérêt public, plus de devoirs. Les citoyens, qui le diroit! à la vue même du Capitole et de ses dieux, déserteurs de la foi de leurs pères, ne sentant plus de répugnance pour l'esclavage, s'apprivoisèrent avec la tyrannie, contens de jouir d'un repos indigne du nom romain, de la république, de leurs ancêtres. C'est de ce débordement de corruption générale d'une république mourante qu'on vit naître successivement, tantôt une anarchie générale, où l'on donna le nom de rigueur aux maximes, de gêne à la subordination, d'opiniâtreté à la raison, aux lumières, à l'examen, de passion et de haine à l'attention contre les abus et à une justice intrépide, et par-là l'inertie tint lieu de sagesse; tantôt un gouvernement dur et militaire qui ôta les prérogatives des corps et les priviléges des peuples vaincus, qui conduisit tout immédiatement par lui-même, changea tout l'ordre des choses, confondit l'infamie et les dignités, avilit tous les honneurs jusqu'à être le partage de quelques esclaves ou de quelques gladiateurs; tantôt une tyrannie réfléchie, qui ne respira que des ordres cruels, des délateurs, des amitiés infidèles, et l'oppression des innocens; tantôt un despotisme idiot et stupide, auquel on faisoit accroire que cet abattement affreux de Rome, de l'Italie, des provinces, des nations, étoit une paix et une tranquillité du monde romain.

Comme la corruption de chaque gouvernement marche d'un pas égal avec celle de ses principes, c'est avec sa main de maître que notre auteur propose les moyens propres pour maintenir la force de ces principes, qu'il montre la nécessité de les rappeler quand on s'en est éloigné, et qu'il va chercher les remèdes jusque dans le maintien de l'état, dans la grandeur qui est naturelle et proportionnée à chaque espèce de gouvernement.

Ici, que de raisons de nous féliciter de nos temps modernes, de la raison présente, de notre religion, de notre philosophie, et, pour tout dire, de nos mœurs qui, comme a remarqué notre auteur, forment le grand ressort de nos gouvernemens, et en éloignent la corruption! Quel bonheur pour nous que la bonté des mœurs soit l'âme de la constitution qui, indépendamment de tout autre principe, règle tout, et que par la douceur de ces mœurs chacun aille au bien commun, en assurant sa félicité particulière!

Il faut l'avouer, ce ne furent point ces vertus humaines, ce faux honneur, cette crainte servile, qui maintinrent et firent agir toutes les parties du corps politique de l'état sous les Tite, les Nerva, les Marc-Aurèle, les Trajan, les Antonin : ce furent les mœurs qui ont toujours autant contribué à la liberté que les lois. Une belle carrière à remplir pour un lecteur attentif seroit de développer ce principe fécond et intéressant, que notre auteur n'a laissé renfermé dans son germe que pour le plaisir que les seules grandes âmes goûtent à trouver des compagnons de leurs travaux. On peut dire de notre auteur que tout, jusqu'à ses négligences, se ressent de son caractère.

Après la constitution, la force défensive et offensive du gouvernement forme une des principales branches de la législation. Comme la raison et l'expérience se sont toujours trouvées d'accord à montrer que l'agrandissement du territoire au delà de ses justes bornes n'est pas l'augmentation des forces réelles de l'état, mais plutôt une diminution de sa puissance, notre auteur, après avoir indiqué les moyens propres à pourvoir à la sûreté de la monarchie, c'est-à-dire à la force défensive, fait sentir à ceux à qui la monarchie a confié sa puissance, ses forces, le sort de ses états, combien il faut qu'ils soient circonspects à ne porter pas trop loin leur zèle pour la gloire du maître, étant plus de son intérêt qu'il augmente son influence au lieu d'augmenter la jalousie, et qu'il devienne plutôt l'objet du respect de ses voisins que de leurs craintes.

Pour ce qui est de la force défensive des républiques, notre auteur la voit là où on l'a toujours trouvée, c'est-à-dire dans ces associations fédératives de plusieurs républiques, qui ont toujours assuré à cette forme de gouvernement la prospérité au dedans et la considération au dehors.

Je ne saurois quitter ce sujet sans faire ici une remarque. Notre auteur, qui ne paroît avoir fait son ouvrage que pour s'opposer aux sentimens de l'abbé de Saint-Pierre [1], comme Aristote ne

[1] Chose singulière! ces deux auteurs, par des chemins différens et souvent opposés, vont au même but; je veux dire à la douceur et à la modération.

composa sa *Politique* que pour combattre celle de Platon, soutient que cette constitution fédérative ne sauroit subsister à moins qu'elle ne soit composée d'états de même nature, surtout d'états républicains; principe entièrement opposé au plan de la *diète européenne* de l'abbé de Saint-Pierre. Ce n'est pas à moi à prononcer sur cette question : je ne ferai que rappeler ici les suffrages respectables des Grotius, des Leibnitz, et, qui plus est, de Henri-le-Grand; suffrages qui font connoître que le projet de l'abbé de Saint-Pierre ne devoit pas être regardé comme un rêve. Peut-être le monde est-il à cet égard encore trop jeune pour établir en politique certaines maximes dont la fausse impossibilité ne paroîtra qu'aux yeux de la postérité; mais qu'il me soit du moins permis de nous féliciter de la présente situation de l'Europe, qui ne sauroit être mieux disposée pour embrasser un si beau plan. Un meilleur droit des gens, la science de ce droit et celle des intérêts des souverains mises en système; la bonne philosophie, l'étude des langues vivantes, la langue française devenue la langue de l'Europe; un esprit général de commerce, qui a fait que la connoissance des mœurs de toutes les nations a pénétré partout, qui a éteint l'esprit de conquête et entretient celui de la paix, dont à présent jouit tout l'univers; les places de commerce, les foires, le change, un luxe des productions des pays étrangers, les banques publiques, les compagnies de commerce, les grands chemins bien entretenus, la navigation facilitée et étendue, les postes, les papiers politiques, le goût des voyages, l'hospitalité, les bons règlemens de santé; l'équilibre mis en système, les alliances, les traités de commerce, une parfaite harmonie entre les souverains [1]; les ministres étrangers résidant aux cours, les consuls, les universités, les académies, les correspondances littéraires, des savans étrangers appelés et entretenus par des souverains, l'art de l'imprimerie, le théâtre français et la musique italienne répandus partout; mais, qui plus est, la modération, les mœurs et les lumières, qui forment le caractère général de tous les souverains de nos jours, et, pour comble de prospérité, le chef [2] visible de notre religion, grand prince, et, pour mieux employer les expressions de notre auteur [3], *l'homme le plus propre à honorer la nature humaine et à représenter la divine* : toutes ces combinaisons forment une si étroite liaison de l'Europe entière, que par ce grand nombre de rapports on peut dire qu'elle

---

[1] Cet écrit fut composé en 1754, temps d'une paix générale en Europe.

[2] Le pape Benoît XIV, Prosper Lambertini.

[3] Grandeur et décadence des Romains, ch. xv. (Portrait de Trajan.)

ne compose qu'un seul état, et qu'elle n'est, pour ainsi dire, qu'une grande famille dont tous les membres sont unis par une parfaite harmonie. Cette liaison peut être regardée comme un heureux présage, et presque un traité préliminaire du grand traité définitif de la *diète européenne*. Heureux les ministres qui auront l'honneur de cette signature! et plus heureux les souverains qui auront celui de la ratification, en stipulant par ce traité le bonheur éternel du genre humain! C'est après cette signature qu'il faut ériger un mausolée à l'abbé de Saint-Pierre pour éterniser sa mémoire, en y gravant ces vers d'Euripide :

« O Paix, mère des richesses, la plus aimable
« des divinités, que je vous désire avec ardeur!
« Que vous tardez à venir! Que je crains que la
« vieillesse ne me surprenne avant que je puisse
« voir le temps heureux où tout retentira de nos
« chansons, et où, couronnés de fleurs, nous cé-
« lébrerons des festins! »

A la force défensive de chaque état est liée la force offensive. Celle-ci est réglée par le droit des gens; c'est-à-dire par cette loi politique qui établit les rapports que les différentes nations ont entre elles. Le droit de la guerre et celui de conquête, forment le principal objet de ce droit des gens. Je le dis, toujours à la louange de notre auteur, l'ouvrage du cœur donne ici, comme partout ail-

leurs, son caractère à l'ouvrage de l'esprit. Pour preuve de cela, il ne faut que rappeler ici sa belle, haute, sage et grande définition du droit de conquête; « droit nécessaire, dit-il, légitime et mal-
« heureux, qui laisse toujours à payer une dette
« immense pour s'acquitter avec la nature hu-
« maine. » De là cette belle conséquence, que le droit de conquête porte avec lui le droit de conservation, non celui de destruction; de là les droits barbares et insensés de tuer l'ennemi après la conquête, et de le réduire en servitude, tant décriés; de là cette nécessité de laisser aux peuples vaincus leurs lois, et, ce qui est plus important, leurs mœurs et leurs coutumes, qu'on ne sauroit changer sans de grandes secousses; de là enfin ces pratiques admirables pour joindre les deux peuples par des nœuds indissolubles d'une amitié réciproque. Une chaîne de conséquences aussi justes que bienfaisantes nous oblige de rendre ici hommage à notre droit des gens, ou plutôt à celui de la raison qui, toujours éloignée des préjugés destructeurs, sait développer les idées éternelles et constantes du vrai et du faux, du juste et de l'injuste, pour démontrer les moyens propres à diminuer les maux et augmenter les biens des sociétés; objet qui constitue le sublime de la raison humaine.

Il y auroit une grande imperfection dans cet

ouvrage, si on n'y avoit en même temps considéré les lois dans leur rapport avec le droit le plus précieux que nous tenions de la nature, je veux dire la liberté. Mais il ne faudroit d'autre preuve du génie de notre auteur que ses théories étendues et lumineuses sur cette partie de législation; théories qu'il tire également de la majesté du sujet, et de ses profondes connaissances.

Il examine d'abord les lois qui forment la liberté politique dans son rapport le plus important, je veux dire relativement à la constitution. Pour que le lecteur ne puisse abuser des termes, il donne une juste définition du mot de *liberté* : il en réveille l'idée la plus conforme à la nature de la chose; et comme cette liberté est inséparable de l'ordre civil, de l'harmonie tant requise dans la société, et, pour tout dire, de la subordination aux lois, notre auteur ne la cherche point dans ces gouvernemens que des préjugés font appeler libres, parce que le peuple y paroît faire ce qu'il veut, confondant ainsi les idées de *licence* et de *liberté*; mais il voit le triomphe de la liberté dans ces gouvernemens où les différens pouvoirs sont distribués de façon que la force de l'un tient la force de l'autre en tel équilibre qu'aucun d'eux n'emporte la balance.

Il ne faudroit que ces justes réflexions de notre auteur sur cette distribution des différens pouvoirs pour prouver que les affaires politiques bien approfondies se réduisent, comme les autres sciences, à des combinaisons, et pour ainsi dire à des calculs très-exacts. Ainsi, autant nous avons lieu de nous féliciter des progrès de la raison humaine de nos jours, qui a fait que l'autorité ne sauroit craindre les talens, autant avons-nous raison de plaindre l'excès d'idiotisme de quelques-uns de nos aïeux, ou plutôt le comble d'orgueil de leurs petites âmes, qui se croyoient dégradées en s'asservissant aux règles, et, dédaignant d'acquérir des connoissances, avoient la hardiesse de se croire en état de pouvoir conduire tout avec le seul bon sens qui, dépourvu de principes, ne leur offroit que la confiance de n'avoir jamais des contradicteurs, suite de l'abus de l'autorité. De là ces torrens d'erreurs, ces lois gauches, absurdes, contradictoires, si mal assorties, et, s'il est permis de lâcher le mot, plus insensées que les colonnes où elles furent affichées ; de là enfin ces établissemens qui naquirent, vieillirent, moururent presque dans le même instant. On sentira mieux ceci en réunissant des traits parsemés dans l'ouvrage de notre auteur sur la conduite aveugle du despotisme oriental. « Le despote, dit-il, n'a point à « délibérer ni à raisonner ; il n'a qu'à vouloir [1].

---

[1] Liv. IV, chap. III.

« Dans ce despotisme il est également pernicieux
« qu'on raisonne bien ou mal, et il suffiroit qu'on
« raisonnât pour que le principe de ce gouverne-
« ment fût choqué[1]. Le savoir y est dangereux[2].
« Comme il ne faut que des passions pour établir
« ce gouvernement, tout le monde est bon pour
« cela; et le despote, malgré sa stupidité natu-
« relle, n'a besoin que d'un nom pour gouverner
« les hommes[3]. »

C'est par cette sage distribution des pouvoirs que les politiques grecs et romains calculèrent les degrés de liberté des anciennes constitutions. Ils regardèrent cet équilibre comme le chef-d'œuvre de la législation : ils en furent même si étonnés, que j'oserois dire qu'ils n'imaginèrent le concours des dieux avec les hommes dans la fondation de leurs cités que pour faire l'éloge de cette espèce de gouvernement. C'est dans ce point de vue que l'*Histoire* de Polybe a été toujours regardée comme le livre des philosophes, des grands capitaines et des maîtres du monde. Ainsi notre auteur, semblable à Michel-Ange qui cherchoit la belle nature dans les débris de l'antiquité, parcourt les annales et les monumens de Rome naissante[4] et

---

[1] Liv. XIX, chap. XVII.
[2] *Ibid.*
[3] Liv. V, chap. XIV.
[4] *Et veteris Romæ sublimem interrogat umbram.*

de Rome florissante, où il décèle des liaisons jusqu'à présent inconnues, qui lui font voir dans le plus beau jour cette harmonie des pouvoirs qui formèrent une conciliation si admirable des différens corps; harmonie qui mérita d'être regardée comme la source principale de la liberté politique de cette capitale de l'univers.

Le plaisir qu'on ressent à rapprocher l'antiquité de nos temps modernes, fait que notre auteur se plaît à chercher aussi cet équilibre des pouvoirs dans la constitution de l'Angleterre, formée et établie pour maintenir la balance entre les prérogatives de la couronne et la liberté des sujets, et pour conserver le tout. En effet, où doit-on chercher cette liberté, si ce n'est dans un état où le corps législatif étant composé de deux parties, c'est-à-dire du grand conseil de la nation et du corps qui représente le peuple, l'une enchaîne l'autre par la faculté d'empêcher, et toutes les deux sont liées par la puissance exécutrice, comme celle-ci est liée par la législative?

Comme c'est des décombres d'un édifice gothique que notre auteur déterre le beau concert des pouvoirs intermédiaires subordonnés et dépendans du souverain dans les monarchies que nous connoissons, il fait aussi descendre ce beau système, ou, pour mieux dire, ce juste équilibre de la constitution de l'Angleterre, des forêts des anciens Germains; système que notre auteur a développé, dans le détail immense de ses relations, par des réflexions d'un homme d'état.

Après avoir examiné la liberté politique dans son rapport avec la constitution, c'est-à-dire dans cet heureux milieu entre la licence et la servitude, qui forme le caractère distinctif du gouvernement modéré, notre auteur fait voir cette même liberté dans le rapport qu'elle a avec le citoyen. Il a cherché avec succès le premier rapport dans la sage distribution des pouvoirs, il a trouvé le second dans la sûreté des citoyens.

La vie et la propriété des citoyens doivent être *assurées* comme la constitution même. Cette *sûreté* à l'égard de la vie peut être extrêmement attaquée dans les accusations publiques et privées, et, à l'égard de la *propriété*, dans la levée des tributs. C'est donc dans l'examen des jugemens criminels et dans la sagesse à régler la levée des tributs que notre auteur s'est occupé; deux objets qui forment les principales branches de la société.

Les crimes blessent ou la religion, ou les mœurs, ou la tranquillité, ou la sûreté des citoyens. C'est un grand ressort dans les lois criminelles que cette juste fixation des classes des crimes, qui ne pouvoit demeurer stérile entre les mains de notre auteur. Il connoissoit trop que, sans ces bornes immuables, les erreurs doivent se multiplier tour à tour avec les volumes; et, dans cette confusion d'idées, il falloit que de si grands intérêts dépendissent quelquefois de l'arbitraire des juges, et souvent des contradictions des praticiens.

C'est par le secours de cette théorie qu'il guérit de ces idées superstitieuses qui, dans les jugemens criminels, frappoient d'un même coup et la religion et la liberté : mais il en agit avec tant de circonspection et de sagesse, qu'on diroit qu'il ne fait que lever avec ménagement le voile que d'autres déchirèrent d'une main hardie, faisant ainsi naître un nouveau mal du remède même. Ces sortes d'emportemens, indépendamment de leur injustice et de leur imprudence, seroient de nos jours un sujet de raillerie, vu les progrès de la raison humaine.

C'est en partant de ces principes qu'il nous fait voir combien on a besoin, dans la punition de certains crimes, de toute la modération, de toute la prévoyance, de toute la sagesse, en leur laissant pourtant toutes les flétrissures.

Le merveilleux concert de la politique avec la bonté des mœurs, qui domine toujours dans cet ouvrage, paroît ici plus lumineux lorsque notre auteur nous fait sentir avec un secret plaisir que les mœurs du souverain favorisent autant la liberté que les lois.

Enfin c'est en tirant chaque peine de la nature

des crimes qu'il nous rappelle avec horreur le violent abus de donner autrefois le nom de crimes de lèse-majesté à des actions qui ne le sont pas; abus qui donna des secousses terribles à la liberté des citoyens de Rome, sous ces empereurs également subtils et cruels à imaginer des prétextes odieux pour faire périr les gens de bien et éluder les lois les plus salutaires.

Notre auteur, dans ce livre, qui forme le tableau le plus intéressant que l'on puisse présenter à l'humanité, nous mène, sans rien dire, à une réflexion. Comme il est résulté des biens sans nombre d'avoir suivi la législation romaine, il y a aussi des cas où l'on bénira à jamais nos sages législateurs pour s'en être éloignés. En effet, combien n'a-t-on pas gagné à nous guérir des préjugés de la plupart de nos pères qui, pleins de cette idée fastueuse d'une législation dominatrice sur toute la terre, adoptèrent aveuglément les dispositions de ces mêmes empereurs qui, en manifestant leurs volontés par ces édits de majesté, semblaient avoir voulu en même temps déclarer leur inimitié envers la nature humaine?

Notre auteur, ayant ainsi développé les ressorts de la législation par rapport à la sûreté de la vie, s'attache à examiner les lois propres à assurer la propriété. C'est surtout dans la levée des tributs que cette propriété doit être assurée : c'est là le triomphe de la liberté politique par rapport au citoyen : le souverain lui-même étant le plus grand citoyen de l'état, est le plus intéressé à favoriser la sûreté à cet égard.

Les vices d'administration dans la levée des tributs naissent, ou de leur excès, ou de leur répartition disproportionnée, ou des vexations dans la perception : vices qui blessent également la sûreté, et d'où par conséquent dérive cette maladie de langueur qui afflige tant les peuples.

Ainsi notre auteur, après avoir démontré le faux raisonnement de ceux qui disent que la grandeur des tributs est bonne par elle-même pour empêcher tout excès, fait voir combien il importe à un sage législateur d'avoir égard aux besoins des citoyens, afin de bien régler cette portion qu'on ôte, pour la sûreté publique, de la portion qu'on laisse aux sujets. Il veut que ces besoins soient réels, non imaginaires : c'est pourquoi il se déchaîne contre ces projets qui flattent tant ceux qui les forment, parce qu'ils ne voient qu'un bien qui n'est que momentané, sans s'apercevoir qu'ils obèrent par-là l'état pour toujours.

Notre auteur fixe la proportion des tributs en raison de la liberté des sujets. Tout ce qu'il dit se plie à ses principes. Comme il a posé que les revenus de l'état ne sont que cette portion que chaque citoyen donne de son bien pour avoir la sûreté de la portion dont il doit jouir, il est de la nature de la chose de lever les tributs à proportion de la liberté, et de les modérer à mesure que la servitude augmente. Il y a, dit-il, ici une espèce de compensation : dans les gouvernemens modérés, la liberté est un dédommagement de la pesanteur des tributs, pourvu que par l'excès des tributs on n'abuse pas de la liberté même; dans les gouvernemens despotiques on regarde comme un équivalent pour la liberté la modicité des tributs.

De là il s'ensuit que, dans les pays où l'esclavage de la glèbe est établi, on ne sauroit être trop circonspect à ne point augmenter les tributs pour ne point augmenter la servitude.

Pour ne point choquer cette proportion, notre auteur fait ainsi voir combien il importe que la nature des tributs soit relative à chaque espèce de gouvernement, telle sorte d'impôt convenant plus aux peuples libres, telle autre aux peuples esclaves.

Enfin, avec le guide de ces principes, notre auteur cherche à couper les nerfs à toute vexation, proposant les remèdes propres à guérir mille maladies du corps politique à cet égard. Ces principes sont si féconds, qu'un lecteur attentif en peut tirer des conséquences à perte de vue.

Jusqu'ici notre auteur a examiné l'esprit de la législation dans ses rapports intrinsèques, je veux dire dans ses relations avec la constitution, avec la force défensive et offensive du gouvernement, et avec la liberté. Il considère ensuite les rapports extrinsèques, je veux dire les relations avec le physique du climat et du terroir, avec l'esprit général de la nation, le commerce, la population.

La raison, l'expérience, les livres et les relations de tous les temps et de tous les lieux, ont avoué d'un cri général l'influence du physique, particulièrement du climat, sur les mœurs et le caractère des hommes, de façon que celui qui oseroit seulement en douter seroit regardé comme un imbécile.

Ainsi notre auteur fait voir les lois dans leur rapport particulier avec la nature du climat : et, comme une des grandes beautés de cet ouvrage est qu'un ordre merveilleux, quoique caché, donne à chaque chose une place qu'on ne sauroit lui ôter, c'est à l'occasion de l'examen que fait notre auteur de cette relation des lois avec la nature du climat, qu'il traite de l'esclavage *civil*, *domestique* et *politique*.

L'esclavage *civil*, dit notre auteur, est l'établissement d'un droit qui rend un homme tellement propre à un autre homme, qu'il est le maître absolu de sa vie et de ses biens. L'esclavage *domestique* est cette servitude des femmes, établie non pour la famille, mais dans la famille. L'esclavage *politique* est cette servitude des nations qui sont dominées par un gouvernement despotique. C'est surtout dans l'examen de cette espèce d'esclavage politique que notre auteur excelle par des réflexions neuves et lumineuses.

On diroit que tout ce que notre auteur dit des lois dans leur rapport avec la nature du climat, surtout à l'égard de l'esclavage, est dicté plus par le cœur que par l'esprit, plus par un sentiment pour la religion que par des vues politiques, tant on y cherche à exciter le travail des hommes et à encourager l'industrie; tant on y recommande l'humanité, la douceur, la prévoyance, l'amour pour la partie de la nation même la plus vile; tant on y est attentif à inspirer la pureté des mœurs.

Chose singulière! on s'est d'abord déchaîné, par une impétuosité générale, contre notre auteur sur ce chapitre. Mais, ou il ne faut avoir lu cet ouvrage que par sauts, ou il faut très-peu d'équité pour accuser ici notre auteur.

Je ne présume pas assez de moi pour m'arroger le titre de défenseur de notre auteur. Il s'est déjà justifié lui-même, et il l'a fait avec cette modération propre à un esprit né pour dominer sur les autres. C'est un de ces habiles athlètes qui ne terrassent pas leurs adversaires, mais qui leur serrent si fort la main, qu'ils sont obligés de demander grâce et de quitter la partie.

D'ailleurs, comme, dans un ouvrage de raisonnement, des paroles et des phrases, et souvent des pages entières ne signifient rien par elles-mêmes, et dépendent de la liaison qu'elles ont avec les autres choses, en rapprochant ici les idées qui paroissent éloignées, on justifie l'ouvrage par l'ouvrage même.

Bien loin que notre auteur ait jamais prétendu justifier les effets physiques du climat; il a fait au contraire une protestation authentique « qu'il « ne justifie pas les usages, mais qu'il en rend les « raisons [1]. »

Il rend cette justice à notre religion qu'elle sait triompher du climat et des lois qui en résultent. « C'est, dit-il [2], le christianisme qui dans nos cli- « mats a ramené cet âge heureux où il n'y avoit « ni maître ni esclaves. » Et ailleurs [3] il remarque que « nous aimons, en fait de religion, tout ce « qui suppose un effort. » Il le prouve par l'exemple du célibat, qui a été plus agréable aux peuples à qui, par le climat, il sembloit convenir le moins.

Il rend hommage à notre religion, qui, « mal- « gré la grandeur de l'empire et le vice du climat, « a empêché le despotisme de s'établir en Éthio- « pie, et a porté au milieu de l'Afrique les mœurs « de l'Europe [4]. »

[1] Liv. XVI, ch. iv.
[2] Liv. XV, ch. vii.
[3] Liv. XXV, ch. iv.
[4] Liv. XXIV, ch. iii.

Et, comme il est convaincu que les bonnes maximes, les bonnes lois, la vraie religion, sont indépendantes par elles-mêmes de tout effet physique quelconque, que ce qui est bon dans un pays est bon dans un autre, et qu'une chose ne peut être mauvaise dans un pays sans l'être dans un autre, il s'est attaché à faire sentir la nécessité des bonnes lois pour vaincre les effets contraires du climat.

C'est pourquoi, en parlant du caractère des Indiens, il dit : « Comme une bonne éducation « est plus nécessaire aux enfans qu'à ceux dont « l'esprit est dans sa maturité, de même les peuples « de ces climats ont plus besoin d'un législateur « sage que les peuples du nôtre, etc. [1] »

Là-dessus il nous fait sentir une vérité importante; savoir, que les mauvais législateurs sont ceux qui ont favorisé les vices du climat, et les bons ceux qui s'y sont opposés [2].

Il dit aussi que plus le climat porte les hommes à fuir la culture des terres, plus la religion et les lois doivent y exciter [3]. Il fait là-dessus l'éloge des institutions chinoises, qui ont une attention particulière à exciter les peuples au labourage [4]; et il remarque que pour cet effet, dans le midi de l'Europe, il seroit bon de donner des prix aux

---

[1] Liv. XIV, ch. III.   [3] Liv. XIV, ch. VI.
[2] *Ibid.*, ch. V.   [4] *Ibid.*, ch. VIII.

laboureurs qui auroient le mieux cultivé leurs terres ¹.

Il veut que là où le vin est contraire au climat, et par conséquent à la santé, l'excès en soit plus sévèrement puni ².

Lorsqu'il parle de l'esclavage relatif au climat, il dit qu'il n'y a point de climat sur la terre où l'on ne pût engager au travail des hommes libres, et il se plaint de ce que, les lois étant mauvaises, on a trouvé des hommes paresseux, et de ce que les hommes étant paresseux, on les a mis dans l'esclavage³. Il faut, selon lui, que les lois civiles cherchent à ôter d'un côté les abus de l'esclavage, et de l'autre les dangers ⁴.

Il déplore le malheur des pays mahométans, où la plus grande partie de la nation n'est faite que pour servir à la volupté de l'autre; l'esclavage, selon lui, ne devant être que pour l'utilité, et non pour la volupté. « Car, dit-il, les lois de la pudi-
« cité étant du droit naturel, elles doivent être
« senties par toutes les nations du monde⁵. »

Lorsqu'il parle de la polygamie qu'on trouve dans certains climats, il proteste qu'il ne fait qu'en rendre les raisons, et qu'il se garde bien d'en justifier les usages⁶. Il prouve que la polyga-

---

¹ Liv. XIV, ch. ix.   ⁴ Liv. XV, ch. xi.
² *Ibid.*, ch. x.   ⁵ *Ibid.*, ch. xii.
³ Liv. XV, ch. viii.   ⁶ Liv. XVI, ch. iv.

mie n'est utile ni au genre humain, ni à aucun des deux sexes; au contraire, qu'elle est par sa nature et en elle-même une chose mauvaise, et il en fait sentir les funestes suites [1].

Enfin il fait voir que, quand la puissance physique de certains climats viole la loi naturelle des deux sexes, c'est au législateur à faire des lois civiles qui forcent la nature du climat, et rétablissent les lois primitives de la pudeur naturelle [2].

Si les lois doivent être relatives aux divers climats, glacés, brûlans, ou tempérés, surtout pour s'opposer à leurs vices, il faut aussi qu'elles se rapportent à la nature du terroir. Notre auteur, en les examinant dans ce second rapport, ouvre un des plus beaux spectacles de la nature, qui, dans ses variétés mêmes, ne laisse pas de suivre une espèce de méthode. Il nous fait voir comment cette sage ordonnatrice a su faire dépendre souvent la liberté, les mœurs, le droit civil, le droit politique, le droit des gens, le nombre des habitans, leur industrie, leur courage, de la qualité du terroir, soit fertile, stérile, inculte, ou marécageux; de sa situation, soit des montagnes, des plaines, ou des îles; du genre de vie des peuples, soit laboureurs, chasseurs, ou pasteurs. Il pénètre si à fond dans les rapports différens des lois

[1] Liv. XVI, ch. vi.
[2] *Ibid.*, ch. xii.

avec la qualité du terroir, qu'on diroit que la nature aime à lui confier ses plus intimes secrets.

Pour faire mieux sentir ces rapports, notre auteur se dépayse. Tantôt il suit les hordes des Tartares; tantôt il se promène dans les immenses plaines des Arabes, au milieu de leurs troupeaux; tantôt il se plaît à voir chez les sauvages de l'Amérique les femmes qui cultivent autour de la cabane un morceau de terre, tandis que leurs maris s'occupent à la chasse et à la pêche; enfin il s'arrête dans les bois et dans les marécages des anciens Germains. A la naïve peinture qu'il trace de ces peuples, simples pasteurs, sans industrie, ne tenant à leur terre que par des cases de jonc, on diroit qu'en instruisant le lecteur il a voulu l'égayer par la vue d'un beau paysage du Poussin, pour le délasser après une pénible et sérieuse méditation. C'est ainsi que la raison même ne dédaigne point de plaire.

Il est beau de voir ici avec quel succès notre auteur sait rapprocher l'admirable ouvrage de Tacite sur les *Mœurs des Germains* avec les débris dispersés des lois barbares, et, par une heureuse conciliation de ces précieux monumens, qui paroissent n'avoir rien de commun entre eux, porter une lumière nouvelle à cette loi salique, dont il a raison de dire que tant de gens ont parlé, et que si peu de gens ont lue. Il faut l'avouer, rien n'est plus capable de nous faire repentir de cette négligence où nous sommes tombés à l'égard de l'étude des anciens, que le profit que notre auteur sait tirer de ces beaux restes de l'antiquité.

C'est aussi en suivant de près ces lois pastorales des Germains, si liées à la nature du terroir, que notre auteur sait donner la vie à un amas de faits confus du moyen âge, faisant, pour ainsi dire, sortir d'une noble poussière les lois politiques des fondateurs de la monarchie française.

De tout ceci il faut conclure que c'est sur les sauvages et sur les peuples qui ne cultivent point les terres que la nature et le climat dominent presque seuls; ce que notre auteur a déclaré plus précisément ailleurs [1]. Il a donc voulu dire, et il a dit expressément, que le physique du climat et du territoire ne sauroit avoir aucune influence sur ces contrées policées, où il est obligé de céder à la vraie religion, aux lois, aux maximes du gouvernement, aux exemples, aux mœurs, aux manières.

Il avoue d'ailleurs que, parmi ce nombre de causes, il y en a toujours une dans chaque nation qui agit avec plus de force que les autres, de façon que celles-ci sont obligées de lui céder.

Cette cause dominatrice forme le caractère pres-

[1] Liv. XIX, ch. IV.

que indélébile de chaque nation, et la gouverne à son insu par des ressorts mystérieux. C'est par ces grands traits qu'on distingue une nation d'une autre. Choquer ces traits distinctifs, et, selon le langage de notre auteur, cet *esprit général*, ce seroit exercer une tyrannie qui, selon lui, quoique de *simple opinion*, ne laisseroit pas de produire des effets aussi funestes que la tyrannie réelle, c'est-à-dire la violence du gouvernement.

Notre auteur a bien senti l'importance de ce grand rapport des lois avec l'*esprit général*, les mœurs, les manières, qui règnent plus impérieusement que les lois, vu leur grande influence sur la façon de penser, de sentir et d'agir de toute une nation. Il a vu combien il faut être circonspect à n'apporter aucun changement à cet *esprit général*, afin qu'en gênant les vices politiques, on ne gêne pas les vertus politiques, qui souvent en dérivent. Aussi s'est-il occupé entièrement à développer toutes ces relations.

Il veut qu'on procède lentement et par degrés à détromper les peuples de leurs erreurs fortifiées par le temps, vu le grand danger auquel on exposeroit l'état par une réforme subite. Ce même changement des mœurs et des manières, lorsqu'il est nécessaire, ne doit être fait que par d'autres mœurs et d'autres manières, et jamais par des lois, à cause de la grande différence qu'il y a entre les lois et les mœurs, celles-là ne tenant qu'aux institutions particulières et précises du législateur, celles-ci aux institutions de la nation en général. De là il s'ensuit que, comme on ne sauroit empêcher les crimes que par des peines, on ne peut aussi changer les manières que par des exemples.

Il fait aussi sentir combien il faut être attentif à ne point gêner par des lois les manières et les mœurs du peuple, lorsqu'elles ne sont pas contraires aux principes du gouvernement, pour ne point gêner ses vertus.

C'est à ce sujet qu'il présente un tableau aussi impartial que frappant du caractère de ses compatriotes. Cette gaieté, cette vivacité, pour me servir des expressions de notre auteur, sont des fautes légères qui disparoissent devant cette franchise, cette générosité, ce point d'honneur, ce courage, d'où il résulte des avantages suprêmes. Quelques-uns même de ces vices, particulièrement cet empressement de plaire, ce goût pour le monde, et surtout pour le commerce des femmes, augmentent l'industrie, les manufactures, la politesse, le goût général de ce peuple. Ainsi prétendre corriger ces vices, ce seroit choquer l'esprit général au grand préjudice de la nation. Il en faut agir comme ces architectes de l'antiquité qui, voulant démolir les maisons attenantes aux temples de leurs dieux, laissoient debout les parties des édifices qui y touchoient, de peur de toucher aux choses sacrées.

Comme dans les institutions ordinaires il y a quelque cause qui agit avec plus de force que les autres, ce qui forme, selon notre auteur, l'*esprit général* de la nation, dans quelques institutions singulières on a confondu toutes ces causes, quoique entièrement séparées; savoir, les lois, les mœurs, les manières, etc. Notre auteur trouve cette union dans les institutions anciennes de Lycurgue, et, comme l'éloignement des lieux fait à notre égard le même effet que celui du temps, il cherche avec succès les raisons d'une pareille union dans les institutions des législateurs de la Chine. Il pénètre à fond les principes de la constitution de ce vaste empire, et l'objet particulier de son gouvernement, pour faire mieux sentir le rapport intime des choses qui paroîtroient d'ailleurs très-indifférentes, comme les cérémonies et les rites, à la constitution fondamentale.

Il nous montre comment les lois en général sont relatives aux mœurs, et par conséquent combien la bonté des mœurs influe sur la simplicité des lois. C'est la découverte d'une mine bien riche que de savoir bien démêler les théories, que notre auteur ne fait qu'indiquer ici, pour bien connoître le véritable esprit des lois romaines, liées si étroitement aux mœurs.

En effet, quelle différence entre les lois faites pour ces premiers Romains qui ne se portoient pas moins au bien par inclination que par la crainte des lois, et ne disputoient entre eux que de vertu, et entre ces dispositions qu'on fut obligé d'opposer au luxe, à l'avarice et à l'orgueil d'un peuple qui, lors de la corruption du gouvernement, se portoit à toutes sortes d'excès, foulant aux pieds les choses divines et humaines!

Si les lois sont protégées par les mœurs, les mœurs sont aussi secourues par les lois. Notre auteur, qui a su pénétrer à fond les effets de cette action réciproque, doué d'un génie assez vaste pour embrasser toutes les différentes relations, prévoit le caractère, les mœurs et les manières qui ont résulté des lois de la constitution de l'Angleterre, dont il a développé ailleurs les principes jusqu'à se rendre maître des événemens à venir, semblable à Tacite, qui prévit, plusieurs siècles auparavant, les causes de la chute de l'empire romain.

A la vue du tableau qu'il nous présente de cette nation et de ses peuples, qu'il regarde plutôt comme des confédérés que comme des concitoyens, on diroit qu'il a adopté leurs passions, leurs inclinations, leurs terreurs, leurs animosités, leurs foiblesses, leurs espérances, leurs querelles, leurs jalousies, leurs haines, leurs vaines clameurs, leurs injures, qui, bien loin de faire tort à l'harmonie de la constitution, concourent à l'accord total de toutes ses parties.

Il voit comment les lois de ce pays libre ont dû contribuer à cet esprit de commerce, à ce sacrifice de ses intérêts pour la défense de la liberté publique, à ce crédit sur des richesses même de fiction, à la force offensive et défensive du gouvernement, à cette grande influence de la nation sur les affaires de ses voisins, à cette bonne foi tant requise dans les négociations.

Il prédit ce qui a dû résulter par rapport aux rangs, aux dignités, au luxe, à cette estime des qualités réelles, c'est-à-dire des richesses et du mérite personnel.

Enfin il aperçoit comment a pu se former cet esprit d'éloignement de toute politesse fondée sur l'oisiveté, ce mélange de fierté et de mauvaise honte, cette humeur inquiète au milieu des prospérités, cette modestie et cette timidité des femmes, cette préférence du véritable esprit à tout ce qui n'est que du ressort du goût, cette étude de politique jusqu'à prétendre calculer tous les événemens, cette liberté de raisonner. Il connoît même le caractère de la nation dans ses ouvrages d'esprit.

Le portrait que notre auteur vient de donner d'une nation si commerçante de l'Europe, d'une nation qui, selon lui, fait même céder ses intérêts politiques à ceux du commerce, d'une nation où il fut si chéri et si respecté, le conduit à l'examen des lois dans le rapport qu'elles ont avec le commerce considéré dans sa nature et dans ses distinctions, dans les révolutions qu'il a eues dans le monde, et dans sa relation avec l'usage de la monnoie.

Je l'ai dit, cet ouvrage ne paroît fait que pour inspirer de la modération, de l'humanité et des mœurs. Ainsi il est beau d'apprendre ici que l'esprit du commerce est de guérir des préjugés destructeurs, de produire la douceur des mœurs, et de porter les nations à la paix, vu que toutes les unions sont fondées sur des besoins mutuels.

Il est aussi consolant pour quelques peuples malheureux d'être ici assurés qu'étant pauvres, non à cause de la dureté du gouvernement, mais parce qu'ils ont dédaigné ou parce qu'ils n'ont pas connu les commodités de la vie, ils peuvent malgré cela faire de grandes choses, parce que leur pauvreté fait une partie de leur liberté.

De là on voit combien l'esprit de commerce est lié à la constitution. Dans le gouvernement d'un seul, il est fondé sur le luxe; dans le gouvernement républicain, il est ordinairement fondé sur l'économie. Par conséquent, comme dans ce dernier gouvernement l'esprit de commerce entraîne avec lui celui de frugalité, de modération, de travail, de sagesse, de tranquillité, d'ordre et de règle, il est aisé de comprendre comment il peut arriver que les grandes richesses des particuliers n'y corrompent point les mœurs.

C'est en développant les ressorts de ce commerce d'économie que notre auteur approfondit les principes qui rendent certains établissemens plus propres au gouvernement de plusieurs qu'à celui d'un seul; tels que les compagnies, les banques, les ports francs : principes qui ne laissent pourtant pas d'avoir leur limitation, lorsqu'on les examine sans les séparer de la sage administration de ceux qui sont à la tête des affaires, même dans le gouvernement d'un seul.

Les grandes vérités que notre auteur établit ici pour se conduire dans les matières du commerce, font voir combien on auroit tort de regarder les sciences comme incompatibles avec les affaires, surtout lorsqu'il fixe la juste idée de la liberté en fait de commerce, si éloignée de cette faculté qui seroit plutôt une servitude; lorsqu'il nous fait sentir combien, pour le maintien de cette liberté, il est important que l'état soit neutre entre sa douane et son commerce; lorsqu'il nous apprend que, dans ce genre d'affaires, la loi doit faire plus de cas de l'aisance publique que de la liberté d'un citoyen; enfin lorsqu'il montre que, comme le pays qui possède le plus d'effets mobiliers de l'univers, savoir, de l'argent, des billets, des lettres de change, des actions sur les compagnies, des vaisseaux et des marchandises, gagne à faire le commerce, au contraire le pays qui est dépourvu de ces effets, et qui par conséquent est obligé d'envoyer toujours moins qu'il ne reçoit, se mettant lui-même hors d'équilibre, perd à faire le commerce, et s'appauvrit.

Ces théories capitales ne pouvoient guère demeurer stériles entre les mains de notre auteur : ainsi c'est par leur secours qu'il dicte des dispositions très-sensées sur le sujet du commerce, sans pourtant être gêné par une exactitude servile. Ici notre auteur, conduit plus, si j'ose le dire, par un esprit citoyen que philosophique, se hâte d'aller au fait. Il veut que la méditation du lecteur se charge de placer d'autres vérités dans la chaîne de celles qu'il établit sur des fondemens solides. Il l'emporte dans ce qui est essentiel au sujet, sans le fatiguer par de longs détours; il suppose qu'il sait tout cela [1] : on diroit que sa modestie se plaît à partager avec le lecteur attentif la gloire de l'invention.

Comme notre auteur sait être savant sans rougir, ainsi que quelques-uns de nos pères, d'être

---

[1] Semper ad eventum festinat, et in medias res,
Non secus ac notas, auditorem rapit.....
    Hor., de Art. poet.

philosophe, il sait être philosophe sans rougir, comme la plupart des esprits de nos jours, d'être savant. Ainsi, s'accommodant de ce sage milieu, c'est par le concours mutuel d'un jugement subtil et délié dans les sciences les plus abstraites, et d'un choix des matériaux tirés d'une vaste érudition, qu'il excelle et triomphe dans tout son ouvrage, surtout ici lorsqu'il examine les lois par rapport aux révolutions que le commerce a eues dans le monde.

Il est agréable, et ce plaisir renferme beaucoup d'instructions, de voir, à l'aide de ses éclaircissemens, comment certaines causes physiques, telles que la qualité du terroir ou du climat, comment la différence des besoins des peuples, soit simples, soit voluptueux, leur paresse, leur industrie, ont pu fixer, dans tous les âges, la nature du commerce dans quelques contrées.

C'est aussi un spectacle digne des recherches d'un génie du premier ordre, comme celui de notre auteur, de voir le commerce, tantôt détruit, tantôt gêné, tantôt favorisé, fuir des lieux où il étoit opprimé, se reposer où on le laissoit respirer, régner aujourd'hui où l'on ne voyoit que des déserts, des mers et des rochers, et là où il régnoit, n'y avoir que des déserts; changemens qui ont rendu la terre si peu semblable à elle-même.

Ainsi notre auteur, se jetant avec un courage

héroïque dans ces abîmes des siècles les plus reculés, parcourt la terre. Il ne voit qu'un vaste désert dans cette heureuse contrée de la Colchide, qu'on auroit peine à croire avoir été du temps des Romains le marché de toutes les nations du monde.

Il déplore le malheureux sort des empires de l'Asie. Il visite la partie de la Perse qui est au nord-est, l'Hyrcanie, la Magiane, la Bactriane, etc. A peine voit-il passer la charrue sur les fondemens de tant de villes jadis florissantes. Il passe au nord de cet empire, c'est-à-dire à l'isthme qui sépare la mer Caspienne du Pont-Euxin, et il n'y trouve presque aucun vestige de ce grand nombre de villes et de nations dont il étoit couvert.

Il est étonné de ne voir plus ces communications des grands empires des Assyriens, des Mèdes, des Perses, avec les parties de l'Orient et de l'Occident les plus reculées. L'Oxus ne va plus à la mer Caspienne ; des nations destructrices l'ont détourné. Il le voit se perdre dans des sables arides. Le Jaxarte ne va plus jusqu'à la mer. Le pays entre le Pont-Euxin et la mer Caspienne n'est qu'un désert.

Notre auteur, au milieu de ces vastes désolations qui ne laissent plus voir que des ruines ou quelques débris de la dévastation, nous rappelle le commerce de luxe que les empires de l'Asie faisoient, tandis que les Tyriens, profitant des avantages que les nations intelligentes prennent sur les peuples ignorans, étoient occupés du commerce d'économie de toute la terre.

Il parcourt l'Égypte, qui, sans être jalouse des flottes des autres nations, contente de son terroir fertile, ne faisoit guère de commerce au dehors.

Il remarque que les Juifs, occupés de l'agriculture, ne négocioient que par occasion; que les Phéniciens, sans commerce de luxe, se rendirent nécessaires à toutes les nations par leur frugalité, par leur habileté, leur industrie, leurs périls, leurs fatigues; qu'avant Alexandre les nations voisines de la mer Rouge ne négocioient que sur cette mer et sur celle d'Afrique.

Il nous ramène aux beaux siècles d'Athènes, qui, ayant l'empire de la mer, donna la loi au roi de Perse, et abattit les forces maritimes de la Syrie et de la Phénicie.

Il est frappé de l'heureuse situation de Corinthe, de son commerce, de ses richesses, comme aussi des causes de la prospérité de la Grèce, des jeux qu'elle donnoit à l'univers, des temples où tous les rois envoyoient des offrandes, de ses fêtes, de ses oracles, de ses arts incomparables.

Il envisage la navigation de Darius sur l'Indus et sur la mer des Indes, plutôt comme une fantaisie d'un prince qui vouloit montrer sa puissance que comme le projet réglé d'un sage monarque qui veut l'employer.

Il considère la révolution causée dans le commerce par quatre événemens arrivés sous Alexandre : la prise de Tyr, la conquête de l'Égypte, celle des Indes, et la découverte de la mer qui est au midi de ce pays.

La relation d'Hannon lui sert de guide pour reconnoître la puissance et la richesse de Carthage, qui, étant maîtresse des côtes de l'Afrique, s'étendit le long de celles de l'Océan. Il est enchanté de la simplicité de cette relation d'Hannon, qui, ennemi de toute parure, étoit, comme les grands capitaines, plus glorieux de ce qu'il faisoit que de ce qu'il écrivoit. Ici il n'oublie pas le commerce d'économie de Marseille, qui augmenta sa gloire après la ruine de Carthage.

En parcourant les nations de l'antiquité, notre auteur nous fait connoître, à travers différens siècles, la nature, l'étendue, les bornes de leur commerce, avec un discernement si délicat, que des faits même connus prennent entre ses mains un nouvel intérêt; et, trop convaincu que, pour mieux instruire le lecteur, il faut modifier le ton uniforme de l'instruction et ménager des surprises agréables, tantôt, portant jusqu'au prodige l'union des sciences et des lettres, il est charmé de nous rappeler la belle peinture tracée par Homère de ces contrées que les malheurs d'Ulysse ont rendues si célèbres ; tantôt, occupé des pratiques purement mécaniques, il nous explique les causes physiques des différens degrés de vitesse des navires, suivant leur différente grandeur et leur différente force ; d'où vient que nos navires vont presque à tous vents, et que ceux des anciens n'alloient presque qu'à un seul, et comment on mesuroit les charges qu'ils pouvoient porter. Ici il nous fait reconnoître la situation et le commerce ancien d'Athènes vis-à-vis de la situation et du commerce présent de l'Angleterre ; là il nous fait contempler le projet de Séleucus de joindre le Pont-Euxin à la mer Caspienne ; et, parmi les grands desseins d'Alexandre, il s'arrête à admirer Alexandrie, ville que ce conquérant fonda dans la vue de s'assurer de l'Égypte, devenue le centre de l'univers. Par ces remarques variées, mais toujours intéressantes, on diroit que notre auteur, dans son tour de la terre, faisant pour ainsi dire reparoître à nos yeux tout ce que le torrent des âges avoit renversé, en agit comme le czar Pierre qui, dans ses voyages de l'Europe, cherchoit à connoître les établissemens utiles des différens pays, et à s'instruire des principales parties des gouvernemens, de leurs forces, de leurs revenus, de leurs richesses, de leur commerce. A Paris, parmi tant de merveilles de cette ville enchanteresse, ou, pour mieux dire, dans cette école de toutes les nations, tandis qu'il se plaisoit à contempler les peintures du Louvre, il prenoit presque entre ses bras l'auguste personne du roi encore enfant, pour le garantir de la foule, de la manière la plus tendre. A Amsterdam, au milieu de ces dépositaires, et, pour ainsi dire, de ces facteurs du commerce de toute la terre, il aimoit à travailler dans le chantier pour apprendre la construction des vaisseaux. En Angleterre, il étudioit comment cette nation a su, non moins par son commerce que par son gouvernement, se rendre la gardienne de la liberté de l'Europe. De retour en Russie, il forma le dessein hardi de la jonction des deux mers dans cette langue de terre où le Tanaïs s'approche du Volga, et il jeta les fondemens de Pétersbourg dans la vue de former un entrepôt du commerce de l'univers.

Notre auteur, tout plein qu'il est de ces deux idées; l'une, que le commerce est la source de la conservation et de l'agrandissement des états; l'autre, que les Romains avoient la meilleure police du monde, avoue néanmoins que les Romains furent éloignés du commerce par leur gloire, par leur éducation militaire, par leur constitution politique, par leur droit des gens, par leur droit civil. A la ville, ils n'étoient occupés que de guerres d'élections, de brigues; à la campagne, que d'agriculture : dans les provinces, un gouvernement dur et tyrannique étoit incompatible avec le commerce. Cela fit qu'ils n'eurent jamais de jalousies de commerce. Ils attaquèrent Carthage comme puissance rivale, et non comme une nation commerçante. En effet, à Rome, dans la force de son institution, les fortunes étoient à peu près égales : à Carthage, des particuliers avoient des richesses de rois. Comme les Romains ne faisoient cas que des troupes de terre, les gens de mer n'étoient ordinairement que des affranchis. Leur politique fut de se séparer de toutes les nations non assujetties : la crainte de leur porter l'art de vaincre fit négliger l'art de s'enrichir. Leur commerce intérieur étoit celui de l'importation des blés ; ce qui étoit un objet important, non de commerce, mais d'une sage police pour la subsistance du peuple de Rome. Le négoce de l'Arabie heureuse et celui des Indes furent presque les deux seules branches du commerce extérieur. Mais ce négoce ne se soutenoit que par l'argent des Romains ; et si les marchandises de l'Arabie et des Indes se vendoient à Rome le centuple, ce profit des Romains se faisoit sur les Romains mêmes, et n'enrichissoit point l'empire; quoique d'un autre côté on puisse dire que ce commerce procuroit aux Romains une grande navigation, c'est-à-dire une grande puissance ; que des marchandises nouvelles augmentoient le commerce intérieur, favorisoient les arts, entretenoient l'industrie; que le nombre des citoyens se multiplioit à proportion des nouveaux moyens de subsistance; que ce nouveau commerce produisoit le luxe; que le luxe à Rome étoit nécessaire, puisqu'il falloit qu'une ville qui attiroit à elle toutes les richesses de l'univers les rendît par son luxe.

Notre auteur, suivant de siècle en siècle la marche du commerce, le trouve plus avili après la destruction des Romains en Occident, par l'invasion de leur empire. Un déluge de barbares, comme par une crise violente de la nature, renouvela pour ainsi dire la face de la terre; bientôt il n'y eut presque plus de commerce en Europe. La noblesse, qui régnoit partout, ne s'en mettoit pas en peine. Les barbares le regardèrent comme un objet de leurs brigandages. Quelques restes de leurs lois insensées, qui subsistent encore de nos jours, montrent la grossièreté de leur origine.

Depuis l'affoiblissement des Romains en Orient, lors des conquêtes des mahométans, l'Egypte, ayant ses souverains particuliers, continua de faire le commerce : maîtresse des marchandises des Indes, elle attira les richesses de tous les autres pays.

A travers cette barbarie le commerce se fit jour en Europe. Notre auteur le voit, pour ainsi dire, sortir du sein de la vexation et de la barbarie. Les

Juifs, proscrits de chaque pays, inventèrent les lettres de change : par ce moyen ils sauvèrent leurs effets, et rendirent leurs retraites fixes. Il remarque que depuis cette invention les grands coups d'autorité ne sont, indépendamment de l'horreur qu'ils inspirent, que des imprudences, et qu'on a reconnu par expérience qu'il n'y a plus que la bonté du gouvernement qui donne de la prospérité. C'est toujours par ces sages réflexions que notre auteur sait présenter au trône les plus utiles vérités, dont il est doux de rappeler le précieux souvenir dans nos contrées, où le lien de tendresse entre les princes et les sujets ne sauroit être plus fort. Notre auteur, il est vrai, a caché son nom ; mais on le découvre dans le plus grand jour par ces traits frappans de sagesse, de modération, de bienfaisance, qui le font regarder comme l'âme de la probité même. Il en agit comme Phidias qui, n'ayant pas écrit son nom sur le bouclier de Minerve, y grava son portrait.

Notre auteur, attentif à développer la naissance, le progrès, la transmigration, la décadence et le rétablissement du commerce, est enfin ravi de la découverte de deux nouveaux mondes. C'est le commerce qui, à l'aide de la boussole, fit trouver l'Asie et l'Afrique, dont on ne connoissoit que quelques bords, et l'Amérique, dont on ne connoissoit rien du tout. L'Italie, hélas ! notre belle

Italie ne fut plus au centre du monde commerçant : elle fut réduite dans un coin. Mais qu'il me soit permis de faire une remarque patriotique. Comme heureusement le germe des grands génies de cette belle contrée n'est pas éteint, et, ce qui est plus, comme les vues et les desseins de ceux qui la gouvernent sont toujours d'accord avec la félicité publique, elle a lieu d'espérer de recueillir les fruits de la découverte faite par ses enfans.

Les Espagnols découvroient et conquéroient du côté de l'Occident ; les Portugais, du côté de l'Orient : mais les autres nations de l'Europe ne les laissèrent pas jouir tranquillement de leurs conquêtes. Les Espagnols regardèrent les terres découvertes comme des objets de conquête ; les autres nations trouvèrent qu'elles étoient des objets de commerce, et, par des compagnies de négocians et des colonies, y formèrent une puissance accessoire, sans préjudice de l'état principal.

Notre auteur fait voir l'utilité et l'objet des colonies de nos jours ; en quoi les nôtres diffèrent de celles des anciens. Il explique leurs lois fondamentales, surtout pour les tenir dans la dépendance de la métropole : il relève la sagesse de ces lois par le contraste de la conduite des Carthaginois, qui, pour rendre quelques nations conquises plus dépendantes, par un débordement d'ambition qui les dégradoit de l'humanité, défendirent, sous peine de la vie, de planter, de semer, et de faire rien de semblable; défense dont on ne peut se souvenir sans exécration.

Il se félicite de ce que l'Europe, par cette découverte du Nouveau-Monde, est parvenue à un si haut degré de puissance, qu'elle fait le commerce et la navigation des trois autres parties du monde. L'Amérique a lié à l'Europe l'Asie et l'Afrique. Elle fournit à la première la matière de son commerce avec cette vaste partie de l'Asie qu'on appelle les Indes orientales : le métal, si utile au commerce comme signe, fut la base du plus grand commerce de l'univers comme marchandise. La navigation de l'Afrique devient nécessaire, fournissant des hommes pour le travail des mines et des terres de l'Amérique.

Comme les Indes, au lieu d'être dans la dépendance de l'Espagne, sont devenues le principal, notre auteur n'est point surpris que l'Espagne, devenue accessoire, se soit appauvrie, malgré les richesses immenses tirées de l'Amérique, et, qui plus est, malgré son ciel pur et serein, et malgré ses richesses naturelles. Le travail des mines du Mexique et du Pérou détruit la culture des terres d'Espagne. O vous qui êtes à la tête des affaires, vous qui êtes les dépositaires des sentimens des princes et les interprètes de leur amour, écoutez ce grand principe de notre auteur : « C'est une

« mauvaise espèce de richesse qu'un tribut d'ac-
« cident, et qui ne dépend pas de l'industrie de la
« nation, du nombre de ses habitans, ni de la
« culture de ses terres. »

Notre auteur propose ici une question à examiner; savoir, si l'Espagne ne pouvant faire le commerce des Indes par elle-même, il ne vaudroit pas mieux qu'elle le rendît libre aux étrangers; ce qui pourtant, selon lui, ne devroit pas être séparé des autres considérations, surtout du danger d'un grand changement, des inconvéniens qu'on prévoit, et qui souvent sont moins dangereux que ceux qu'on ne peut pas prévoir.

Notre auteur, après avoir traité des lois dans leur rapport avec le commerce considéré dans sa nature et ses distinctions, et avec le commerce considéré dans ses révolutions, examine les lois dans leur rapport avec la monnoie.

Il commence par expliquer la raison de l'usage de la monnoie, qui est la nécessité des échanges, vu l'inégalité des productions de chaque pays; sa nature, qui est de représenter la valeur des marchandises comme signe; sa forme, qui est l'empreinte de chaque état. Il examine ensuite dans quel rapport la monnoie doit être, pour la prospérité de l'état, avec les choses qu'elle représente. Il distingue les monnoies réelles des monnoies idéales. Les réelles sont, dit-il, d'un certain poids et d'un certain titre; elles deviennent idéales lorsqu'on retranche une partie du métal de chaque pièce en lui laissant le même nom. Pour que le commerce fleurisse, les lois doivent faire employer des monnoies réelles, éloignant toute opération qui puisse les rendre idéales, à moins de vouloir donner à l'état de terribles secousses; témoin les plaies profondes et cruelles qui saignent encore dans quelques pays.

Notre auteur nous instruit que l'or et l'argent augmentent chez les nations policées, soit qu'elles tirent ces métaux de chez elles, soit qu'elles aillent les chercher là où ils sont, et qu'ils diminuent chez les nations barbares.

Il fait voir que l'argent des mines de l'Amérique est une marchandise de plus que l'Europe reçoit en troc, et qu'elle envoie en troc aux Indes. Ainsi une plus grande quantité d'or et d'argent est favorable, si on regarde ces métaux comme marchandise: elle ne l'est point lorsqu'on les regarde comme signes, parce que leur abondance choque leur qualité de signes, qui est beaucoup fondée sur la rareté. Ainsi c'est en raison de la quantité de ces métaux que l'intérêt de l'argent est diminué ou augmenté.

Il nous montre une grande vérité; savoir, que le prince ne peut pas plus fixer la valeur des marchandises, qu'ordonner que le rapport, par exemple, d'un à dix soit égal à celui d'un à vingt : car l'établissement d'un prix des choses dépend fondamentalement de la raison totale des choses au total des signes.

Il passe à l'article du change. Comme tout est du ressort de l'esprit lumineux de notre auteur, de sorte que la matière qu'il traite successivement paroît celle qu'il sait le mieux, il examine, il analyse, il approfondit tout ce qui a rapport au change. Le change, dit-il, est une fixation de la valeur actuelle et momentanée des monnoies. Il est formé par l'abondance et la rareté relatives des monnoies des divers pays. Il entre dans un grand détail pour montrer les variations du change, comment il attire les richesses d'un état dans un autre : il fait voir ses différentes positions, ses différens effets. Pour se faire mieux entendre, souvent il ne dédaigne pas les détails les plus minutieux, dont il profite pour s'élever aux vues générales; il sait quelquefois même semer, pour ainsi dire, des fleurs sur les plus sèches et les plus épineuses recherches de cette matière de calcul, et il est consolant de voir élever entre ses mains ces mêmes recherches à un rang si éminent, qu'on les honore aujourd'hui du nom de sciences.

Notre auteur, toujours persuadé que l'érudition choisie, bien loin de s'opposer à la science du gouvernement, lui prête un grand secours, à l'aide des précieux monumens de l'antiquité, examine la conduite des Romains sur les monnoies. Il reconnoît que, quand ils firent des changemens là-dessus, lors de la première et de la seconde guerre punique, ils agirent avec sagesse; mais qu'on n'en doit pas faire un exemple de nos jours, vu les différentes circonstances. La monnoie haussa et baissa à Rome, à mesure que l'or et l'argent devinrent plus ou moins rares. Ainsi les Romains, dans leurs opérations sur les monnoies, ne firent que ce que demandoit la nature des choses.

Du temps de la république, on procéda par voie de retranchement; l'état confioit au peuple ses besoins sans le séduire. Sous les empereurs on procéda par voie d'alliage. Ces princes, réduits au désespoir par leurs libéralités mêmes, altérèrent la monnoie. Ces opérations violentes, pratiquées pendant que l'empire étoit affaissé sous un mauvais gouvernement, ne sauroient avoir lieu dans ce temps-ci, où, indépendamment de la modération et de la douceur des gouvernemens de nos jours, le change a appris à comparer toutes les monnoies du monde, et à les mettre à leur juste valeur. Le titre des monnoies ne peut plus être un secret. Si un état commence le billon, tout le monde continue, et le fait pour lui. Les espèces fortes sortent d'abord, et on les lui renvoie foibles. Ainsi ces sortes de violences ne seroient que dessécher les racines du commerce, et éteindre le germe même de son existence. Le change empêche les grands coups d'autorité, et rend inutiles les lois qui blesseroient la liberté de disposer de ses effets : enfin le change gêne le despotisme.

Les banquiers sont faits pour changer de l'argent, et non pas pour en prêter. Ainsi notre auteur les trouve utiles lorsque le prince ne s'en sert que pour changer; et comme le prince ne fait que de grosses affaires, le moindre profit fait un grand objet pour le banquier même. Si, au contraire, on les emploie à faire des avances, ils chargent le prince de gros intérêts, sans qu'on puisse les accuser d'usure.

L'esprit supérieur de notre auteur ramène tout aux premiers principes; il aperçoit dans chaque matière l'origine des abus et leur remède. Ainsi, parlant des dettes de l'état, après avoir fait sentir l'importance de ne point confondre un papier circulant qui représente la monnoie, avec un papier qui représente la dette d'une nation, il fait voir les conséquences de ces dettes, et les moyens de les payer sans fouler ni l'état ni les particuliers, et sans détruire la confiance publique, dont on a un souverain besoin, étant la seule et vraie richesse de l'état. Il fait aussi sentir combien il est essentiel que l'état accorde une singulière protection à ses créanciers, si on ne veut jeter la nation dans les convulsions les plus dangereuses et sans remède.

Quant au prêt de l'argent à intérêt, il remarque que, si cet intérêt est trop haut, le négociant, qui voit qu'il lui coûteroit plus en intérêt qu'il ne pourroit gagner dans le commerce, n'entreprend rien. Si l'intérêt est trop bas, personne ne prête, et le négociant n'entreprend rien non plus; ou, si on prête, l'usure s'introduit avec mille inconvéniens.

Il trouve aussi, d'après les grands jurisconsultes, la raison de la grandeur de l'usure maritime dans les périls de la mer, et dans la facilité que le commerce donne à l'emprunteur de faire promptement de grandes affaires et en grand nombre, au lieu que les usures de terre n'étant fondées sur aucune de ces deux raisons, sont ou proscrites par les législateurs, ou réduites à de justes bornes.

Les continuels et brusques changemens que des lois extrêmes causèrent à Rome, tantôt en retranchant les capitaux, tantôt en diminuant ou défendant les intérêts, tantôt en ôtant les contraintes par corps, tantôt en abolissant les dettes, naturalisèrent l'usure chez les Romains : car les créanciers, voyant le peuple leur débiteur, leur législateur, leur juge, n'eurent plus de confiance dans les contrats. Comme les lois ne furent point ménagées, cela fit que tous les moyens honnêtes de prêter et d'emprunter furent abolis à Rome : qu'une usure affreuse, toujours foudroyée et toujours renaissante, s'y établit : tant il est vrai que les lois extrêmes, même dans le bien, font naître le mal extrême.

Notre auteur indique le taux de l'intérêt dans les différens temps de la république romaine : il en recherche les lois relatives. Comme les législateurs portèrent les choses à l'excès, on trouva une infinité de moyens pour les éluder : ainsi il en fallut faire beaucoup d'autres pour les confirmer, corriger, tempérer.

Il est surprenant de voir comment notre auteur, supérieur même aux préjugés qu'un certain respect pour l'antiquité pourroit justifier, sait relever l'erreur de Tacite, quoiqu'il soit un de ses auteurs de préférence, lorsqu'il prit pour une loi des douze tables une loi qui fut faite par les tribuns Duillius et Menenius, environ quatre-vingt-quinze ans après la loi des douze tables : cette loi fut la première qui fixa à Rome le taux de l'usure.

Il finit cette matière par une maxime d'Ulpien : *Celui-là paie moins, qui paie plus tard.* « Cela « décide, dit-il, la question si l'intérêt est légi- « time ; c'est-à-dire si le créancier peut vendre le « temps, et le débiteur l'acheter. »

La population tient, par la nature de la chose, au commerce. Il y a, pour ainsi dire, une action et réaction de deux agens. Ainsi notre auteur, faisant sentir l'enchaînement de ces deux objets et leur influence mutuelle, après avoir examiné la matière du commerce dans tous ses rapports, n'est pas moins attentif à développer les lois relatives au nombre des hommes et à leur multiplication, et quel est le vœu de la nature.

Il commence par remarquer que la propagation des bêtes est constante, mais que celle des hommes est toujours troublée par les passions, par les fantaisies, par le luxe; que l'obligation naturelle qu'a le père de nourrir ses enfans a fait établir le mariage, qui déclare celui qui doit remplir cette obligation.

Notre auteur, toujours attentif à inspirer la pureté des mœurs, nous fait voir combien les conjonctions illicites choquent la propagation de l'espèce : car le père, qui a l'obligation de nourrir et d'élever les enfans, n'est point fixe; les femmes soumises à la prostitution publique ne sauroient avoir la confiance de la loi : d'où il s'ensuit que la continence publique favorise la propagation de l'espèce.

La raison, dit notre auteur, nous dicte que quand il y a un mariage, les enfans suivent la condition du père; quand il n'y en a point, ils ne peuvent concerner que la mère.

La propagation est très-favorisée par la loi qui

fixe la famille dans la suite des personnes du même sexe. La famille est une sorte de propriété. Un homme qui a des enfans du sexe qui ne la perpétue pas, n'est jamais content qu'il n'en ait de celui qui la perpétue.

Il nous parle de divers ordres de femmes légitimes; il traite des bâtards. Il observe comment, dans les républiques anciennes, on faisoit des lois sur l'état des bâtards, par rapport à la constitution. Telle république recevoit pour citoyens les bâtards, afin d'augmenter sa puissance contre les grands; telle autre, comme Athènes, retrancha les bâtards du nombre des citoyens, pour avoir une plus grande portion de blé. Dans plusieurs villes, dans la disette de citoyens, les bâtards succédoient; dans l'abondance, ils ne succédoient pas.

Il fonde le consentement des pères pour le mariage sur leur puissance, leur amour, leur raison, leur prudence; mais il croit qu'il convient quelquefois d'y mettre des restrictions.

Comme la nature porte assez au mariage, il trouve inutile d'y encourager, à moins qu'elle ne soit arrêtée par la difficulté de la subsistance, par la dureté du gouvernement, par l'excès des impôts, qui font regarder aux cultivateurs leurs champs moins comme le fondement de leur nourriture que comme un prétexte à la vexation. Ainsi notre auteur nous fait sentir combien la population dépend de la sûreté, de la modération, de la douceur du gouvernement; tant il est vrai que chaque page de son ouvrage n'inspire que des sentimens paternels, surtout pour les cultivateurs, qu'on doit regarder comme la base de l'édifice politique.

Il nous fait voir comment la propagation dépend du nombre relatif des filles et des garçons : il développe la raison de la grande propagation dans les ports de mer; comment elle est plus ou moins grande, suivant les différentes productions de la terre, les pays de pâturages étant peu peuplés, les terres à blé davantage, les vignobles encore plus; qu'elle est en raison du partage égal des terres, ou en raison des arts, lorsque les terres sont inégalement distribuées; comment elle dépend de la fécondité du climat, sans besoin des lois, comme à la Chine; comment elle tient à la nature du gouvernement, comme dans les républiques de la Grèce, où les législateurs n'eurent pour objet que le bonheur des citoyens au dedans et une puissance au dehors. Ainsi, avec un petit territoire et une grande félicité, il étoit facile que la population devînt si considérable, que les politiques grecs crurent devoir s'attacher à régler le nombre des citoyens.

Notre auteur, soutenant pour ainsi dire son vol, mesure comme un aigle la terre d'un œil ferme, et, à l'aide des monumens de l'antiquité, il voit que l'Italie, la Sicile, l'Asie mineure, l'Espagne, la Germanie, étaient, à peu près comme la Grèce, pleines de petits peuples, et regorgeoient d'habitans; ainsi on n'y avoit pas besoin de lois pour en augmenter le nombre; mais, comme toutes ces petites républiques furent englouties dans une grande, on vit insensiblement l'univers se dépeupler.

Comme les Romains furent le peuple du monde le plus sage, et que, pour réparer ses pertes, il eut besoin du secours des lois, notre auteur, profitant de l'histoire et de la jurisprudence, si liées à l'esprit de conseil et aux talens de l'administration, recueille les lois que les Romains firent à ce sujet.

Il proteste de ne point parler ici de l'attention que les Romains eurent pour réparer la perte des citoyens à mesure qu'ils en perdirent, faisant des associations, donnant les droits de cité et trouvant une pépinière de citoyens dans leurs esclaves : il se borne à parler de ce qu'ils firent pour réparer la perte des hommes.

Jamais les vues de sagesse et de prévoyance qui dictèrent ces lois n'ont eu une application plus nécessaire que dans les circonstances de nos jours. Ainsi il n'est point indifférent que je suive pas à pas notre auteur dans leur origine, leurs motifs, leurs avantages, leurs suites, leurs infractions.

Notre auteur a été très-exact à en recueillir toutes les vues, et assez sage pour en choisir les plus essentielles.

Les anciennes lois de Rome cherchèrent à déterminer les citoyens au mariage. Les censeurs y eurent l'œil, et, selon les besoins, ils y engagèrent et par la honte et par les peines.

La corruption des mœurs dégoûta du mariage, et détruisit la censure elle-même.

Le nombre des citoyens fut assez diminué par les discordes civiles, le triumvirat, les proscriptions, qui, si j'ose le dire, remplirent Rome d'un deuil général et d'un désastre universel.

Pour y remédier, César et Auguste rétablirent la censure, et se firent censeurs eux-mêmes. Ils firent aussi des réglemens favorables au mariage.

César donna des récompenses à ceux qui avoient beaucoup d'enfans. Attaquant les femmes par la vanité, il défendit a celles qui avoient moins de quarante-cinq ans, et qui n'avoient ni mari ni enfans, de porter des pierreries et de se servir de litière.

Auguste augmenta les récompenses et imposa des peines nouvelles. Il fit sentir aux Romains que la cité ne consistoit point dans les maisons, les portiques, les places publiques, mais dans le nombre des hommes, qui sont les premiers biens, et les biens les plus précieux de l'état. Il leur re prochoit le célibat où ils vivoient pour vivre dans le libertinage. « Chacun de vous, s'écrioit-il, a des « compagnes de sa table et de son lit, et vous ne « cherchez que la paix dans vos déréglemens. »

Pour y remédier, il donna la loi qu'on nomma *julia papia poppœa*, du nom des consuls. Notre auteur la regarde avec raison comme un code de lois, ou un corps systématique de tous les règlemens qu'on pouvoit faire à cet égard. Elle fut, dit-il, la plus belle partie des lois civiles des Romains.

On y accorda au mariage et au nombre des enfans les prérogatives, c'est-à-dire tous les honneurs et toutes les préséances que les Romains accordoient par respect à la vieillesse.

On donna quelques prérogatives au mariage seul, indépendamment des enfans qui en pourroient naître; ce qu'on appela le *droit des maris*.

On donna d'autres prérogatives à ceux qui avoient des enfans; ce qu'on appela *droit d'enfans*.

On en donna de plus grandes à ceux qui avoient trois enfans; ce qu'on appela *droit de trois enfans*.

Notre auteur nous avertit de ne point confondre ces trois choses. « Il y avoit, dit-il, des priviléges « dont les gens mariés jouissoient toujours, comme, « par exemple, une place particulière au théâtre; « il y en avoit dont ils ne jouissoient que lorsque

« des gens qui avoient des enfans, ou qui en avoient
« plus qu'eux, ne les leur ôtoient pas. »

Les gens mariés qui avoient le plus grand nombre d'enfans étoient préférés, soit dans la poursuite des honneurs, soit dans leur exercice.

Le consul qui avoit le plus d'enfans prenoit le premier les faisceaux; il avoit le choix des provinces.

Le sénateur qui avoit le plus d'enfans étoit écrit le premier dans le catalogue des sénateurs; il disoit son avis le premier.

L'on pouvoit parvenir avant l'âge aux magistratures, chaque enfant donnant la dispense d'un an.

Le nombre de trois enfans exemptoit de toutes charges personnelles.

Les femmes ingénues qui avoient trois enfans et les affranchies qui en avoient quatre, sortoient de la tutelle perpétuelle établie par les lois.

Outre les récompenses, il y avoit des peines. Les voici :

Ceux qui n'étoient point mariés ne pouvoient rien recevoir par le testament des étrangers.

Ceux qui étoient mariés, mais n'avoient point d'enfans, ne recevoient que la moitié.

Le mari et la femme, par une exemption de la loi qui limitoit leurs dispositions réciproques par testament, pouvoient se donner le tout, s'ils avoient des enfans l'un de l'autre; s'ils n'en avoient point, ils pouvoient recevoir la dixième partie de la succession à cause du mariage; et s'ils avoient des enfans d'un autre mariage, ils pouvoient se donner autant de dixièmes qu'ils avoient d'enfans.

Si un mari s'absentoit d'auprès de sa femme pour autre cause que pour les affaires de la république, il ne pouvoit en être l'héritier.

La loi donnoit à un mari ou à une femme qui survivoit, deux ans pour se remarier, et un an et demi pour le divorce.

Les pères qui ne vouloient pas marier leurs enfans, ou donner des maris à leurs filles, y étoient contraints par le magistrat.

On défendit les fiançailles lorsque le mariage devoit être différé de plus de deux ans; et comme on ne pouvoit épouser une fille qu'à douze ans, on ne pouvoit la fiancer qu'à dix, car la loi ne vouloit pas que l'on pût jouir inutilement, et sous prétexte de fiançailles, des priviléges des gens mariés.

Il étoit défendu à un homme qui avoit soixante ans d'épouser une femme qui en avoit cinquante, car on ne vouloit point de mariages inutiles après tant de priviléges.

La même raison déclara inégal le mariage d'une femme qui avoit plus de cinquante ans avec un homme qui en avoit moins de soixante.

Pour que l'on ne fût pas borné dans le choix, Auguste permit à tous les ingénus qui n'étoient pas sénateurs d'épouser des affranchies.

La loi pappienne interdisoit aux sénateurs le mariage avec les affranchies, ou avec les femmes de théâtre.

Du temps d'Ulpien, la loi défendoit aux ingénus d'épouser des femmes de mauvaise vie, des femmes de théâtre, des femmes condamnées par un jugement public. Du temps de la république, ces lois étoient inconnues, car la censure corrigeoit ces désordres, ou les empêchoit de naître.

Les peines contre ceux qui se marioient contre la défense des lois étoient les mêmes que celles contre ceux qui ne se marioient point du tout.

Les lois par lesquelles Auguste adjugea au trésor public les successions et les legs de ceux qu'elles déclaroient incapables, parurent plutôt fiscales que politiques et civiles. Ainsi le dégoût pour le mariage s'augmenta. Cela fit qu'on fut obligé tantôt de diminuer les récompenses des délateurs, tantôt d'arrêter leurs brigandages, tantôt de modifier ces lois odieuses.

D'ailleurs, les empereurs, dans la suite, les énervèrent par les priviléges des droits de maris, d'enfans, de trois enfans, par la dispense des peines. On donna le privilége des maris aux soldats. Auguste fut exempté des lois qui limitoient la faculté d'affranchir, et de celle qui bornoit la faculté de léguer.

Les sectes de philosophie introduisirent un esprit d'éloignement pour les affaires. Ces fatales semences produisirent l'éloignement pour les soins d'une famille, et par conséquent la destruction de l'espèce humaine.

Les lois de Constantin ôtèrent les peines des lois pappiennes, et exemptèrent tant ceux qui n'étoient point mariés que ceux qui, étant mariés, n'avoient point d'enfans.

Théodose le jeune abrogea les lois décimaires, qui donnoient une plus grande extension aux dons que le mari et la femme pouvoient se faire à proportion du nombre des enfans, comme on l'a remarqué ci-dessus.

Justinien déclara valables tous les mariages que les lois pappiennes avoient défendus.

Par les lois anciennes, la faculté naturelle que chacun a de se marier et d'avoir des enfans ne pouvoit être ôtée. Ainsi la loi pappienne annuloit la condition de ne se point marier apposée à un legs, et le serment de ne se point marier et de n'avoir point d'enfans, que le patron faisoit faire à son affranchi; mais on vit émaner des constitutions des empereurs des clauses qui contredisent ce droit ancien.

Il n'y a point une loi expresse qui abroge les priviléges et les honneurs que les lois anciennes accordoient aux mariages et au nombre des enfans : mais depuis qu'on accorda, comme firent les lois de Justinien, des avantages à ceux qui ne se remarioient pas, il ne pouvoit plus y avoir des priviléges et des honneurs pour le mariage. Ici notre auteur, rendant hommage au célibat qui a pour motif la religion, déplore amèrement le célibat introduit par le libertinage, qui fait qu'une infinité de gens riches et voluptueux fuient le mariage pour la commodité de leurs déréglemens.

Notre auteur, avant de finir ce sujet, n'oublie pas cette loi abominable de l'exposition des enfans. Il nous fait remarquer qu'il n'y avoit aucune loi romaine qui permît cette action dénaturée, et que la loi des douze tables ne changea rien aux institutions des premiers Romains, qui eurent à cet égard une police assez bonne, mais qu'on ne suivit plus lorsque le luxe ôta l'aisance, lorsque les richesses partagées furent appelées pauvreté, lorsque le père crut avoir perdu ce qu'il donna à sa famille, et qu'il distingua cette famille de la propriété.

Pour nous faire mieux connoître l'état de l'univers après la destruction des Romains, notre auteur observe que leurs réglemens, faits pour augmenter le nombre des citoyens, eurent, comme les autres lois qui élevèrent Rome à cette grandeur, leur effet pendant que la république, dans la force de son institution, n'eut à réparer que les pertes qu'elle faisoit par son courage, par sa fermeté, par son amour pour la gloire, et par sa vertu même. En réparant ces pertes, les Romains croyoient défendre leurs lois, leur patrie, leurs temples, leurs dieux pénates, leurs sépulcres, leur liberté, leurs biens. Mais sitôt que les lois les plus sages ne purent remédier aux pertes causées par une corruption générale, capable de rendre ce grand empire une solitude, pour qu'il ne restât, pour ainsi dire, personne pour en déplorer la chute, et l'extinction du nom romain; dès-lors un déluge de nations gothes, gétiques, sarrasines et tartares, coupa, pour ainsi dire, le nerf de ce corps immense et de cette machine monstrueuse; bientôt des peuples barbares n'eurent à détruire que des peuples barbares.

Dans l'état où étoit l'Europe après cette affreuse catastrophe, et après un coup aussi surprenant, on n'auroit pas cru qu'elle pût se rétablir, surtout lorsque sous Charlemagne elle ne forma plus qu'un vaste empire. Mais il arriva un changement par rapport au nombre des hommes. L'Europe, après Charlemagne, par la nature du gouvernement d'alors, se partagea en une infinité de petites souverainetés. Chaque seigneur, n'étant en sûreté que par le nombre des habitans de son village ou de sa ville, où il résidoit, s'attacha à faire fleurir son pays; ce qui réussit tellement que, malgré les irrégularités du gouvernement, le défaut de connoissances sur le commerce, le grand nombre de guerres et de querelles, il y eut dans la plupart des contrées de l'Europe plus de peuple qu'il n'y en a aujourd'hui : témoin les prodigieuses armées des croisés.

La navigation, qui depuis deux siècles est augmentée en Europe, a procuré des habitans et en a fait perdre. Il ne faut pas juger de l'Europe comme d'un état particulier qui feroit seul une grande navigation : cet état augmenteroit de peuple, parce que toutes les nations voisines viendroient prendre part à cette navigation; il y arriveroit des matelots de tous côtés. Mais l'Europe, séparée du reste du monde par des déserts, par la religion, étant presque partout entourée des pays mahométans, ne se répare pas ainsi.

De tout ceci notre auteur a raison de conclure que l'Europe a besoin de lois qui favorisent la propagation, laquelle, étant la partie la plus malade de la plupart des gouvernemens de nos jours, mérite le plus de secours.

Notre auteur, bien loin de trouver ces secours dans des établissemens singuliers, et encore moins dans les récompenses des prodiges, comme seroit celle des priviléges de douze enfans, ne demande que des récompenses et des peines générales, comme demandoient les Romains, et il ne cherche que la nature dans les sillons des campagnes et dans les cabanes des laboureurs.

On diroit qu'il fait descendre les princes de la majesté du trône pour les conduire dans ces contrées malheureuses où la nature est aussi défigurée que les hommes qui y séjournent. Spectateur de l'abandon de ces pays dont les plaies paroissent incurables seulement à ceux qui ne connoissent pas la force de sages lois, et pénétré des plaintes, des gémissemens, de l'esprit de nonchalance de ces habitans pâles, débiles, exténués, portant sur leur visage l'empreinte de leur infortune, il propose des remèdes et des règles si sensées, qu'on diroit qu'elles ont été dictées par l'énergie d'une âme qui ne désire que le bien. Comme ce seul article, rempli de vues également éclairées et bienfaisantes, renferme, pour ainsi dire, le code d'administration publique le plus sage que puisse former un prince qui se sent plutôt le père que le maître de ses peuples, on me saura gré de ce que je le répète ici. « Lorsqu'un « état se trouve dépeuplé par des accidens parti- « culiers, des guerres, des pestes, des famines, « il y a des ressources : les hommes qui restent « peuvent conserver l'esprit de travail et d'indus- « trie ; ils peuvent chercher à réparer leurs mal- « heurs, et devenir plus industrieux par leur « calamité même. Le mal presque incurable est

« lorsque la dépopulation vient de longue main
« par un vice intérieur et un mauvais gouverne-
« ment. Les hommes y ont péri par une maladie
« insensible et habituelle : nés dans la langueur
« et dans la misère, dans la violence ou les pré-
« jugés du gouvernement, ils se sont vu détruire
« souvent sans sentir les causes de leur destruc-
« tion, etc.

« Pour rétablir un état aussi dépeuplé, on at-
« tendroit en vain des secours des enfans qui pour-
« roient y naître. Il n'est plus temps : les hommes,
« dans leurs déserts, sont sans courage et sans
« industrie. Avec des terres pour nourrir un peu-
« ple, on a à peine de quoi nourrir une famille.
« Le bas peuple, dans ces pays, n'a pas même de
« part à leur misère, c'est-à-dire aux friches dont
« ils sont remplis. Le prince, les villes, les grands,
« quelques citoyens principaux, sont devenus in-
« sensiblement propriétaires de toute la contrée :
« elle est inculte ; mais les familles détruites leur
« en ont laissé les pâtures, et l'homme de travail
« n'a rien.

« Dans cette situation, il faudroit faire dans
« toute l'étendue de l'empire ce que les Romains
« faisoient dans une partie du leur : pratiquer
« dans la disette des habitans ce qu'ils observoient
« dans l'abondance, distribuer des terres à toutes
« les familles qui n'ont rien, leur procurer les

« moyens de les défricher et de les cultiver. Cette
« distribution devroit se faire à mesure qu'il y
« auroit un homme pour la recevoir, de sorte
« qu'il n'y eût point de moment perdu pour le
« travail. »

Que d'heureuses conséquences naissent des principes et des moyens que notre auteur propose dans cet article pour exciter au travail, encourager l'agriculture, et trouver des bras et des charrues qui fertilisent les terres abandonnées! Il fait sentir, avec son grand discernement, qui frappe toujours au but des choses, que la grande prospérité ou les désastres d'un pays dépendent de la bonté ou de la corruption du gouvernement; que, sans la propriété, qui est, pour ainsi dire, la mère nourrice de l'agriculture, tout est perdu : chose qu'il a remarquée ailleurs par la pratique opposée des pays orientaux, où le despotisme, ôtant l'esprit de propriété, cause l'abandon de la culture des terres. « On ne bâtit, dit-il, de maisons que
« pour la vie; on ne fait point de fossés, on ne
« plante point d'arbres; on tire tout de la terre,
« on ne lui rend rien; tout est en friche, tout est
« désert. » Notre auteur, toujours affectionné au bien public, nous montre que ces domaines étendus, sans bornes, sont le fléau de la culture des terres. Enfin il fait voir que rien n'annonce plus un gouvernement paternel qu'une attention non

interrompue pour exciter au travail. Ces grandes vérités, si l'on en est bien pénétré, sont capables de ranimer l'agriculture et la population dans les fanges des marécages mêmes.

Cet amour du travail et par conséquent cette horreur de l'oisiveté, que notre auteur inspire, lui font faire une remarque que peut-être le commun des hommes ne comprend pas, et qui cependant n'est que trop vraie; savoir, que la population dans quelques circonstances peut être favorisée, dans quelques autres elle peut être affoiblie par l'établissement des hôpitaux. Il s'en faut bien que notre auteur, avec cette humanité éclairée qui marche à la tête de chaque page de son ouvrage, ne reconnoisse que la vraie indigence est quelque chose de sacré, que les vrais pauvres doivent être respectés comme des gens revêtus d'un caractère public, et que par conséquent leur subsistance est la dette la plus ancienne et la plus privilégiée de l'état : mais il n'a que trop raison de dire que l'indigence même ne doit pas être regardée comme un mal, puisqu'elle a des ressources honnêtes pour ceux qui ne craignent pas le travail; ainsi il n'a pas tort de dire que les hôpitaux sont nécessaires dans les pays de commerce, où, comme beaucoup de gens n'ont que leur art, l'état doit secourir les vieillards, les malades, les orphelins. Les richesses, dit-il, supposent une industrie : mais comme, dans un si grand nombre de branches de commerce, il est impossible qu'il n'y en ait toujours quelqu'une qui souffre, l'état doit apporter un prompt secours aux ouvriers qui sont dans la nécessité; laquelle étant momentanée, il ne faut que des secours de même nature, c'est-à-dire des secours passagers. Mais quand la nation est pauvre, la pauvreté particulière dérive de la misère générale. Tous les hôpitaux du monde ne peuvent guérir cette pauvreté particulière : au contraire, l'esprit de paresse qu'ils inspirent augmente la pauvreté générale, et par conséquent la particulière; témoin quelques pays remplis d'hôpitaux, où tout le monde est à son aise, excepté ceux qui ont de l'industrie, qui cultivent les arts, et qui font le commerce.

Notre auteur, pour perfectionner son ouvrage, perfection qui consistoit à ramener le tout à des règles générales, comme à un point, pour ainsi dire, de ralliement, s'attache à prendre comme par la main et conduire avec sûreté ceux que le ciel a assez aimés pour les choisir pour donner des lois. Ainsi, après avoir envisagé tous les différens rapports des lois, relativement à la constitution, à la liberté civile, à la liberté politique, à la force offensive, à la force défensive, au climat, au terroir, à l'esprit général, au commerce, à la population, il examine les lois dans leurs rapports avec les différens ordres des choses sur lesquelles elles statuent. Comme rien assurément n'égale la grandeur et l'importance de cet objet digne d'un génie mâle et sublime, on diroit que notre auteur prend ici un nouvel essor, et tente des routes nouvelles.

Il fait l'énumération des différentes branches des droits qui gouvernent les hommes : droit divin, droit naturel, droit ecclésiastique, droit des gens, droit politique, droit de conquête, droit civil, droit domestique.

Comme il reconnoît que la sublimité de la raison humaine consiste à savoir bien auquel de ces différens ordres se rapportent principalement les choses sur lesquelles on doit statuer, et à ne point confondre les divers droits qui doivent gouverner les hommes, il pose les limites et le point auquel tel droit doit s'arrêter, et tel autre doit commencer. Ces bornes sont tellement nécessaires à la solidité de l'édifice dans la législation, que sans elles on énerveroit cette science, la plus importante, par des questions minutieuses, capables de jeter dans un chaos toute opération des lois.

Ainsi le sujet de ce livre est, ce me semble, le côté le plus lumineux de notre auteur. Il s'y distingue par l'ensemble des vues générales, et y excelle par le détail des divers droits qui concernent les successions, les devoirs des pères, des maris, des maîtres, des esclaves; les mariages, l'empire de la cité, la propriété des biens, l'inviolabilité des ambassadeurs, les traités publics; les crimes seulement à corriger et non à punir; les obligations faites dans des circonstances particulières.

A travers ce détail, tout y annonce un génie accoutumé à envisager les objets sous toutes les faces, mais qui sait voir tout en grand, et montrer dans une seule pensée des choses qui en indiquent un grand nombre d'autres. En remontant à la source des lois divines, des lois de la nature, qui sont l'image de l'ordre et de la sagesse éternelle, des lois ecclésiastiques, des lois politiques, des lois des nations entre elles, notre auteur fixe, pour ainsi dire, des lignes de démarcation entre les différens droits pour que le législateur puisse statuer avec sûreté sur les plus grandes affaires, selon leur différent ordre. Il apprend à ménager les droits sacrés de la couronne et de l'église; à ne point décider des successions et des droits des royaumes par les mêmes maximes sur lesquelles on décide des successions et des droits entre particuliers; à ne point confondre les règles qui concernent la propriété avec celles qui naissent de la liberté, c'est-à-dire de l'empire de la cité; à distinguer avec une sage modération les violations de simple police, qu'on ne fait que corriger, des grandes violations des lois, qu'on doit punir. Il sépare les principes des lois civiles et politiques de ceux qui dérivent du droit des gens, inspirant ainsi du respect pour les prérogatives sacrées et réciproques des nations. Pour faire apercevoir les vues illimitées de notre auteur à ce sujet, je ne rapporterai qu'un seul trait. « Si « les ambassadeurs abusent, dit-il, de leur être « représentatif, on le fait cesser en les renvoyant « chez eux; on peut même les accuser devant leur « maître, qui devient par-là leur juge ou leur com- « plice. » Ces deux mots renferment plus de choses que tous les volumes des publicistes qui traitent la grande question du juge compétent des ambassadeurs.

Après la fixation de ces limites entre les différens droits qui gouvernent les hommes, notre auteur couronne son travail par des règles très-sages, relatives à la manière de composer les lois. Il veut un style concis, simple, sans ostentation, une expression directe, des paroles qui réveillent chez tous les hommes les mêmes idées; point d'expressions vagues; point de subtilité, la loi n'étant que la raison simple d'un père de famille; point d'exceptions, de limitations, de modifications; point de lois inutiles; point de lois qu'on puisse éluder; point de changement dans une loi sans une raison suffisante. Il commande que la raison de la loi soit digne d'elle; que la loi ne choque point la nature des choses. Il fait aussi consister le génie du législateur à savoir dans quels cas il faut des différences, et il nous avertit de bien distinguer une décision, et souvent une faveur particulière de quelque rescrit, d'avec une constitution générale.

Notre auteur exige dans un législateur, non-seulement un génie étendu, mais, ce qui importe le plus, un cœur bon ; car un législateur est, si j'ose le dire, l'ange tutélaire des états.

Ainsi la candeur doit former le caractère de la loi. Il veut que l'esprit de modération soit celui du législateur, et il n'a que trop raison ; car un sage législateur doit savoir arrêter même le bien dans le point où commence l'excès ; et il doit éviter de mener les hommes par les voies extrêmes. Il se plaint amèrement de ce que les lois rencontrent presque toujours les préjugés, et, ce qui est pire, les passions des législateurs.

Enfin notre auteur développe l'esprit de quelques lois grecques et romaines, pour nous faire mieux connoître d'autres principes dans la manière de composer les lois. Ainsi il remarque que des lois qui paroissent s'éloigner des vues du législateur y sont souvent conformes ; que des lois qui paroissent les mêmes n'ont pas toujours le même effet, ou n'ont pas toujours le même motif, ou sont quelquefois différentes ; que des lois qui paroissent contraires dérivent quelquefois du même esprit. Il nous enseigne de quelle manière deux lois diverses peuvent être comparées ; qu'il ne faut pas séparer les lois de l'objet pour lequel elles sont faites, ni des circonstances qui les ont occasionées ; qu'il est bon quelquefois qu'une loi se corrige elle-même.

Voilà l'économie de cet ouvrage magnifique. A la peinture que je viens de tracer, quelque foible qu'elle soit, il est aisé de voir que dans ce livre de l'*Esprit des Lois* règnent la précision, la justesse, un ordre merveilleux ; ordre peut-être caché aux yeux de ceux qui ne sauroient marcher que de conséquence en conséquence, toujours guidés par des définitions, des divisions, des avant-propos, des distinctions, mais qui paroît dans tout son jour aux esprits attentifs, capables de suppléer d'eux-mêmes les conséquences qui naissent des principes, et assez habiles pour rapprocher et joindre dans la chaîne des vérités établies celles qui s'ensuivent, qui, aux yeux des connoisseurs, ne sont, pour ainsi dire, couvertes que d'un voile transparent.

Son style majestueux, plein de sens, mais toujours concis, fait aussi voir combien notre auteur a compté sur la méditation du lecteur. Les grandes beautés qui éclatent dans ses expressions ne sauroient être mieux senties que par ceux qui se sont familiarisés avec la lecture des anciens ; tant notre auteur sait conserver partout un certain air antique, dont le caractère étoit de réunir une force digne de la majesté du sujet, avec les grâces les plus naïves et les nuances les plus délicates. Je n'exagère point, lorsque je dis qu'en lisant Polybe, César et Tacite, après l'ouvrage de notre auteur, il ne me paroît pas que je change de lecture. C'est ainsi qu'en nous promenant dans notre galerie royale.... parmi une foule d'étrangers, on ne croit pas changer d'objet en tournant l'œil, des statues des Grecs, à celles de Michel-Ange, et de la Vénus de la tribune, à celle du Titien.

Après avoir parlé de l'ouvrage de notre auteur, j'aurois mauvaise grâce à entretenir le lecteur de mon travail ; c'est au lecteur équitable à en juger par le travail même, pourvu qu'il mette à part, pour un moment, l'ouvrage de notre auteur, comme l'on cachoit les simulacres des dieux.

Mon dessein est de montrer la conformité de penser de notre auteur avec les plus grands génies de tous les âges [1]. Mais à Dieu ne plaise que par-là j'aie voulu porter atteinte à la plus précieuse prérogative de son ouvrage, qui consiste dans cet esprit créateur ! Il faut l'avouer, il étoit réservé à l'extrême vigueur du génie de notre auteur de

---

[1] Par des notes sur l'*Esprit des Lois*.

former un si beau système par le précieux enchaînement de pensées détachées, et qu'on a regardées jusqu'à présent comme des matériaux épars et comme étrangers. Ainsi ma science, vis-à-vis de celle de notre auteur, qui est vraiment créatrice, mérite à peine le nom de science, n'étant, pour ainsi dire, que de seconde main : j'allois presque dire que je ne suis qu'un voyageur qui, à la vue d'une grande pyramide, se plaît à examiner la charpente qui a servi pour l'élever.

J'espère que notre auteur agréera mon intention. S'il y trouve quelque chose qui soit conforme à ses souhaits, je me trouverai le plus heureux des mortels; car c'est le comble du bonheur que de travailler pour le progrès de la raison humaine, unique objet de notre auteur et de son ouvrage immortel.

DE L'ESPRIT DES LOIS.

LIVRE I.

DES LOIS EN GÉNÉRAL.

CHAPITRE I.

Des lois, dans le rapport qu'elles ont avec les divers êtres.

Les lois, dans la signification la plus étendue, sont les rapports nécessaires qui dérivent de la nature des choses [1]; et, dans ce sens, tous les êtres ont leurs lois : la divinité [2] a ses lois, le monde matériel a ses lois, les intelligences supérieures à l'homme ont leurs lois, les bêtes ont leurs lois, l'homme a ses lois.

Ceux qui ont dit qu'*une fatalité aveugle a produit tous les effets que nous voyons dans le monde*, ont dit une grande absurdité; car quelle plus

---

[1] Cela n'est pas vrai : ces rapports ne devroient être que le principe et la source des lois. H.

[2] La loi, dit Plutarque, est la reine de tous mortels et immortels. Au traité, *Qu'il est requis qu'un prince soit savant.*

grande absurdité qu'une fatalité aveugle qui auroit produit des êtres intelligens?

Il y a donc une raison primitive [1]; et les lois sont les rapports qui se trouvent entre elle et les différens êtres, et les rapports de ces divers êtres entre eux.

Dieu a du rapport avec l'univers comme créateur et comme conservateur; les lois selon lesquelles il a créé sont celles selon lesquelles il conserve : il agit selon ces règles, parce qu'il les connoît; il les connoît, parce qu'il les a faites; il les a faites, parce qu'elles ont du rapport avec sa sagesse et sa puissance.

Comme nous voyons que le monde, formé par le mouvement de la matière, et privé d'intelligence, subsiste toujours, il faut que ses mouvemens aient des lois invariables; et si l'on pouvoit imaginer un autre monde que celui-ci, il auroit des règles constantes, ou il seroit détruit.

Ainsi la création, qui paroît être un acte arbitraire, suppose des règles aussi invariables que la fatalité des athées. Il seroit absurde de dire que le créateur, sans ces règles, pourroit gouverner le monde, puisque le monde ne subsisteroit pas sans elles.

Ces règles sont un rapport constamment établi.

---

[1] Quelle métaphysique! H.

Entre un corps mu et un autre corps mu, c'est suivant les rapports de la masse et de la vitesse que tous les mouvemens sont reçus, augmentés, diminués, perdus : chaque diversité est *uniformité*, chaque changement est *constance*.

Les êtres particuliers intelligens peuvent avoir des lois qu'ils ont faites : mais ils en ont aussi qu'ils n'ont pas faites. Avant qu'il y eût des êtres intelligens, ils étoient possibles : ils avoient donc des rapports possibles, et par conséquent des lois possibles. Avant qu'il y eût des lois faites, il y avoit des rapports de justice possibles. Dire qu'il n'y a rien de juste ni d'injuste que ce qu'ordonnent ou défendent les lois positives, c'est dire qu'avant qu'on eût tracé de cercle tous les rayons n'étoient pas égaux.

Il faut donc avouer des rapports d'équité antérieurs à la loi positive qui les établit : comme, par exemple, que, supposé qu'il y eût des sociétés d'hommes, il seroit juste de se conformer à leurs lois; que, s'il y avoit des êtres intelligens qui eussent reçu quelque bienfait d'un autre être, ils devroient en avoir de la reconnoissance; que, si un être intelligent avoit créé un être intelligent, le créé devroit rester dans la dépendance qu'il a eue dès son origine; qu'un être intelligent qui a fait du mal à un être intelligent mérite de recevoir le même mal; et ainsi du reste.

Mais il s'en faut bien que le monde intelligent soit aussi bien gouverné que le monde physique. Car, quoique celui-là ait aussi des lois qui, par leur nature, sont invariables, il ne les suit pas constamment comme le monde physique suit les siennes. La raison en est que les êtres particuliers intelligens sont bornés par leur nature, et par conséquent sujets à l'erreur; et, d'un autre côté, il est de leur nature qu'ils agissent par eux-mêmes. Ils ne suivent donc pas constamment leurs lois primitives; et celles mêmes qu'ils se donnent, ils ne les suivent pas toujours.

On ne sait si les bêtes sont gouvernées par les lois générales du mouvement, ou par une motion particulière. Quoi qu'il en soit, elles n'ont point avec Dieu de rapport plus intime que le reste du monde matériel; et le sentiment ne leur sert que dans le rapport qu'elles ont entre elles, ou avec d'autres êtres particuliers, ou avec elles-mêmes.

Par l'attrait du plaisir elles conservent leur être particulier, et par le même attrait elles conservent leur espèce. Elles ont des lois naturelles, parce qu'elles sont unies par le sentiment; elles n'ont point de lois positives, parce qu'elles ne sont point unies par la connoissance. Elles ne suivent pourtant pas invariablement leurs lois naturelles : les plantes, en qui nous ne remarquons ni connoissance ni sentiment, les suivent mieux.

Les bêtes n'ont point les suprêmes avantages que nous avons; elles en ont que nous n'avons pas. Elles n'ont point nos espérances, mais elles n'ont pas nos craintes; elles subissent comme nous la mort, mais c'est sans la connoître : la plupart même se conservent mieux que nous, et ne font pas un aussi mauvais usage de leurs passions.

L'homme, comme être physique, est, ainsi que les autres corps, gouverné par des lois invariables; comme être intelligent, il viole sans cesse les lois que Dieu a établies, et change celles qu'il établit lui-même. Il faut qu'il se conduise; et cependant il est un être borné; il est sujet à l'ignorance et à l'erreur, comme toutes les intelligences finies ; les foibles connoissances qu'il a, il les perd encore. Comme créature sensible, il devient sujet à mille passions. Un tel être pouvoit à tous les instans oublier son créateur; Dieu l'a rappelé à lui par les lois de la religion : un tel être pouvoit à tous les instans s'oublier lui-même; les philosophes l'ont averti par les lois de la morale : fait pour vivre dans la société, il y pouvoit oublier les autres; les législateurs l'ont rendu à ses devoirs par les lois politiques et civiles.

CHAPITRE II.

Des lois de la nature.

Avant toutes ces lois sont celles de la nature, ainsi nommées parce qu'elles dérivent uniquement de la constitution de notre être. Pour les connoître bien, il faut considérer un homme avant l'établissement des sociétés. Les lois de la nature seront celles qu'il recevroit dans un état pareil.

Cette loi qui, en imprimant dans nous-mêmes l'idée d'un créateur, nous porte vers lui, est la première des lois naturelles par son importance, et non pas dans l'ordre de ces lois. L'homme, dans l'état de nature, auroit plutôt la faculté de connoître qu'il n'auroit des connoissances. Il est clair que ses premières idées ne seroient point des idées spéculatives : il songeroit à la conservation de son être, avant de chercher l'origine de son être. Un homme pareil ne sentiroit d'abord que sa foiblesse [1]; sa timidité seroit extrême : et si l'on avoit là-dessus besoin de l'expérience, l'on a trouvé dans les forêts des hommes sauvages [2]; tout les fait trembler, tout les fait fuir.

[1] Pourquoi ne sentiroit-il pas aussi sa force et une audace proportionnée à la violence de ses besoins et à ses ressources? H.

[2] Témoin le sauvage qui fut trouvé dans les forêts de *Hanover*, et que l'on vit en Angleterre sous le règne de Georges Ier.

Dans cet état, chacun se sent inférieur; à peine chacun se sent-il égal. On ne chercheroit donc point à s'attaquer, et la paix seroit la première loi naturelle [1].

Le désir que Hobbes donne d'abord aux hommes de se subjuguer les uns les autres [2] n'est pas raisonnable. L'idée de l'empire et de la domination est si composée, et dépend de tant d'autres idées, que ce ne seroit pas celle qu'il auroit d'abord.

Hobbes demande pourquoi, si les hommes ne sont pas naturellement en état de guerre, ils vont toujours armés; et pourquoi ils ont des clefs pour fermer leurs maisons. Mais on ne sent pas que l'on attribue aux hommes, avant l'établissement des sociétés, ce qui ne peut leur arriver qu'après cet établissement, qui leur fait trouver des motifs pour s'attaquer et pour se défendre.

Au sentiment de sa foiblesse l'homme joindroit le sentiment de ses besoins : ainsi une autre loi naturelle seroit celle qui lui inspireroit de chercher à se nourrir.

J'ai dit que la crainte porteroit les hommes à se fuir; mais les marques d'une crainte réciproque les engageroient bientôt à s'approcher. D'ailleurs, ils y seroient portés par le plaisir qu'un animal

---

[1] La première loi de tous les êtres est de satisfaire à leurs besoins. H.

[2] Hobbes vivoit au milieu des guerres civiles.

sent à l'approche d'un animal de son espèce. De plus, ce charme que les deux sexes s'inspirent par leur différence augmenteroit ce plaisir ; et la prière naturelle qu'ils se font toujours l'un à l'autre seroit une troisième loi.

Outre le sentiment que les hommes ont d'abord, ils parviennent encore à avoir des connoissances ; ainsi ils ont un second lien que les autres animaux n'ont pas. Ils ont donc un nouveau motif de s'unir ; et le désir de vivre en société est une quatrième loi naturelle.

CHAPITRE III.

Des lois positives.

Sitôt que les hommes sont en société ils perdent le sentiment de leur foiblesse ; l'égalité qui étoit entre eux cesse, et l'état de guerre commence [1].

Chaque société particulière vient à sentir sa force ; ce qui produit un état de guerre de nation à nation. Les particuliers dans chaque société com-

---

[1] L'état de société ne fait pas ou du moins ne devroit pas faire cesser l'égalité ; elle devroit l'assurer et la défendre. C'est à la réflexion à deviner et à prévoir ce que l'homme doit être, et ce que seront un jour les sociétés, quand la raison se perfectionnera. II.

mencent à sentir leur force ; ils cherchent à tourner en leur faveur les principaux avantages de cette société ; ce qui fait entre eux un état de guerre.

Ces deux sortes d'état de guerre font établir les lois parmi les hommes. Considérés comme habitans d'une si grande planète, qu'il est nécessaire qu'il y ait différens peuples, ils ont des lois dans le rapport que ces peuples ont entre eux ; et c'est le DROIT DES GENS. Considérés comme vivant dans une société qui doit être maintenue, ils ont des lois dans le rapport qu'ont ceux qui gouvernent avec ceux qui sont gouvernés ; et c'est le DROIT POLITIQUE. Ils en ont encore dans le rapport que tous les citoyens ont entre eux ; et c'est le DROIT CIVIL.

Le droit des gens est naturellement fondé sur ce principe, que les diverses nations doivent se faire dans la paix le plus de bien, et dans la guerre le moins de mal qu'il est possible, sans nuire à leurs véritables intérêts.

L'objet de la guerre, c'est la victoire ; celui de la victoire, la conquête ; celui de la conquête, la conservation. De ce principe et du précédent doivent dériver toutes les lois qui forment le droit des gens.

Toutes les nations ont un droit des gens ; et les Iroquois mêmes, qui mangent leurs prisonniers, en ont un. Ils envoient et reçoivent des ambassades; ils connoissent des droits de la guerre et de la paix : le mal est que ce droit des gens n'est pas fondé sur les vrais principes.

Outre le droit des gens qui regarde toutes les sociétés, il y a un droit politique pour chacune. Une société ne sauroit subsister sans un gouvernement. *La réunion de toutes les forces particulières*, dit très-bien Gravina, *forme ce qu'on appelle l'*état politique.

La force générale peut être placée entre les mains d'un seul, ou entre les mains de plusieurs. Quelques-uns ont pensé que, la nature ayant établi le pouvoir paternel, le gouvernement d'un seul étoit le plus conforme à la nature. Mais l'exemple du pouvoir paternel ne prouve rien. Car si le pouvoir du père a du rapport au gouvernement d'un seul, après la mort du père, le pouvoir des frères, ou après la mort des frères, celui des cousins germains, ont du rapport au gouvernement de plusieurs. La puissance politique comprend nécessairement l'union de plusieurs familles.

Il vaut mieux dire que le gouvernement le plus conforme à la nature est celui dont la disposition particulière se rapporte mieux à la disposition du peuple pour lequel il est établi [1].

Les forces particulières ne peuvent se réunir

---

[1] C'est celui qui est le plus propre au bonheur des hommes. H.

sans que toutes les volontés se réunissent. *La réunion de ces volontés*, dit encore très-bien GRAVINA, *est ce qu'on appelle l'*ÉTAT CIVIL.

La loi, en général, est la raison humaine, en tant qu'elle gouverne tous les peuples de la terre; et les lois politiques et civiles de chaque nation ne doivent être que les cas particuliers où s'applique cette raison humaine.

Elles doivent être tellement propres au peuple pour lequel elles sont faites, que c'est un très-grand hasard si celles d'une nation peuvent convenir à une autre.

Il faut qu'elles se rapportent à la nature et au principe du gouvernement qui est établi, ou qu'on veut établir : soit qu'elles le forment, comme font les lois politiques; soit qu'elles le maintiennent, comme font les lois civiles.

Elles doivent être relatives au physique du pays[1], au climat glacé, brûlant ou tempéré; à la qualité du terrain, à sa situation, à sa grandeur, au genre de vie des peuples, laboureurs, chasseurs ou pasteurs : elles doivent se rapporter au degré de liberté que la constitution peut souffrir; à la reli-

---

[1] C'est parce qu'on veut se mêler de tout qu'il faut tant de lois différentes. Quand on ne veut que protéger les bons contre les méchans, et assurer à chacun sa propriété, etc., les lois nécessaires ne sont pas nombreuses, et conviennent aux habitans de la terre entière. H.

gion des habitans, à leurs inclinations, à leurs richesses, à leur nombre, à leur commerce, à leurs mœurs, à leurs manières. Enfin, elles ont des rapports entre elles; elles en ont avec leur origine, avec l'objet du législateur, avec l'ordre des choses sur lesquelles elles sont établies. C'est dans toutes ces vues qu'il faut les considérer.

C'est ce que j'entreprends de faire dans cet ouvrage. J'examinerai tous ces rapports : ils forment tous ensemble ce que l'on appelle l'ESPRIT DES LOIS.

Je n'ai point séparé les lois *politiques* des *civiles* : car comme je ne traite point des lois, mais de l'esprit des lois, et que cet esprit consiste dans les divers rapports que les lois peuvent avoir avec diverses choses, j'ai dû moins suivre l'ordre naturel des lois que celui de ces rapports et de ces choses.

J'examinerai d'abord les rapports que les lois ont avec la nature et avec le principe de chaque gouvernement : et comme ce principe a sur les lois une suprême influence, je m'attacherai à le bien connoître; et si je puis une fois l'établir, on en verra couler les lois comme de leur source. Je passerai ensuite aux autres rapports, qui semblent être plus particuliers [1].

---

[1] Ce livre est d'une métaphysique foible, obscure. On n'y remonte nulle part à la vraie source des lois, qui est la nature de l'homme bien approfondie. H.

LIVRE II.

DES LOIS QUI DÉRIVENT DIRECTEMENT DE LA NATURE DU GOUVERNEMENT.

CHAPITRE I.

De la nature des trois divers gouvernemens.

Il y a trois espèces de gouvernemens; le républicain, le monarchique et le despotique. Pour en découvrir la nature, il suffit de l'idée qu'en ont les hommes les moins instruits. Je suppose trois définitions, ou plutôt trois faits : l'un, que *le gouvernement républicain est celui où le peuple en corps, ou seulement une partie du peuple, a la souveraine puissance; le monarchique, celui où un seul gouverne, mais par des lois fixes et établies; au lieu que, dans le despotique, un seul, sans loi et sans règle, entraîne tout par sa volonté et par ses caprices.*

Voilà ce que j'appelle la nature de chaque gouvernement. Il faut voir quelles sont les lois qui suivent directement de cette nature, et qui par conséquent sont les premières lois fondamentales[1].

[1] Une division plus simple et plus vraie : Quand ceux qui sont

CHAPITRE II.

Du gouvernement républicain, et des lois relatives à la démocratie.

Lorsque, dans la république, le peuple en corps a la souveraine puissance, c'est une démocratie. Lorsque la souveraine puissance est entre les mains d'une partie du peuple, cela s'appelle une aristocratie.

Le peuple, dans la démocratie, est à certains égards le monarque; à certains autres, il est le sujet.

Il ne peut être monarque que par ses suffrages, qui sont ses volontés. La volonté du souverain est le souverain lui-même. Les lois qui établissent le droit de suffrages sont donc fondamentales dans ce gouvernement. En effet, il est aussi important d'y régler comment, par qui, à qui, sur quoi, les suffrages doivent être donnés, qu'il est dans une monarchie de savoir quel est le monarque, et de quelle manière il doit gouverner.

---

gouvernés ne peuvent repousser l'oppression de ceux qui gouvernent mal, c'est despotisme; quand ils le peuvent, c'est démocratie. Je ne vois de différence entre le monarchique et le despotique que plus ou moins de lumières et de bonne volonté dans celui qui gouverne. H.

Libanius[1] dit qu'*à Athènes un étranger qui se
mêloit dans l'assemblée du peuple, étoit puni de
mort*. C'est qu'un tel homme usurpoit le droit de
souveraineté[2].

Il est essentiel de fixer le nombre des citoyens[3]
qui doivent former les assemblées ; sans cela on
pourroit ignorer si le peuple a parlé, ou seulement une partie du peuple. A Lacédémone, il
falloit dix mille citoyens. A Rome, née dans la
petitesse pour aller à la grandeur; à Rome, faite
pour éprouver toutes les vicissitudes de la fortune ; à Rome, qui avoit tantôt presque tous ses
citoyens hors de ses murailles, tantôt toute l'Italie
et une partie de la terre dans ses murailles, on
n'avoit point fixé ce nombre[4] ; et ce fut une des
grandes causes de sa ruine.

Le peuple qui a la souveraine puissance doit
faire par lui-même tout ce qu'il peut bien faire;
et ce qu'il ne peut pas bien faire, il faut qu'il le
fasse par ses ministres.

Ses ministres ne sont point à lui s'il ne les

---

[1] Déclamations 17 et 18.

[2] C'étoit plutôt comme espion. H.

[3] Le nombre des opinans importe moins que leur qualité. N'est-il pas plus sage de fixer le droit de voter d'après la possession de tant d'arpens que d'après la simple richesse pécuniaire ? Que de raisons et que de faits décident cette question! H.

[4] Voyez les Considérations sur les causes de la grandeur des Romains et de leur décadence, chap. IX.

nomme : c'est donc une maxime fondamentale de ce gouvernement, que le peuple nomme ses ministres, c'est-à-dire ses magistrats.

Il a besoin, comme les monarques, et même plus qu'eux, d'être conduit par un conseil ou sénat. Mais, pour qu'il y ait confiance, il faut qu'il en élise les membres : soit qu'il les choisisse lui-même, comme à Athènes; ou par quelque magistrat qu'il a établi pour les élire, comme cela se pratiquoit à Rome dans quelques occasions.

Le peuple est admirable pour choisir ceux à qui il doit confier quelque partie de son autorité. Il n'a à se déterminer que par des choses qu'il ne peut ignorer, et des faits qui tombent sous les sens. Il sait très-bien qu'un homme a été souvent à la guerre, qu'il y a eu tels ou tels succès : il est donc très-capable d'élire un général. Il sait qu'un juge est assidu, que beaucoup de gens se retirent de son tribunal contens de lui, qu'on ne l'a pas convaincu de corruption : en voilà assez pour qu'il élise un préteur. Il a été frappé de la magnificence ou des richesses d'un citoyen : cela suffit pour qu'il puisse choisir un édile. Toutes ces choses sont des faits dont il s'instruit mieux dans la place publique qu'un monarque dans son palais. Mais saura-t-il conduire une affaire, connoître les lieux, les occasions, les momens, en profiter? Non, il ne le saura pas.

Si l'on pouvoit douter de la capacité naturelle qu'a le peuple pour discerner le mérite, il n'y auroit qu'à jeter les yeux sur cette suite continuelle de choix étonnans que firent les Athéniens et les Romains; ce qu'on n'attribuera pas sans doute au hasard.

On sait qu'à Rome, quoique le peuple se fût donné le droit d'élever aux charges les plébéiens, il ne pouvoit se résoudre à les élire [1]; et quoique à Athènes on pût, par la loi d'Aristide, tirer les magistrats de toutes les classes, il n'arriva jamais, dit Xénophon [2], que le bas peuple demandât celles qui pouvoient intéresser son salut ou sa gloire.

Comme la plupart des citoyens, qui ont assez de suffisance pour élire, n'en ont pas assez pour être élus; de même le peuple, qui a assez de capacité pour se faire rendre compte de la gestion des autres, n'est pas propre à gérer par lui-même.

Il faut que les affaires aillent, et qu'elles aient un certain mouvement qui ne soit ni trop lent ni trop vite. Mais le peuple a toujours trop d'action,

[1] C'est que le peuple étoit, comme aujourd'hui, dupe de l'éclat des richesses; et ceux qui les possèdent sont le plus en évidence. Le peuple est loin d'imaginer, pour jouir de toute la plénitude de sa liberté, à quelle espèce d'hommes il doit confier ses plus chers intérêts. Ce ne sont point les plus éclairés, mais les plus charlatans, qui obtiennent ses suffrages. H.

[2] Pages 691 et 692, édition de Wechelius, de l'an 1596.

ou trop peu. Quelquefois avec cent mille bras il renverse tout; quelquefois avec cent mille pieds il ne va que comme les insectes.

Dans l'état populaire on divise le peuple en de certaines classes. C'est dans la manière de faire cette division que les grands législateurs se sont signalés; et c'est de là qu'ont toujours dépendu la durée de la démocratie et sa prospérité.

Servius Tullius suivit, dans la composition de ses classes, l'esprit de l'aristocratie. Nous voyons dans Tite-Live [1] et dans Denys d'Halicarnasse [2], comment il mit le droit de suffrage entre les mains des principaux citoyens. Il avoit divisé le peuple de Rome en cent quatre-vingt-treize centuries, qui formoient six classes. Et mettant les riches, mais en plus petit nombre, dans les premières centuries; les moins riches, mais en plus grand nombre, dans les suivantes, il jeta toute la foule des indigens dans la dernière : et chaque centurie n'ayant qu'une voix [3], c'étoient les moyens et les richesses qui donnoient le suffrage plutôt que les personnes.

Solon divisa le peuple d'Athènes en quatre clas-

---

[1] Liv. I.

[2] Liv. IV, art. 15 et suiv.

[3] Voyez, dans les Considérations sur les causes de la grandeur des Romains et de leur décadence, chap. IX, comment cet esprit de Servius Tullius se conserva dans la république.

ses. Conduit par l'esprit de la démocratie, il ne les fit pas pour fixer ceux qui devoient élire, mais ceux qui pouvoient être élus : et, laissant à chaque citoyen le droit d'élection, il voulut¹ que dans chacune de ces quatre classes on pût élire des juges ; mais que ce ne fût que dans les trois premières, où étoient les citoyens aisés, qu'on pût prendre les magistrats.

Comme la division de ceux qui ont droit de suffrage est, dans la république, une loi fondamentale, la manière de le donner est une autre loi fondamentale.

Le suffrage par le sort est de la nature de la démocratie; le suffrage par choix est de celle de l'aristocratie.

Le sort est une façon d'élire qui n'afflige personne ; il laisse à chaque citoyen une espérance raisonnable de servir sa patrie.

Mais, comme il est défectueux par lui-même, c'est à le régler et à le corriger que les grands législateurs se sont surpassés.

Solon établit à Athènes que l'on nommeroit par choix à tous les emplois militaires, et que les sénateurs et les juges seroient élus par le sort.

Il voulut que l'on donnât par choix les magistratures civiles qui exigeoient une grande dé-

---

¹ Denys d'Halicarnasse, éloge d'Isocrate, p. 97, t. II, édition de Wechelius. Pollux, liv. VIII, ch. x, art. 130.

pense, et que les autres fussent données par le sort.

Mais, pour corriger le sort, il régla qu'on ne pourroit élire que dans le nombre de ceux qui se présenteroient; que celui qui auroit été élu, seroit examiné par des juges [1], et que chacun pourroit l'accuser d'en être indigne [2] : cela tenoit en même temps du sort et du choix. Quand on avoit fini le temps de sa magistrature, il falloit essuyer un autre jugement sur la manière dont on s'étoit comporté. Les gens sans capacité devoient avoir bien de la répugnance à donner leur nom pour être tirés au sort.

La loi qui fixe la manière de donner les billets de suffrage est encore une loi fondamentale dans la démocratie. C'est une grande question, si les suffrages doivent être publics ou secrets. Cicéron [3] écrit que les lois [4] qui les rendirent secrets dans les derniers temps de la république romaine furent une des grandes causes de sa chute. Comme

[1] Voyez l'oraison de Démosthène, *de falsâ legat.*, et l'oraison contre Timarque.

[2] On tiroit même, pour chaque place, deux billets; l'un qui donnoit la place, l'autre qui nommoit celui qui devoit succéder, en cas que le premier fût rejeté.

[3] Liv. I et III des Lois.

[4] Elles s'appeloient *lois tabulaires*. On donnoit à chaque citoyen deux tables : la première, marquée d'un A, pour dire *antiquo*; l'autre, d'un U et d'un R, *uti rogas*.

ceci se pratique diversement dans différentes républiques, voici, je crois, ce qu'il en faut penser.

Sans doute que, lorsque le peuple donne ses suffrages, ils doivent être publics [1]; et ceci doit être regardé comme une loi fondamentale de la démocratie. Il faut que le petit peuple soit éclairé par les principaux, et contenu par la gravité de certains personnages. Ainsi, dans la république romaine, en rendant les suffrages secrets, on détruisit tout; il ne fut plus possible d'éclairer une populace qui se perdoit. Mais lorsque dans une aristocratie le corps des nobles donne les suffrages [2], ou dans une démocratie le sénat [3], comme il n'est là question que de prévenir les brigues, les suffrages ne sauroient être trop secrets.

La brigue est dangereuse dans un sénat; elle est dangereuse dans un corps de nobles : elle ne l'est pas dans le peuple, dont la nature est d'agir par passion. Dans les états où il n'a point de part au gouvernement, il s'échauffera pour un acteur comme il auroit fait pour les affaires. Le malheur d'une république, c'est lorsqu'il n'y a plus de brigues; et cela arrive lorsqu'on a corrompu le peu-

---

[1] A Athènes, on levoit les mains.

[2] Comme à Venise.

[3] Les trente tyrans d'Athènes voulurent que les suffrages des aréopagites fussent publics, pour les diriger à leur fantaisie. Lysias, *orat. contra Agorat.*, cap. VIII.

ple à prix d'argent : il devient de sang-froid, il s'affectionne à l'argent; mais il ne s'affectionne plus aux affaires : sans souci du gouvernement, et de ce qu'on y propose, il attend tranquillement son salaire.

C'est encore une loi fondamentale de la démocratie, que le peuple seul fasse des lois. Il y a pourtant mille occasions où il est nécessaire que le sénat puisse statuer; il est même souvent à propos d'essayer une loi avant de l'établir. La constitution de Rome et celle d'Athènes étoient très-sages. Les arrêts du sénat [1] avoient force de loi pendant un an; ils ne devenoient perpétuels que par la volonté du peuple.

CHAPITRE III.

Des lois relatives à la nature de l'aristocratie.

DANS l'aristocratie [2], la souveraine puissance est entre les mains d'un certain nombre de personnes. Ce sont elles qui font les lois et qui les font exécuter; et le reste du peuple n'est tout au plus à

---

[1] Voyez Denys d'Halicarnasse, liv. IV et IX.

[2] L'aristocratie étant un mauvais gouvernement, à quoi est-il bon d'en prescrire les lois? H.

leur égard que comme dans une monarchie ¹ les sujets sont à l'égard du monarque.

On n'y doit point donner le suffrage par sort; on n'en auroit que les inconvéniens. En effet, dans un gouvernement qui a déjà établi les distinctions les plus affligeantes, quand on seroit choisi par le sort on n'en seroit pas moins odieux : c'est le noble qu'on envie, et non pas le magistrat.

Lorsque les nobles sont en grand nombre, il faut un sénat² qui règle les affaires que le corps des nobles ne sauroit décider, et qui prépare celles dont il décide. Dans ce cas, on peut dire que l'aristocratie est en quelque sorte dans le sénat, la démocratie dans le corps des nobles, et que le peuple n'est rien.

Ce sera une chose très-heureuse dans l'aristocratie, si, par quelque voie indirecte, on fait sortir le peuple de son anéantissement ³ : ainsi, à Gênes, la banque de Saint-George, qui est administrée en grande partie par les principaux du peuple ⁴,

¹ La monarchie est une sorte d'aristocratie dont le souverain choisit les membres. H.

² Être gouverné par un sénat que l'on choisit, qu'on peut exclure, dont on peut examiner et condamner les opérations; c'est peut-être le gouvernement le plus sage, surtout si le peuple est instruit. H.

³ Comment en sort-il ? C'est la stabilité des grands états qui fait celle des petits. H.

⁴ Voyez M. Addisson, Voyages d'Italie, page 16.

donne à celui-ci une certaine influence dans le gouvernement, qui en fait toute la prospérité.

Les sénateurs ne doivent point avoir le droit de remplacer ceux qui manquent dans le sénat : rien ne seroit plus capable de perpétuer les abus. A Rome, qui fut dans les premiers temps une espèce d'aristocratie, le sénat ne se suppléoit pas lui-même; les sénateurs nouveaux étoient nommés [1] par les censeurs. Une autorité exorbitante, donnée tout à coup à un citoyen dans une république, forme une monarchie, ou plus qu'une monarchie. Dans celle-ci les lois ont pourvu à la constitution, ou s'y sont accommodées; le principe du gouvernement arrête le monarque : mais, dans une république où un citoyen se fait donner [2] un pouvoir exorbitant, l'abus de ce pouvoir est plus grand, parce que les lois, qui ne l'ont point prévu, n'ont rien fait pour l'arrêter.

L'exception à cette règle est lorsque la constitution de l'état est telle qu'il a besoin d'une magistrature qui ait un pouvoir exorbitant. Telle étoit Rome avec ses dictateurs; telle est Venise avec ses inquisiteurs d'état : ce sont des magistratures terribles qui ramènent violemment l'état à la liberté.

[1] Ils le furent d'abord par les consuls.

[2] C'est ce qui renversa la république romaine. Voyez les Considérations sur les causes de la grandeur des Romains et de leur decadence.

Mais d'où vient que ces magistratures se trouvent si différentes dans ces deux républiques? C'est que Rome défendoit les restes de son aristocratie contre le peuple; au lieu que Venise se sert de ses inquisiteurs d'état pour maintenir son aristocratie contre les nobles. De là il suivoit qu'à Rome la dictature ne devoit durer que peu de temps, parce que le peuple agit par sa fougue, et non pas par ses desseins. Il falloit que cette magistrature s'exerçât avec éclat, parce qu'il s'agissoit d'intimider le peuple, et non pas de le punir; que le dictateur ne fût créé que pour une seule affaire, et n'eût une autorité sans bornes qu'à raison de cette affaire, parce qu'il étoit toujours créé pour un cas imprévu. A Venise au contraire il faut une magistrature permanente [1] : c'est là que les desseins peuvent être commencés, suivis, suspendus, repris; que l'ambition d'un seul devient celle d'une famille, et l'ambition d'une famille celle de plusieurs. On a besoin d'une magistrature cachée, parce que les crimes qu'elle punit, toujours profonds, se forment dans le secret et dans le silence. Cette magistrature doit avoir une inquisition générale, parce qu'elle n'a pas à arrêter les maux que l'on connoît, mais a prévenir même ceux qu'on ne connoît pas. Enfin cette dernière est éta-

---

[1] C'est le chef-d'œuvre de ce que peut la terreur sourde. Autant d'aristocrates, autant de despotes. H.

blie pour venger les crimes qu'elle soupçonne ; et la première employoit plus les menaces que les punitions pour les crimes, même avoués par leurs auteurs.

Dans toute magistrature il faut compenser la grandeur de la puissance par la brièveté de sa durée. Un an est le temps que la plupart des législateurs ont fixé : un temps plus long seroit dangereux, un plus court seroit contre la nature de la chose. Qui est-ce qui voudroit gouverner ainsi ses affaires domestiques ? A Raguse [1], le chef de la république change tous les mois ; les autres officiers toutes les semaines ; le gouverneur du château tous les jours. Ceci ne peut avoir lieu que dans une petite république [2], environnée de puissances formidables qui corromproient aisément de petits magistrats.

La meilleure aristocratie est celle où la partie du peuple qui n'a point de part à la puissance est si petite et si pauvre que la partie dominante n'a aucun intérêt à l'opprimer. Ainsi, quand Antipater[3] établit à Athènes que ceux qui n'auroient pas deux mille drachmes seroient exclus du droit de suffrage, il forma la meilleure aristocratie qui fût possible ; parce que ce cens étoit si petit, qu'il

[1] Voyages de Tournefort.
[2] A Lucques, les magistrats ne sont établis que pour deux mois.
[3] Diodore, liv. XVIII, page 601, édition de Rhodoman.

n'excluoit que peu de gens, et personne qui eût quelque considération dans la cité.

Les familles aristocratiques doivent donc être peuple autant qu'il est possible. Plus une aristocratie approchera de la démocratie, plus elle sera parfaite; et elle le deviendra moins à mesure qu'elle approchera de la monarchie [1].

La plus imparfaite de toutes est celle où la partie du peuple qui obéit est dans l'esclavage civil de celle qui commande, comme l'aristocratie de Pologne, où les paysans sont esclaves de la noblesse

CHAPITRE IV.

Des lois, dans leur rapport avec la nature du gouvernement monarchique.

Les pouvoirs intermédiaires, subordonnés et dépendans, constituent la nature du gouvernement monarchique [2], c'est-à-dire de celui où un seul gouverne par des lois fondamentales. J'ai dit

---

[1] Dans ce chapitre, le projet de réunir la démocratie à l'aristocratie sous les mêmes définitions, lui fait confondre Athènes, Rome et Venise H.

[2] Ici, au contraire, pour vouloir séparer des choses qui ne diffèrent que parce que l'une est l'abus de l'autre, il tombe dans une confusion pareille. H.

les pouvoirs [1] intermédiaires, subordonnés et dépendans : en effet, dans la monarchie, le prince est la source de tout pouvoir politique et civil. Ces lois fondamentales supposent nécessairement des canaux moyens par où coule la puissance : car, s'il n'y a dans l'état que la volonté momentanée et capricieuse d'un seul, rien ne peut être fixe, et par conséquent aucune loi fondamentale.

Le pouvoir intermédiaire subordonné le plus naturel est celui de la noblesse [2]. Elle entre, en quelque façon, dans l'essence de la monarchie, dont la maxime fondamentale est : *Point de monarque, point de noblesse ; point de noblesse, point de monarque*. Mais on a un despote.

Il y a des gens qui avoient imaginé, dans quelques états en Europe, d'abolir toutes les justices des seigneurs. Ils ne voyoient pas qu'ils vouloient faire ce que le parlement d'Angleterre a fait. Abolissez dans une monarchie les prérogatives des seigneurs, du clergé, de la noblesse et des villes, vous aurez bientôt un état populaire, ou bien un état despotique.

Les tribunaux d'un grand état en Europe frappent sans cesse, depuis plusieurs siècles, sur la

---

[1] Qu'est-ce que des lois et des pouvoirs que l'intérêt ou la volonté d'un seul viole, rend nuls, ou anéantit? H.

[2] Je vois des rangs, des dépôts de lois, et point de pouvoirs. H.

juridiction patrimoniale des seigneurs et sur l'ecclésiastique. Nous ne voulons pas censurer des magistrats si sages; mais nous laissons à décider jusqu'à quel point la constitution en peut être changée.

Je ne suis point entêté des priviléges des ecclésiastiques ; mais je voudrois qu'on fixât bien une fois leur juridiction. Il n'est point question de savoir si on a eu raison de l'établir, mais si elle est établie, si elle fait une partie des lois du pays, et si elle y est partout relative; si, entre deux pouvoirs que l'on reconnoît indépendans, les conditions ne doivent pas être réciproques ; et s'il n'est pas égal à un bon sujet de défendre la justice du prince, ou les limites qu'elle s'est de tout temps prescrites.

Autant que le pouvoir du clergé est dangereux dans une république, autant est-il convenable dans une monarchie [1] ; surtout dans celles qui vont au despotisme. Où en seroient l'Espagne et le Portugal depuis la perte de leurs lois, sans ce pouvoir qui arrête seul la puissance arbitraire? Barrière toujours bonne lorsqu'il n'y en a point d'autre : car, comme le despotisme cause à la nature humaine des maux effroyables, le mal même qui le limite est un bien.

[1] Faux. H.

Comme la mer, qui semble vouloir couvrir toute la terre, est arrêtée par les herbes et les moindres graviers qui se trouvent sur le rivage ; ainsi les monarques, dont le pouvoir paroît sans bornes, s'arrêtent par les plus petits obstacles, et soumettent leur fierté naturelle à la plainte et à la prière.

Les Anglais, pour favoriser la liberté, ont ôté toutes les puissances intermédiaires qui formoient leur monarchie. Ils ont bien raison de conserver cette liberté; s'ils venoient à la perdre, ils seroient un des peuples les plus esclaves de la terre.

M. Law, par une ignorance égale de la constitution républicaine et de la monarchique, fut un des plus grands promoteurs du despotisme que l'on eût encore vus en Europe [1]. Outre les changemens qu'il fit, si brusques, si inusités, si inouïs, il vouloit ôter les rangs intermédiaires, et anéantir les corps politiques : il dissolvoit [2] la monarchie par ses chimériques remboursemens, et sembloit vouloir racheter la constitution même.

Il ne suffit pas qu'il y ait dans une monarchie des rangs intermédiaires ; il faut encore un dépôt de lois. Ce dépôt ne peut être que dans les corps

---

[1] Je n'entends point son crime. H.

[2] Ferdinand, roi d'Aragon, se fit grand maître des ordres; et cela seul altéra la constitution.

politiques, qui annoncent les lois lorsqu'elles sont faites, et les rappellent lorsqu'on les oublie. L'ignorance naturelle à la noblesse, son inattention, son mépris pour le gouvernement civil, exigent qu'il y ait un corps qui fasse sans cesse sortir les lois de la poussière où elles seroient ensevelies. Le conseil du prince n'est pas un dépôt convenable. Il est, par sa nature, le dépôt de la volonté momentanée du prince qui exécute, et non pas le dépôt des lois fondamentales [1]. De plus, le conseil du monarque change sans cesse ; il n'est point permanent ; il ne sauroit être nombreux ; il n'a point à un assez haut degré la confiance du peuple : il n'est donc pas en état de l'éclairer dans les temps difficiles, ni de le ramener à l'obéissance.

Dans les états despotiques, où il n'y a point de lois fondamentales, il n'y a pas non plus de dépôt de lois [2]. De là vient que, dans ces pays, la religion a ordinairement tant de force : c'est qu'elle forme une espèce de dépôt et de permanence ; et, si ce n'est pas la religion, ce sont les coutumes qu'on y vénère, au lieu des lois.

[1] Où sont ces lois fondamentales ? H.
[2] Qui ne voit que tout se passe ainsi dans les monarchies, où seulement l'opinion plus éclairée fait conserver plus de formes ? H.

CHAPITRE V.

Des lois relatives à la nature de l'état despotique.

Il résulte de la nature du pouvoir despotique que l'homme seul qui l'exerce le fasse de même exercer par un seul. Un homme à qui ses cinq sens disent sans cesse qu'il est tout, et que les autres ne sont rien, est naturellement paresseux, ignorant, voluptueux. Il abandonne donc les affaires. Mais, s'il les confioit à plusieurs, il y auroit des disputes entre eux ; on feroit des brigues pour être le premier esclave ; le prince seroit obligé de rentrer dans l'administration. Il est donc plus simple qu'il l'abandonne à un visir [1], qui aura d'abord la même puissance que lui. L'établissement d'un visir est, dans cet état, une loi fondamentale.

On dit qu'un pape, à son élection, pénétré de son incapacité, fit d'abord des difficultés infinies. Il accepta enfin, et livra à son neveu toutes les affaires. Il étoit dans l'admiration, et disoit : « Je n'aurois jamais cru que cela eût été si aisé. » Il en est de même des princes d'Orient. Lorsque, de cette prison où des eunuques leur ont affoibli

---

[1] Les rois d'Orient ont toujours des visirs, dit M. Chardin

le cœur et l'esprit, et souvent leur ont laissé ignorer leur état même, on les tire pour les placer sur le trône, ils sont d'abord étonnés : mais, quand ils ont fait un visir, et que, dans leur sérail, ils se sont livrés aux passions les plus brutales, lorsqu'au milieu d'une cour abattue ils ont suivi leurs caprices les plus stupides, ils n'auroient jamais cru que cela eût été si aisé.

Plus l'empire est étendu, plus le sérail s'agrandit; et plus, par conséquent, le prince est enivré de plaisirs. Ainsi, dans ces états, plus le prince a de peuples à gouverner, moins il pense au gouvernement; plus les affaires y sont grandes, et moins on y délibère sur les affaires.

LIVRE III.

DES PRINCIPES DES TROIS GOUVERNEMENS.

CHAPITRE I.

Différence de la nature du gouvernement et de son principe [1].

Après avoir examiné quelles sont les lois relatives à la nature de chaque gouvernement, il faut voir celles qui le sont à son principe.

Il y a cette différence [2] entre la nature du gouvernement et son principe, que sa nature est ce qui le fait être tel; et son principe, ce qui le fait agir. L'une est sa structure particulière, et l'autre les passions humaines qui le font mouvoir.

Or, les lois ne doivent pas être moins relatives au principe de chaque gouvernement qu'à sa nature. Il faut donc chercher quel est ce principe. C'est ce que je vais faire dans ce livre-ci.

---

[1] Le principe d'un gouvernement n'est que le ressort qui résulte de sa nature. Ce livre entier eût été le même en lui donnant pour titre : *Conséquence de la nature des trois gouvernemens.* H.

[2] Cette distinction est très-importante, et j'en tirerai bien des conséquences : elle est la clef d'une infinité de lois.

CHAPITRE II.

Du principe des divers gouvernemens.

J'ai dit que la nature du gouvernement républicain est que le peuple en corps, ou de certaines familles, y aient la souveraine puissance; celle du gouvernement monarchique, que le prince y ait la souveraine puissance, mais qu'il l'exerce selon des lois établies; celle du gouvernement despotique, qu'un seul y gouverne selon ses volontés et ses caprices. Il ne m'en faut pas davantage pour trouver leurs trois principes, ils en dérivent naturellement. Je commencerai par le gouvernement républicain, et je parlerai d'abord du démocratique.

CHAPITRE III.

Du principe de la démocratie.

Il ne faut pas beaucoup de probité pour qu'un gouvernement monarchique ou un gouvernement despotique se maintiennent ou se soutiennent. La force des lois dans l'un, le bras du prince toujours levé dans l'autre, règlent ou contiennent tout.

Mais, dans un état populaire, il faut un ressort de plus, qui est la *vertu*.

Ce que je dis est confirmé par le corps entier de l'histoire, et est très-conforme à la nature des choses. Car il est clair que, dans une monarchie, où celui qui fait exécuter les lois se juge au-dessus des lois, on a besoin de moins de vertu que dans un gouvernement populaire, où celui qui fait exécuter les lois sent qu'il y est soumis lui-même, et qu'il en portera le poids.

Il est clair encore que le monarque qui, par mauvais conseil ou par négligence, cesse de faire exécuter les lois, peut aisément réparer le mal; il n'a qu'à changer de conseil, ou se corriger de cette négligence même. Mais lorsque dans un gouvernement populaire les lois ont cessé d'être exécutées, comme cela ne peut venir que de la corruption de la république, l'état est déjà perdu.

Ce fut un assez beau spectacle dans le siècle passé, de voir les efforts impuissans des Anglais pour établir parmi eux la démocratie. Comme ceux qui avoient part aux affaires n'avoient point de vertu, que leur ambition étoit irritée par le succès de celui qui avoit le plus osé [1], que l'esprit d'une faction n'étoit réprimé que par l'esprit d'une autre, le gouvernement changeoit sans cesse : le

---

[1] Cromwel.

peuple, étonné, cherchoit la démocratie, et ne la trouvoit nulle part. Enfin, après bien des mouvemens, des chocs, et des secousses, il fallut se reposer dans le gouvernement même qu'on avoit proscrit.

Quand Sylla voulut rendre à Rome la liberté, elle ne put plus la recevoir; elle n'avoit plus qu'un foible reste de vertu; et, comme elle en eut toujours moins, au lieu de se réveiller après César, Tibère, Caïus, Claude, Néron, Domitien, elle fut toujours plus esclave; tous les coups portèrent sur les tyrans, aucun sur la tyrannie.

Les politiques grecs qui vivoient dans le gouvernement populaire ne reconnoissoient d'autre force qui pût le soutenir que celle de la vertu[1]. Ceux d'aujourd'hui ne nous parlent que de manufactures, de commerce, de finances, de richesses, et de luxe même.

Lorsque cette vertu cesse, l'ambition entre dans les cœurs qui peuvent la recevoir, et l'avarice entre dans tous. Les désirs changent d'objets: ce qu'on aimoit, on ne l'aime plus; on étoit libre avec les lois, on veut être libre contre elles; chaque citoyen est comme un esclave échappé de la maison de son maître; ce qui étoit maxime, on l'appelle rigueur; ce qui étoit règle, on l'appelle

---

[1] C'est de la morale bien conçue que doit naître le bonheur des hommes. H.

gêne; ce qui étoit attention, on l'appelle crainte. C'est la frugalité qui y est l'avarice, et non pas le désir d'avoir. Autrefois le bien des particuliers faisoit le trésor public; mais pour lors le trésor public devient le patrimoine des particuliers. La république est une dépouille; et sa force n'est plus que le pouvoir de quelques citoyens et la licence de tous.

Athènes eut dans son sein les mêmes forces pendant qu'elle domina avec tant de gloire, et pendant qu'elle servit avec tant de honte. Elle avoit vingt mille citoyens [1] lorsqu'elle défendit les Grecs contre les Perses, qu'elle disputa l'empire à Lacédémone, et qu'elle attaqua la Sicile. Elle en avoit vingt mille lorsque Démétrius de Phalère les dénombra [2] comme dans un marché l'on compte les esclaves. Quand Philippe osa dominer dans la Grèce, quand il parut aux portes d'Athènes [3], elle n'avoit encore perdu que le temps. On peut voir, dans Démosthènes, quelle peine il fallut pour la réveiller: on y craignoit Philippe, non pas comme l'ennemi de la liberté, mais des plaisirs [4]. Cette ville, qui avoit résisté à tant de

[1] Plutarque, *in Pericle*. Platon, *in Critiâ*.
[2] Il s'y trouva vingt-un mille citoyens, dix mille étrangers, quatre cent mille esclaves. Voyez Athénée, liv. VI.
[3] Elle avoit vingt mille citoyens. Voy. Démosthènes, *in Aristog*.
[4] Ils avoient fait une loi pour punir de mort celui qui propose-

défaites, qu'on avoit vue renaître après ses destructions, fut vaincue à Chéronée, et le fut pour toujours. Qu'importe que Philippe renvoie tous les prisonniers? Il ne renvoie pas des hommes. Il étoit toujours aussi aisé de triompher des forces d'Athènes qu'il étoit difficile de triompher de sa vertu.

Comment Carthage auroit-elle pu se soutenir? Lorsqu'Annibal, devenu préteur, voulut empêcher les magistrats de piller la république, n'allèrent-ils pas l'accuser devant les Romains? Malheureux, qui vouloient être citoyens sans qu'il y eût de cité, et tenir leurs richesses de la main de leurs destructeurs! Bientôt Rome leur demanda pour otages trois cents de leurs principaux citoyens; elle se fit livrer les armes et les vaisseaux, et ensuite leur déclara la guerre. Par les choses que fit le désespoir dans Carthage désarmée [1], on peut juger de ce qu'elle auroit pu faire avec sa vertu, lorsqu'elle avoit ses forces.

roit de convertir aux usages de la guerre l'argent destiné pour les théâtres.

[1] Cette guerre dura trois ans.

CHAPITRE IV.

Du principe de l'aristocratie.

Comme il faut de la vertu [1] dans le gouvernement populaire, il en faut aussi dans l'aristocratique. Il est vrai qu'elle n'y est pas si absolument requise.

Le peuple, qui est à l'égard des nobles ce que les sujets sont à l'égard du monarque, est contenu par leurs lois. Il a donc moins besoin de vertu que le peuple de la démocratie. Mais comment les nobles seront-ils contenus? Ceux qui doivent faire exécuter les lois contre leurs collègues sentiront d'abord qu'ils agissent contre eux-mêmes. Il faut donc de la vertu dans ce corps, par la nature de la constitution.

Le gouvernement aristocratique a par lui-même une certaine force que la démocratie n'a pas. Les nobles y forment un corps qui, par sa prérogative et pour son intérêt particulier, réprime le peuple : il suffit qu'il y ait des lois, pour qu'à cet égard elles soient exécutées.

Mais, autant qu'il est aisé à ce corps de réprimer

---

[1] Dans ceux qui gouvernent. Mais ce n'est plus un ressort ni un principe : car le ressort est ce qui fait agir la partie gouvernée. H.

les autres, autant est-il difficile qu'il se réprime lui-même[1]. Telle est la nature de cette constitution, qu'il semble qu'elle mette les mêmes gens sous la puissance des lois, et qu'elle les en retire.

Or, un corps pareil ne peut se réprimer que de deux manières, ou par une grande vertu, qui fait que les nobles se trouvent en quelque façon égaux à leur peuple, ce qui peut former une grande république; ou par une vertu moindre, qui est une certaine modération qui rend les nobles au moins égaux à eux-mêmes, ce qui fait leur conservation.

La modération est donc l'âme de ces gouvernemens[2]. J'entends celle qui est fondée sur la vertu; non pas celle qui vient d'une lâcheté et d'une paresse de l'âme.

CHAPITRE V.

Que la vertu n'est point le principe du gouvernement monarchique.

Dans les monarchies, la politique fait faire les grandes choses avec le moins de vertu qu'elle

---

[1] Les crimes publics y pourront être punis, parce que c'est l'affaire de tous; les crimes particuliers n'y seront pas punis, parce que l'affaire de tous est de ne les pas punir.

[2] Dans la crainte on est fort modéré. H.

peut; comme, dans les plus belles machines, l'art emploie aussi peu de mouvemens, de forces et de roues qu'il est possible.

L'état subsiste indépendamment de l'amour pour la patrie, du désir de la vraie gloire, du renoncement à soi-même, du sacrifice de ses plus chers intérêts, et de toutes ces vertus héroïques que nous trouvons dans les anciens, et dont nous avons seulement entendu parler.

Les lois y tiennent la place de toutes ces vertus dont on n'a aucun besoin; l'état vous en dispense : une action qui se fait sans bruit y est en quelque façon sans conséquence.

Quoique tous les crimes soient publics par leur nature, on distingue pourtant les crimes véritablement publics d'avec les crimes privés, ainsi appelés parce qu'ils offensent plus un particulier que la société entière.

Or, dans les républiques, les crimes privés sont plus publics, c'est-à-dire choquent plus la constitution de l'état que les particuliers; et, dans les monarchies, les crimes publics sont plus privés, c'est-à-dire choquent plus les fortunes particulières que la constitution de l'état même.

Je supplie qu'on ne s'offense pas de ce que j'ai dit : je parle après toutes les histoires. Je sais très-bien qu'il n'est pas rare qu'il y ait des princes vertueux; mais je dis que, dans une monarchie, il est très-difficile que le peuple le soit [1].

Qu'on lise ce que les historiens de tous les temps ont dit sur la cour des monarques ; qu'on se rappelle les conversations des hommes de tous les pays sur le misérable caractère des courtisans : ce ne sont point des choses de spéculation, mais d'une triste expérience.

L'ambition dans l'oisiveté, la bassesse dans l'orgueil, le désir de s'enrichir sans travail, l'aversion pour la vérité, la flatterie, la trahison, la perfidie, l'abandon de tous ses engagemens, le mépris des devoirs du citoyen, la crainte de la vertu du prince, l'espérance de ses foiblesses, et, plus que tout cela, le ridicule perpétuel jeté sur la vertu, forment, je crois, le caractère du plus grand nombre des courtisans, marqué dans tous les lieux et dans tous les temps. Or, il est très-malaisé que la plupart des principaux d'un état soient malhonnêtes gens, et que les inférieurs soient gens de bien ; que ceux-là soient trompeurs, et que ceux-ci consentent à n'être que dupes.

Que si, dans le peuple, il se trouve quelque malheureux honnête homme [2], le cardinal de

---

[1] Je parle ici de la vertu politique, qui est la vertu morale, dans le sens qu'elle se dirige au bien général ; fort peu des vertus morales particulières ; et point du tout de cette vertu qui a du rapport aux vérités révélées. On verra bien ceci au livre V, chap. 11.

[2] Entendez ceci dans le sens de la note précédente.

Richelieu, dans son testament politique, insinue qu'un monarque doit se garder de s'en servir [1]. Tant il est vrai que la vertu n'est pas le ressort de ce gouvernement. Certainement elle n'en est point exclue; mais elle n'en est pas le ressort.

CHAPITRE VI.

Comment on supplée à la vertu dans le gouvernement monarchique.

Je me hâte et je marche à grands pas, afin qu'on ne croie pas que je fasse une satire du gouvernement monarchique. Non : s'il manque d'un ressort, il en a un autre. L'*honneur* [2], c'est-à-dire le préjugé de chaque personne et de chaque condition, prend la place de la vertu politique dont j'ai parlé, et la représente partout. Il y peut inspirer les plus belles actions; il peut, joint à la force des lois, conduire au but du gouvernement, comme la vertu même.

Ainsi, dans les monarchies bien réglées, tout le monde sera à peu près bon citoyen, et on trou-

[1] Il ne faut pas, y est-il dit, se servir de gens de bas lieu; ils sont trop austères et trop difficiles.

[2] Quelle définition! Une fois pour toutes, quand Montesquieu définit, il dit l'impression qu'il reçoit en entendant un mot; et il croit faire une définition. H.

vera rarement quelqu'un qui soit homme de bien ; car, pour être homme de bien [1], il faut avoir intention de l'être [2], et aimer l'état moins pour soi que pour lui-même.

CHAPITRE VII.

Du principe de la monarchie.

Le gouvernement monarchique suppose, comme nous avons dit, des prééminences, des rangs, et même une noblesse d'origine. La nature de l'honneur [3] est de demander des préférences et des distinctions : il est donc, par la chose même, placé dans ce gouvernement.

L'ambition est pernicieuse dans une république [4] : elle a de bons effets dans la monarchie ; elle donne la vie à ce gouvernement ; et on y a cet avantage, qu'elle n'y est pas dangereuse, parce qu'elle y peut être sans cesse réprimée.

---

[1] Ce mot, *homme de bien*, ne s'entend ici que dans un sens politique.

[2] Voyez chapitre précédent, note 1, page 177.

[3] Qu'est-ce que l'honneur chez les courtisans, séparé du revenu pécuniaire ? H.

[4] Elle l'est partout, partout elle tend aux privilèges exclusifs. Dans la démocratie, elle tend directement à sa dissolution ; dans la monarchie, à sa corruption. H.

Vous direz qu'il en est comme du système de l'univers, où il y a une force qui éloigne sans cesse du centre tous les corps, et une force de pesanteur qui les y ramène. L'honneur fait mouvoir toutes les parties du corps politique [1] ; il le lie par son action même; et il se trouve que chacun va au bien commun, croyant aller à ses intérêts particuliers.

Il est vrai que, philosophiquement parlant, c'est un honneur faux qui conduit toutes les parties de l'état; mais cet honneur faux est aussi utile au public que le vrai le seroit aux particuliers qui pourroient l'avoir.

Et n'est-ce pas beaucoup d'obliger les hommes à faire toutes les actions difficiles et qui demandent de la force, sans autre récompense que le bruit de ces actions ?

CHAPITRE VIII.

Que l'honneur n'est point le principe des états despotiques.

CE n'est point l'honneur qui est le principe des états despotiques [2] : les hommes y étant tous égaux,

---

[1] Il ne fait mouvoir que le petit nombre qui approche les souverains. H.

[2] Lisez l'histoire turque sous les Ottomans qui aspiroient à être des héros; vous verrez le contraire. H.

on n'y peut se préférer aux autres; les hommes y étant tous esclaves, on n'y peut se préférer à rien.

De plus, comme l'honneur a ses lois et ses règles, et qu'il ne sauroit plier; qu'il dépend bien de son propre caprice, et non pas de celui d'un autre, il ne peut se trouver que dans des états où la constitution est fixe, et qui ont des lois certaines.

Comment seroit-il souffert chez le despote? Il fait gloire de mépriser la vie, et le despote n'a de force que parce qu'il peut l'ôter. Comment pourroit-il souffrir le despote? Il a des règles suivies, et des caprices soutenus; le despote n'a aucune règle, et ses caprices détruisent tous les autres.

L'honneur, inconnu aux états despotiques, où même souvent on n'a pas de mot pour l'exprimer [1], règne dans les monarchies; il y donne la vie à tout le corps politique, aux lois, et aux vertus mêmes.

CHAPITRE IX.

Du principe du gouvernement despotique.

Comme il faut de la *vertu* dans une république, et dans une monarchie de l'*honneur*, il faut de la *crainte* dans un gouvernement despotique : pour

---

[1] Voyez Perry, page 447.

la vertu, elle n'y est point nécessaire, et l'honneur y seroit dangereux.

Le pouvoir immense du prince y passe tout entier à ceux à qui il le confie. Des gens capables de s'estimer beaucoup eux-mêmes seroient en état d'y faire des révolutions. Il faut donc que la crainte y abatte tous les courages, et y éteigne jusqu'au moindre sentiment d'ambition.

Un gouvernement modéré peut, tant qu'il veut, et sans péril, relâcher ses ressorts : il se maintient par ses lois et par sa force même. Mais lorsque, dans le gouvernement despotique, le prince cesse un moment de lever le bras ; quand il ne peut pas anéantir à l'instant ceux qui ont les premières places [1], tout est perdu : car le ressort du gouvernement, qui est la crainte, n'y étant plus, le peuple n'a plus de protecteur.

C'est apparemment dans ce sens que des cadis ont soutenu que le grand-seigneur n'étoit point obligé de tenir sa parole ou son serment, lorsqu'il bornoit par-là son autorité [2].

Il faut que le peuple soit jugé par les lois, et les grands par la fantaisie du prince ; que la tête du dernier sujet soit en sûreté, et celle des bachas toujours exposée. On ne peut parler sans frémir de ces gouvernemens monstrueux. Le sophi de

---

[1] Comme il arrive souvent dans l'aristocratie militaire.
[2] Ricault, *de l'empire ottoman*.

Perse, détrôné de nos jours par Mirivéis, vit le gouvernement périr avant la conquête, parce qu'il n'avoit pas versé assez de sang [1].

L'histoire nous dit que les horribles cruautés de Domitien effrayèrent les gouverneurs au point que le peuple se rétablit un peu sous son règne [2]. C'est ainsi qu'un torrent qui ravage tout d'un côté laisse de l'autre des campagnes où l'œil voit de loin quelques prairies.

CHAPITRE X.

Différence de l'obéissance dans les gouvernemens modérés, et dans les gouvernemens despotiques.

Dans les états despotiques la nature du gouvernement demande une obéissance extrême ; et la volonté du prince, une fois connue, doit avoir aussi infailliblement son effet qu'une boule jetée contre une autre doit avoir le sien.

Il n'y a point de tempérament, de modification, d'accommodemens, de termes, d'équivalens, de pourparlers, de remontrances ; rien d'égal ou de meilleur à proposer. L'homme est une créature qui obéit à une créature qui veut.

---

[1] Voyez l'histoire de cette révolution, par le P. Ducerceau.

[2] Son gouvernement étoit militaire ; ce qui est une des espèces du gouvernement despotique.

On n'y peut pas plus représenter ses craintes sur un événement futur qu'excuser ses mauvais succès sur le caprice de la fortune. Le partage des hommes, comme des bêtes, y est l'instinct, l'obéissance, le châtiment.

Il ne sert de rien d'opposer les sentimens naturels, le respect pour un père, la tendresse pour ses enfans et ses femmes, les lois de l'honneur, l'état de sa santé; on a reçu l'ordre, et cela suffit.

En Perse, lorsque le roi a condamné quelqu'un, on ne peut plus lui en parler, ni demander grâce. S'il étoit ivre ou hors de sens, il faudroit que l'arrêt s'exécutât tout de même [1] : sans cela il se contrediroit, et la loi ne peut se contredire. Cette manière de penser y a été de tout temps : l'ordre que donna Assuérus d'exterminer les Juifs ne pouvant être révoqué [2], on prit le parti de leur donner la permission de se défendre.

Il y a pourtant une chose que l'on peut quelquefois opposer à la volonté du prince [3]; c'est la religion. On abandonnera son père, on le tuera même, si le prince l'ordonne : mais on ne boira pas de vin, s'il le veut et s'il l'ordonne. Les lois de la religion sont d'un précepte supérieur, parce qu'elles sont données sur la tête du prince comme

---

[1] Voyez Chardin.
[2] Il fut révoqué. H.
[3] Voyez Chardin.

sur celle des sujets. Mais, quant au droit naturel, il n'en est pas de même; le prince est supposé n'être plus un homme.

Dans les états monarchiques et modérés[1], la puissance est bornée par ce qui en est le ressort, je veux dire l'honneur, qui règne, comme un monarque, sur le prince et sur le peuple. On n'ira point lui alléguer les lois de la religion; un courtisan se croiroit ridicule : on lui alléguera sans cesse celles de l'honneur. De là résultent des modifications nécessaires dans l'obéissance; l'honneur est naturellement sujet à des bizarreries, et l'obéissance les suivra toutes.

Quoique la manière d'obéir soit différente dans ces deux gouvernemens, le pouvoir est pourtant le même. De quelque côté que le monarque se tourne, il emporte et précipite la balance, et est obéi. Toute la différence[2] est que, dans la monarchie, le prince a des lumières, et que les ministres y sont infiniment plus habiles et plus rompus aux affaires que dans l'état despotique.

[1] Dans ces états, les sujets obscurs sont punis par les lois; les gens en place, par le caprice du monarque. H.

[2] Cette différence ne naît pas de la nature des pouvoirs, et prouve la mauvaise distinction de Montesquieu. H.

CHAPITRE XI.

Réflexion sur tout ceci.

Tels sont les principes des trois gouvernemens : ce qui ne signifie pas que, dans une certaine république, on soit vertueux; mais qu'on devroit l'être. Cela ne prouve pas non plus que, dans une certaine monarchie, on ait de l'honneur, et que, dans un état despotique particulier, on ait de la crainte; mais qu'il faudroit en avoir : sans quoi le gouvernement sera imparfait [1].

---

[1] Un gouvernement imparfait est celui qui ne tend pas au bonheur des hommes. H.

LIVRE IV.

QUE LES LOIS DE L'ÉDUCATION DOIVENT ÊTRE RELATIVES AUX PRINCIPES DU GOUVERNEMENT.

CHAPITRE I.

Des lois de l'éducation [1].

Les lois de l'éducation sont les premières que nous recevons. Et, comme elles nous préparent à être citoyens, chaque famille particulière doit être gouvernée sur le plan de la grande famille qui les comprend toutes.

Si le peuple en général a un principe, les parties qui le composent, c'est-à-dire les familles, l'auront aussi. Les lois de l'éducation seront donc différentes dans chaque espèce de gouvernement. Dans les monarchies, elles auront pour objet l'honneur; dans les républiques, la vertu; dans le despotisme, la crainte.

---

[1] Il semble bien ridicule de faire un ouvrage pour enseigner ce qu'il faut qu'on fasse pour maintenir ce qui est mal. En matière de gouvernement et d'éducation, la seule question à examiner, c'est de savoir ce qui est le plus propre à assurer le bonheur des hommes. H.

CHAPITRE II.

De l'éducation dans les monarchies.

Ce n'est point dans les maisons publiques où l'on instruit l'enfance que l'on reçoit dans les monarchies la principale éducation [1]; c'est lorsque l'on entre dans le monde que l'éducation, en quelque façon, commence [2]. Là est l'école de ce que l'on appelle *honneur*, ce maître universel qui doit partout nous conduire.

C'est là que l'on voit, et que l'on entend toujours dire trois choses : qu'*il faut mettre dans les vertus une certaine noblesse ; dans les mœurs, une certaine franchise ; dans les manières, une certaine politesse.*

Les vertus qu'on nous y montre sont toujours moins ce que l'on doit aux autres que ce que l'on se doit à soi-même : elles ne sont pas tant ce qui nous appelle vers nos concitoyens que ce qui nous en distingue.

On n'y juge pas les actions des hommes comme bonnes, mais comme belles; comme justes, mais

---

[1] Elle y est contradictoire. H.
[2] On n'y enseigne qu'à masquer ses vices, et que l'art de faire fortune. H.

comme grandes; comme raisonnables, mais comme extraordinaires [1].

Dès que l'honneur y peut trouver quelque chose de noble, il est ou le juge qui les rend légitimes, ou le sophiste qui les justifie.

Il permet la galanterie lorsqu'elle est unie à l'idée des sentimens du cœur, ou à l'idée de conquête; et c'est la vraie raison pour laquelle les mœurs ne sont jamais si pures dans les monarchies que dans les gouvernemens républicains.

Il permet la ruse lorsqu'elle est jointe à l'idée de la grandeur de l'esprit ou de la grandeur des affaires, comme dans la politique, dont les finesses ne l'offensent pas.

Il ne défend l'adulation que lorsqu'elle est séparée de l'idée d'une grande fortune, et n'est jointe qu'au sentiment de sa propre bassesse.

A l'égard des mœurs, j'ai dit que l'éducation des monarchies doit y mettre une certaine franchise [2].

On y veut donc de la vérité dans les discours. Mais est-ce par amour pour elle? point du tout. On la veut, parce qu'un homme qui est accoutumé à la dire paroît être hardi et libre. En effet, un tel homme semble ne dépendre que des choses, et non pas de la manière dont un autre les reçoit.

[1] C'est plutôt peindre des courtisans qu'une nation. H.
[2] Ne seroit-ce pas la dissimulation sous un air de franchise? H.

C'est ce qui fait qu'autant qu'on y recommande cette espèce de franchise, autant on y méprise celle du peuple, qui n'a que la vérité et la simplicité pour objet.

Enfin, l'éducation dans les monarchies exige dans les manières une certaine politesse. Les hommes, nés pour vivre ensemble, sont nés aussi pour se plaire; et celui qui n'observeroit pas les bienséances, choquant tous ceux avec qui il vivroit, se décréditeroit au point qu'il deviendroit incapable de faire aucun bien.

Mais ce n'est pas d'une source si pure que la politesse a coutume de tirer son origine. Elle naît de l'envie de se distinguer. C'est par orgueil que nous sommes polis : nous nous sentons flattés d'avoir des manières qui prouvent que nous ne sommes pas dans la bassesse, et que nous n'avons pas vécu avec cette sorte de gens que l'on a abandonnés dans tous les âges.

Dans les monarchies, la politesse est naturalisée à la cour [1]. Un homme excessivement grand rend tous les autres petits. De là les égards que l'on doit à tout le monde; de là naît la politesse, qui flatte autant ceux qui sont polis que ceux à l'égard de qui ils le sont, parce qu'elle fait com-

---

[1] C'est que les petits ennemis y sont à craindre, et que la faveur du maître égalise tout. H.

prendre qu'on est de la cour, ou qu'on est digne d'en être.

L'air de la cour consiste à quitter sa grandeur propre pour une grandeur empruntée. Celle-ci flatte plus un courtisan que la sienne même. Elle donne une certaine modestie superbe qui se répand au loin, mais dont l'orgueil diminue insensiblement [1], à proportion de la distance où l'on est de la source de cette grandeur.

On trouve à la cour une délicatesse de goût [2] en toutes choses, qui vient d'un usage continuel des superfluités d'une grande fortune, de la variété, et surtout de la lassitude des plaisirs, de la multiplicité, de la confusion même des fantaisies, qui, lorsqu'elles sont agréables, y sont toujours reçues.

C'est sur toutes ces choses que l'éducation se porte, pour faire ce qu'on appelle l'honnête homme [3], qui a toutes les qualités et toutes les vertus que l'on demande dans ce gouvernement.

Là l'honneur, se mêlant partout, entre dans toutes les façons de penser et toutes les manières de sentir, et dirige même les principes.

---

[1] Il augmenteroit plutôt dans l'éloignement. H.

[2] Oui, s'il le regarde comme un défaut; car tout ce qu'il dit prouveroit que ce goût doit être peu sûr. Hors la nature, y a-t-il un goût sûr et vrai? H.

[3] Le titre d'honnête homme s'y règle encore plus sur le tarif des fortunes. H.

Cet honneur bizarre fait que les vertus ne sont que ce qu'il veut, et comme il les veut : il met de son chef des règles à tout ce qui nous est prescrit : il étend ou il borne nos devoirs à sa fantaisie, soit qu'ils aient leur source dans la religion, dans la politique, ou dans la morale.

Il n'y a rien dans la monarchie que les lois, la religion et l'honneur prescrivent tant que l'obéissance aux volontés du prince : mais cet honneur nous dicte que le prince ne doit jamais nous prescrire une action qui nous déshonore, parce qu'elle nous rendroit incapables de le servir.

Crillon refusa d'assassiner le duc de Guise [1] ; mais il offrit à Henri III de se battre contre lui. Après la Saint-Barthélemi, Charles IX ayant écrit à tous les gouverneurs de faire massacrer les huguenots, le vicomte d'Orte, qui commandoit dans Baïonne, écrivit au roi [2] : « Sire, je n'ai trouvé « parmi les habitans et les gens de guerre que de « bons citoyens, de braves soldats, et pas un « bourreau : ainsi, eux et moi supplions votre « majesté d'employer nos bras et nos vies à choses « faisables. » Ce grand et généreux courage regardoit une lâcheté comme une chose impossible.

Il n'y a rien que l'honneur prescrive plus à la

---

[1] Henri III en eût trouvé mille autres. L'honneur monarchique n'étoit pourtant point encore éteint. H.

[2] Voyez l'histoire de d'Aubigné.

noblesse que de servir le prince à la guerre [1] : en effet, c'est la profession distinguée, parce que ses hasards, ses succès et ses malheurs même, conduisent à la grandeur. Mais, en imposant cette loi, l'honneur veut en être l'arbitre; et, s'il se trouve choqué, il exige ou permet qu'on se retire chez soi.

Il veut qu'on puisse indifféremment aspirer aux emplois, ou les refuser; il tient cette liberté au-dessus de la fortune même.

L'honneur a donc ses règles suprêmes; et l'éducation est obligée de s'y conformer [2]. Les principales sont, qu'il nous est bien permis de faire cas de notre fortune; mais qu'il nous est souverainement défendu d'en faire aucun de notre vie [3].

La seconde est que, lorsque nous avons été une fois placés dans un rang, nous ne devons rien faire ni souffrir qui fasse voir que nous nous tenons inférieurs à ce rang même.

La troisième, que les choses que l'honneur défend sont plus rigoureusement défendues lors-

---

[1] Est-ce bien à l'honneur qu'on doit attribuer ces maximes? H.

[2] On dit ici ce qui est, et non pas ce qui doit être : l'honneur est un préjugé que la religion travaille tantôt à détruire, tantôt à régler.

[3] Cela est vrai dans toutes les troupes de l'univers. Faire honneur à l'honneur de tout ce qui est en usage parmi nous, c'est la manie du système. H.

que les lois ne concourent point à les proscrire, et que celles qu'il exige sont plus fortement exigées lorsque les lois ne les demandent pas.

CHAPITRE III.

De l'éducation dans le gouvernement despotique.

Comme l'éducation dans les monarchies ne travaille qu'à élever le cœur [1], elle ne cherche qu'à l'abaisser dans les états despotiques. Il faut qu'elle y soit servile. Ce sera un bien, même dans le commandement, de l'avoir eue telle, personne n'y étant tyran sans être en même temps esclave.

L'extrême obéissance suppose de l'ignorance dans celui qui obéit; elle en suppose même dans celui qui commande [2] : il n'a point à délibérer, à douter, ni à raisonner; il n'a qu'à vouloir.

Dans les états despotiques, chaque maison est un empire séparé. L'éducation, qui consiste principalement à vivre avec les autres, y est donc très-bornée : elle se réduit à mettre la crainte dans le cœur, et à donner à l'esprit la connoissance de quelques principes de religion, fort simples. Le savoir y sera dangereux, l'émulation

---

[1] Il n'y a de fier que l'homme indépendant. H.
[2] L'esclavage corrompt tout, surtout les maîtres. H.

funeste ; et, pour les vertus, Aristote [1] ne peut croire qu'il y en ait quelqu'une de propre aux esclaves [2]; ce qui borneroit bien l'éducation dans ce gouvernement.

L'éducation y est donc en quelque façon nulle. Il faut ôter tout, afin de donner quelque chose, et commencer par faire un mauvais sujet, pour faire un bon esclave.

Eh! pourquoi l'éducation s'attacheroit-elle à y former un bon citoyen qui prît part au malheur public? S'il aimoit l'état, il seroit tenté de relâcher les ressorts du gouvernement : s'il ne réussissoit pas, il se perdroit; s'il réussissoit, il courroit risque de se perdre, lui, le prince, et l'empire.

CHAPITRE IV.

Différence des effets de l'éducation chez les anciens et parmi nous.

La plupart des peuples anciens vivoient dans des gouvernemens qui ont la vertu pour principe [3]; et, lorsqu'elle y étoit dans sa force, on y

---

[1] Politiq., liv. I.

[2] Comment cela se pourroit-il? ils n'ont point de volonté. H.

[3] La vertu ne tenoit pas à leur principe, mais à la nouveauté de ces gouvernemens. Il y a dans tous les genres une ferveur de noviciat. H.

faisoit des choses que nous ne voyons plus aujourd'hui, et qui étonnent nos petites âmes. Leur éducation avoit un autre avantage sur la nôtre; elle n'étoit jamais démentie [1]. Épaminondas, la dernière année de sa vie, disoit, écoutoit, voyoit, faisoit les mêmes choses que dans l'âge où il avoit commencé d'être instruit.

Aujourd'hui, nous recevons trois éducations différentes ou contraires; celle de nos pères, celle de nos maîtres, celle du monde. Ce qu'on nous dit dans la dernière renverse toutes les idées des premières. Cela vient, en quelque partie, du contraste qu'il y a parmi nous entre les engagemens de la religion et ceux du monde [2]; chose que les anciens ne connoissoient pas.

CHAPITRE V.

De l'éducation dans le gouvernement républicain.

C'est dans le gouvernement républicain que l'on a besoin de toute la puissance de l'éducation [3]. La crainte des gouvernemens despotiques

[1] Celle de nos paysans non plus. H.

[2] Le contraste entre les enseignemens de la religion et ceux du monde étoit dans un ordre renversé. Les dieux étoient plus criminels que les hommes. H.

[3] Cette puissance vient de l'égalité des fortunes et des mœurs

naît d'elle-même parmi les menaces et les châtimens; l'honneur des monarchies est favorisé par les passions, et les favorise à son tour; mais la vertu politique est un renoncement à soi-même, qui est toujours une chose très-pénible.

On peut définir cette vertu, l'amour des lois et de la patrie. Cet amour, demandant une préférence continuelle de l'intérêt public au sien propre, donne toutes les vertus particulières : elles ne sont que cette préférence.

Cet amour est singulièrement affecté aux démocraties. Dans elles seules, le gouvernement est confié à chaque citoyen. Or le gouvernement est comme toutes les choses du monde; pour le conserver, il faut l'aimer.

On n'a jamais ouï dire que les rois n'aimassent pas la monarchie, et que les despotes haïssent le despotisme.

Tout dépend donc d'établir dans la république cet amour [1]; et c'est à l'inspirer que l'éducation doit être attentive. Mais, pour que les enfans puissent l'avoir, il y a un moyen sûr, c'est que les pères l'aient eux-mêmes.

plus concentrées dans la famille. C'est l'esprit du moine, qui, n'étant rien par lui-même, s'attache à son corps pour être quelque chose. H.

[1] Il s'y établit par la connoissance des avantages de l'égalité, fortifié de la haine des tyrans; mais la haine cesse après leur destruction. H.

On est ordinairement le maître de donner à ses enfans ses connoissances; on l'est encore plus de leur donner ses passions.

Si cela n'arrive pas, c'est que ce qui a été fait dans la maison paternelle est détruit par les impressions du dehors.

Ce n'est point le peuple naissant qui dégénère; il ne se perd que lorsque les hommes faits sont déjà corrompus.

CHAPITRE VI.

De quelques institutions des Grecs.

Les anciens Grecs, pénétrés de la nécessité que les peuples qui vivoient sous un gouvernement populaire fussent élevés à la vertu, firent, pour l'inspirer, des institutions singulières [1]. Quand vous voyez, dans la vie de Lycurgue, les lois qu'il donna aux Lacédémoniens, vous croyez lire l'histoire des Sévarambes. Les lois de Crète étoient l'original de celles de Lacédémone; et celles de Platon en étoient la correction.

Je prie qu'on fasse un peu d'attention à l'étendue de génie [2] qu'il fallut à ces législateurs, pour

---

[1] Je ne vois pas cela. H.

[2] Le vrai génie en tout genre suit la nature pas à pas et se règle

voir qu'en choquant tous les usages reçus, en confondant toutes les vertus, ils montreroient à l'univers leur sagesse. Lycurgue, mêlant le larcin avec l'esprit de justice, le plus dur esclavage avec l'extrême liberté, les sentimens les plus atroces avec la plus grande modération, donna de la stabilité à sa ville. Il sembla lui ôter toutes les ressources, les arts, le commerce, l'argent, les murailles : on y a de l'ambition, sans espérance d'être mieux ; on y a les sentimens naturels, et on n'y est ni enfant, ni mari, ni père : la pudeur même est ôtée à la chasteté. C'est par ces chemins que Sparte est menée à la grandeur et à la gloire; mais avec une telle infaillibilité de ses institutions, qu'on n'obtenoit rien contre elle en gagnant des batailles, si on ne parvenoit à lui ôter sa police [1].

La Crète et la Laconie furent gouvernées par ces lois. Lacédémone céda la dernière aux Macédoniens, et la Crète [2] fut la dernière proie des

---

sur elle. Gouverner des hommes comme des moines, le bel éloge ! En insistant sur une seule idée, sur une seule vertu, on la pousse à l'extrême, mais on ne fait le bonheur de personne. H.

[1] Philopœmen contraignit les Lacédémoniens d'abandonner la manière de nourrir leurs enfans, sachant bien que, sans cela, ils auroient toujours une âme grande et le cœur haut. Plutarq., Vie de Philopœmen. Voyez Tite-Live, liv. XXXVIII.

[2] Elle défendit pendant trois ans ses lois et sa liberté. (Voyez les liv. XCVIII, XCIX et C de Tite-Live, dans l'Epitome de Florus.) Elle fit plus de résistance que les plus grands rois.

Romains. Les Samnites eurent ces mêmes institutions, et elles furent pour ces Romains le sujet de vingt-quatre triomphes [1].

Cet extraordinaire que l'on voyoit dans les institutions de la Grèce, nous l'avons vu dans la lie et la corruption de nos temps modernes [2]. Un législateur honnête homme a formé un peuple où la probité paroît aussi naturelle que la bravoure chez les Spartiates. M. Penn est un véritable Lycurgue ; et, quoique le premier ait eu la paix pour objet, comme l'autre a eu la guerre, ils se ressemblent dans la voie singulière où ils ont mis leur peuple, dans l'ascendant qu'ils ont eu sur des hommes libres, dans les préjugés qu'ils ont vaincus, dans les passions qu'ils ont soumises.

Le Paraguay peut nous fournir un autre exemple. On a voulu en faire un crime à la *société*, qui regarde le plaisir de commander comme le seul bien de la vie : mais il sera toujours beau de gouverner les hommes en les rendant heureux [3].

Il est glorieux pour elle d'avoir été la première qui ait montré dans ces contrées l'idée de la religion jointe à celle de l'humanité. En réparant

---

[1] Florus, liv. I, c. 16.

[2] *In fece Romuli*. Cicéron.

[3] Les Indiens du Paraguay ne dépendent point d'un seigneur particulier, ne paient qu'un cinquième des tributs, et ont des armes à feu pour se défendre.

les dévastations des Espagnols elle a commencé à guérir une des grandes plaies qu'ait encore reçues le genre humain.

Un sentiment exquis qu'a cette société pour tout ce qu'elle appelle *honneur*, son zèle pour une religion qui humilie bien plus ceux qui l'écoutent que ceux qui la prêchent, lui ont fait entreprendre de grandes choses; et elle y a réussi. Elle a retiré des bois des peuples dispersés; elle leur a donné une subsistance assurée; elle les a vêtus : et, quand elle n'auroit fait par-là qu'augmenter l'industrie parmi les hommes, elle auroit beaucoup fait.

Ceux qui voudront faire des institutions pareilles établiront la communauté de biens de la république de Platon [1], ce respect qu'il demandoit pour les dieux [2], cette séparation d'avec les étrangers pour la conservation des mœurs, et la cité faisant le commerce et non pas les citoyens [3] : ils donneront nos arts sans notre luxe, et nos besoins sans nos désirs.

Ils proscriront l'argent, dont l'effet est de grossir la fortune des hommes au delà des bornes que

---

[1] Belle chimère! H.

[2] L'instruction seule doit l'inspirer. H.

[3] Où seront le zèle et l'attention continue de l'intérêt personnel? H.

la nature y avoit mises ¹, d'apprendre à conserver inutilement ce qu'on avoit amassé de même, de multiplier à l'infini les désirs, et de suppléer à la nature, qui nous avoit donné des moyens très-bornés d'irriter nos passions, et de nous corrompre les uns les autres.

« Les Épidamniens ², sentant leurs mœurs se « corrompre par leur communication avec les bar-« bares, élurent un magistrat pour faire tous les « marchés au nom de la cité et pour la cité ³. » Pour lors, le commerce ne corrompt pas la constitution, et la constitution ne prive pas la société des avantages du commerce.

CHAPITRE VII.

En quel cas ces institutions singulières peuvent être bonnes.

Ces sortes d'institutions peuvent convenir dans les républiques ⁴, parce que la vertu politique

---

¹ Il faudroit aussi proscrire l'argent de tous les pays avec qui l'on commerceroit. H.

² Plutarque, *Demande des choses grecques.*

³ C'est faire comme tous les peuples ignorans, appliquer le remède au mal, et non à la source du mal. H.

⁴ Aucune institution ne doit avoir pour but que la protection de chaque homme : elles sont mauvaises dès qu'elles sont autre chose. H.

en est le principe : mais, pour porter à l'honneur dans les monarchies, ou pour inspirer de la crainte dans les états despotiques, il ne faut pas tant de soins.

Elles ne peuvent d'ailleurs avoir lieu que dans un petit état [1], où l'on peut donner une éducation générale, et élever tout un peuple comme une famille [2].

Les lois de Minos, de Lycurgue et de Platon, supposent une attention singulière de tous les citoyens les uns sur les autres [3]. On ne peut se promettre cela dans la confusion, dans les négligences, dans l'étendue des affaires d'un grand peuple.

Il faut, comme on l'a dit, bannir l'argent [4] dans ces institutions. Mais, dans les grandes sociétés, le nombre, la variété, l'embarras, l'importance des affaires, la facilité des achats, la lenteur des échanges, demandent une mesure commune. Pour porter partout sa puissance, ou la défendre partout, il faut avoir ce à quoi les hommes ont attaché partout la puissance.

---

[1] Comme étoient les villes de la Grèce.

[2] C'est qu'on ne peut faire oublier la nature à un grand nombre d'hommes. H.

[3] C'est à la loi à veiller, et non à chaque homme. H.

[4] C'est vouloir traverser l'océan sans bateau, ou défendre à la pluie de tomber. H.

CHAPITRE VIII.

Explication d'un paradoxe des anciens, par rapport aux mœurs.

Polybe, le judicieux Polybe, nous dit que la musique étoit nécessaire pour adoucir les mœurs des Arcades [1], qui habitoient un pays où l'air est triste et froid; que ceux de Cynète, qui négligèrent la musique, surpassèrent en cruauté tous les Grecs, et qu'il n'y a point de ville où l'on ait vu tant de crimes. Platon ne craint point de dire que l'on ne peut faire de changement dans la musique, qui n'en soit un dans la constitution de l'état. Aristote, qui semble n'avoir fait sa *Politique* que pour opposer ses sentimens à ceux de Platon, est pourtant d'accord avec lui touchant la puissance de la musique sur les mœurs. Théophraste, Plutarque [2], Strabon [3], tous les anciens ont pensé de même. Ce n'est point une opinion jetée sans réflexion; c'est un des principes de leur politique [4].

[1] Oui, pour les peuples qui avoient pour principal objet la guerre. De telles lois sont atroces et insensées. H.

[2] Vie de Pélopidas.

[3] Liv. I.

[4] Platon, liv. IV des *Lois*, dit que les préfectures de la musique et de la gymnastique sont les plus importans emplois de la

C'est ainsi qu'ils donnoient des lois, c'est ainsi qu'ils vouloient qu'on gouvernât les cités.

Je crois que je pourrois expliquer ceci. Il faut se mettre dans l'esprit que, dans les villes grecques, surtout celles qui avoient pour principal objet la guerre, tous les travaux et toutes les professions qui pouvoient conduire à gagner de l'argent étoient regardés comme indignes d'un homme libre. « La plupart des arts, dit Xéno-« phon[1], corrompent le corps de ceux qui les « exercent; ils obligent de s'asseoir à l'ombre, ou « près du feu : on n'a de temps, ni pour ses amis, « ni pour la république. » Ce ne fut que dans la corruption de quelques démocraties que les artisans parvinrent à être citoyens. C'est ce qu'Aristote[2] nous apprend; et il soutient qu'une bonne république[3] ne leur donnera jamais le droit de cité[4].

L'agriculture étoit encore une profession servile[5], et ordinairement c'étoit quelque peuple

cité ; et, dans sa République, liv. III, *Damon vous dira, dit-il, quels sont les sons capables de faire naître la bassesse de l'âme, l'insolence, et les vertus contraires.*

[1] Dits mémorables.

[2] Politiq., liv. III, chap. IV.

[3] Oui, s'ils ne sont qu'artisans. H.

[4] *Diophante*, dit Aristote, Politiq., ch. VII, *établit autrefois à Athènes que les artisans seroient esclaves du public.*

[5] Les anciens, ainsi que les modernes, attachoient une idée

vaincu qui l'exerçoit : les Ilotes, chez les Lacédémoniens ; les Périéciens, chez les Crétois ; les Pénestes, chez les Thessaliens ; d'autres ¹ peuples esclaves, dans d'autres républiques.

Enfin tout bas commerce ² étoit infâme chez les Grecs. Il auroit fallu qu'un citoyen eût rendu des services à un esclave, à un locataire, à un étranger : cette idée choquoit l'esprit de la liberté grecque ; aussi Platon ³ veut-il, dans ses *Lois*, qu'on punisse un citoyen qui feroit le commerce.

On étoit donc fort embarrassé dans les républiques grecques ⁴. On ne vouloit pas que les citoyens travaillassent au commerce, à l'agriculture, ni aux arts ; on ne vouloit pas non plus qu'ils fussent oisifs ⁵. Ils trouvoient une occupation dans

---

de noblesse à l'oisiveté ; et c'est la source de tous les maux dans la politique et dans la morale. H.

¹ Aussi Platon et Aristote veulent-ils que les esclaves cultivent les terres. Lois, liv. VII ; Politiq., liv. VII, chap. x. Il est vrai que l'agriculture n'étoit pas partout exercée par des esclaves : au contraire, comme dit Aristote, les meilleures républiques étoient celles où les citoyens s'y attachoient. Mais cela n'arriva que par la corruption des anciens gouvernemens, devenus démocratiques ; car, dans les premiers temps, les villes de Grèce vivoient dans l'aristocratie.

² *Cauponatio.*

³ Liv. II.

⁴ On l'est toujours quand on s'écarte du vrai chemin. H.

⁵ Aristote, Politiq., liv. X.

les exercices qui dépendoient de la gymnastique, et dans ceux qui avoient du rapport à la guerre [1]. L'institution ne leur en donnoit point d'autres. Il faut donc regarder les Grecs comme une société d'athlètes et de combattans. Or, ces exercices, si propres à faire des gens durs et sauvages [2], avoient besoin d'être tempérés par d'autres qui pussent adoucir les mœurs. La musique [3], qui tient à l'esprit par les organes du corps, étoit très-propre à cela. C'est un milieu entre les exercices du corps qui rendent les hommes durs, et les sciences de spéculation qui les rendent sauvages [4]. On ne peut pas dire que la musique inspirât la vertu; cela seroit inconcevable : mais elle empêchoit l'effet de la férocité de l'institution, et faisoit que l'âme avoit dans l'éducation une part qu'elle n'y auroit point eue.

Je suppose qu'il y ait parmi nous une société de gens si passionnés pour la chasse, qu'ils s'en occupassent uniquement; il est sûr qu'ils en con-

---

[1] *Ars corporum exercendorum, gymnastica; variis certaminibus terendorum, pædotribica.* Aristote, Politiq., liv. VIII, chap. III.

[2] Aristote dit que les enfans des Lacédémoniens, qui commençoient ces exercices dès l'âge le plus tendre, en contractoient trop de férocité. Politiq., liv. VIII, chap. IV.

[3] On fit bien de leur apprendre la musique. H.

[4] Eu égard à nos sociétés galantes et polies. H.

tracteroient une certaine rudesse. Si ces mêmes gens venoient à prendre encore du goût pour la musique, on trouveroit bientôt de la différence dans leurs manières et dans leurs mœurs. Enfin les exercices des Grecs n'excitoient en eux qu'un genre de passions, la rudesse, la colère, la cruauté. La musique les excite toutes, et peut faire sentir à l'âme la douceur, la pitié, la tendresse, le doux plaisir. Nos auteurs de morale, qui, parmi nous, proscrivent si fort les théâtres, nous font assez sentir le pouvoir que la musique a sur nos âmes.

Si à la société dont j'ai parlé on ne donnoit que des tambours et des airs de trompette, n'est-il pas vrai que l'on parviendroit moins à son but que si l'on donnoit une musique tendre? Les anciens avoient donc raison, lorsque, dans certaines circonstances, ils préféroient pour les mœurs un mode à un autre.

Mais, dira-t-on, pourquoi choisir la musique par préférence? C'est que, de tous les plaisirs des sens, il n'y en a aucun qui corrompe moins l'âme. Nous rougissons de lire, dans Plutarque[1], que les Thébains, pour adoucir les mœurs de leurs jeunes gens, établirent par les lois un amour qui devroit être proscrit par toutes les nations du monde.

[1] Vie de Pélopidas.

LIVRE V.

QUE LES LOIS QUE LE LÉGISLATEUR DONNE DOIVENT ÊTRE RELATIVES AU PRINCIPE DU GOUVERNEMENT.

CHAPITRE I.

Idée de ce livre.

Nous venons de voir que les lois de l'éducation doivent être relatives au principe de chaque gouvernement. Celles que le législateur donne à toute la société sont de même. Ce rapport des lois avec ce principe tend tous les ressorts du gouvernement, et ce principe en reçoit à son tour une nouvelle force. C'est ainsi que, dans les mouvemens physiques, l'action est toujours suivie d'une réaction.

Nous allons examiner ce rapport dans chaque gouvernement; et nous commencerons par l'état républicain, qui a la vertu pour principe.

CHAPITRE II.

Ce que c'est que la vertu dans l'état politique.

La vertu, dans une république, est une chose très-simple ; c'est l'amour de la république [1] : c'est un sentiment, et non une suite de connoissances ; le dernier homme de l'état peut avoir ce sentiment, comme le premier. Quand le peuple a une fois de bonnes maximes, il s'y tient plus long-temps que ce qu'on appelle les honnêtes gens. Il est rare que la corruption commence par lui [2]. Souvent il a tiré de la médiocrité de ses lumières un attachement plus fort pour ce qui est établi.

L'amour de la patrie conduit à la bonté des mœurs [3], et la bonté des mœurs mène à l'amour de la patrie. Moins nous pouvons satisfaire nos passions particulières, plus nous nous livrons aux générales. Pourquoi les moines aiment-ils tant leur ordre ? c'est justement par l'endroit qui fait

---

[1] C'est l'amour du moine pour son ordre qui produit la haine de tout ce qui en diffère. H.

[2] C'est cependant toujours par la populace que commencent les troubles et les révolutions. H.

[3] Cela n'est pas vrai ; voyez Sparte : à moins qu'on n'appelle bonnes mœurs l'extinction de tous les sentimens naturels, l'austérité, et la privation des douceurs innocentes de la vie. H.

qu'il leur est insupportable. Leur règle les prive de toutes les choses sur lesquelles les passions ordinaires s'appuient : reste donc cette passion pour la règle même qui les afflige. Plus elle est austère, c'est-à-dire plus elle retranche de leurs penchans, plus elle donne de force à ceux qu'elle leur laisse.

CHAPITRE III.

Ce que c'est que l'amour de la république dans la démocratie.

L'AMOUR de la république, dans une démocratie, est celui de la démocratie [1]; l'amour de la démocratie est celui de l'égalité.

L'amour de la démocratie est encore l'amour de la frugalité [2]. Chacun, devant y avoir le même bonheur et les mêmes avantages, y doit goûter les mêmes plaisirs, et former les mêmes espérances; chose qu'on ne peut attendre que de la frugalité générale.

L'amour de l'égalité, dans une démocratie, borne l'ambition au seul désir, au seul bonheur de rendre à sa patrie [3] de plus grands services que

---

[1] Tant qu'on craint les tyrans. H.

[2] Quand on connoîtra le vrai bonheur que la nature destine à l'homme, on ne fera plus une vertu de la frugalité. H.

[3] La patrie n'est que les citoyens : en faire un être réel, c'est occasioner beaucoup de faux raisonnemens. H.

les autres citoyens. Ils ne peuvent pas lui rendre tous des services égaux ; mais ils doivent tous également lui en rendre. En naissant, on contracte envers elle une dette immense[1], dont on ne peut jamais s'acquitter.

Ainsi les distinctions y naissent du principe de l'égalité, lors même qu'elle paroît ôtée par des services heureux, ou par des talens supérieurs.

L'amour de la frugalité borne le désir d'avoir à l'attention que demande le nécessaire pour sa famille, et même le superflu pour sa patrie. Les richesses donnent une puissance dont un citoyen ne peut pas user pour lui, car il ne seroit pas égal. Elles procurent des délices dont il ne doit pas jouir non plus, parce qu'elles choqueroient l'égalité tout de même.

Aussi les bonnes démocraties, en établissant la frugalité domestique, ont-elles ouvert la porte aux dépenses publiques[2], comme on fit à Athènes et à Rome. Pour lors, la magnificence et la profusion naissoient du fond de la frugalité même : et, comme la religion demande qu'on ait les mains pures pour faire des offrandes aux dieux, les lois

---

[1] Oui, quand elle les rend heureux. On n'aime point se voir enlever son bonheur. H.

[2] Exemples dangereux avant de s'être occupé des entreprises utiles, nécessaires. H.

vouloient des mœurs frugales, pour que l'on pût donner à sa patrie.

Le bon sens et le bonheur des particuliers consiste beaucoup dans la médiocrité de leurs talens et de leurs fortunes [1]. Une république où les lois auront formé beaucoup de gens médiocres, composée de gens sages, se gouvernera sagement; composée de gens heureux, elle sera très-heureuse.

CHAPITRE IV.

Comment on inspire l'amour de l'égalité et de la frugalité

L'AMOUR de l'égalité et celui de la frugalité sont extrêmement excités par l'égalité et la frugalité mêmes [2], quand on vit dans une société où les lois ont établi l'une et l'autre.

Dans les monarchies et les états despotiques, personne n'aspire à l'égalité; cela ne vient pas même dans l'idée : chacun y tend à la supériorité. Les gens des conditions les plus basses ne désirent

---

[1] Médiocrité dans la fortune, cela s'entend quand on a vu des riches ; mais dans les talens, c'est parler en grand seigneur, et non en sage qui croit qu'il y a bien et mal, vice et vertu. H.

[2] On n'a guère vu l'égalité subsister dans aucune république. Suffiroit-il de jouir avec elle de la frugalité pour les aimer? C'est souvent un moyen pour s'en dégoûter. H.

d'en sortir que pour être les maîtres des autres.

Il en est de même de la frugalité : pour l'aimer, il faut en jouir. Ce ne seront point ceux qui sont corrompus par les délices qui aimeront la vie frugale ; et, si cela avoit été naturel et ordinaire, Alcibiade n'auroit pas fait l'admiration de l'univers [1]. Ce ne seront pas non plus ceux qui envient ou qui admirent le luxe des autres qui aimeront la frugalité : des gens qui n'ont devant les yeux que des hommes riches, ou des hommes misérables comme eux, détestent leur misère sans aimer ou connoître ce qui fait le terme de la misère.

C'est donc une maxime très-vraie que, pour que l'on aime l'égalité et la frugalité dans une république, il faut que les lois les y aient établies.

CHAPITRE V.

Comment les lois établissent l'égalité dans la démocratie.

Quelques législateurs anciens, comme Lycurgue et Romulus, partagèrent également les terres. Cela ne pouvoit avoir lieu que dans la fondation d'une république nouvelle; ou bien lorsque l'an-

---

[1] Qu'est-ce qu'un esprit flottant qui se plie à tout? Cette facilité ne seroit-elle pas médiocrité de caractère et indifférence de principes? H.

cienne étoit si corrompue, et les esprits dans une telle disposition, que les pauvres se croyoient obligés de chercher et les riches obligés de souffrir un pareil remède.

Si, lorsque le législateur fait un pareil partage, il ne donne pas des lois pour le maintenir, il ne fait qu'une constitution passagère : l'inégalité entrera par le côté que les lois n'auront pas défendu, et la république sera perdue.

Il faut donc que l'on règle, dans cet objet, les dots des femmes, les donations, les successions, les testamens, enfin toutes les manières de contracter. Car, s'il étoit permis de donner son bien à qui on voudroit, et comme on voudroit, chaque volonté particulière troubleroit la disposition de la loi fondamentale.

Solon, qui permettoit à Athènes de laisser son bien à qui on vouloit par testament, pourvu qu'on n'eût point d'enfans [1], contredisoit les lois anciennes, qui ordonnoient que les biens restassent dans la famille du testateur [2]. Il contredisoit les siennes propres; car, en supprimant les dettes, il avoit cherché l'égalité.

C'étoit une bonne loi pour la démocratie que celle qui défendoit d'avoir deux hérédités [3]. Elle

---

[1] Plutarque, vie de Solon.
[2] *Ibid.*
[3] Philolaüs de Corinthe établit à Athènes que le nombre des

prenoit son origine du partage égal des terres et des portions données à chaque citoyen. La loi n'avoit pas voulu qu'un seul homme eût plusieurs portions [1].

La loi qui ordonnoit que le plus proche parent épousât l'héritière, naissoit d'une source pareille. Elle est donnée chez les Juifs après un pareil partage. Platon [2], qui fonde ses lois sur ce partage, la donne de même; et c'étoit une loi athénienne.

Il y avoit à Athènes une loi dont je ne sache pas que personne ait connu l'esprit. Il étoit permis d'épouser sa sœur consanguine, et non pas sa sœur utérine [3]. Cet usage tiroit son origine des républiques, dont l'esprit étoit de ne pas mettre sur la même tête deux portions de fonds de terre, et par conséquent deux hérédités. Quand un homme épousoit sa sœur du côté du père, il ne pouvoit avoir qu'une hérédité, qui étoit celle de son père; mais, quand il épousoit sa sœur utérine,

portions de terre et celui des hérédités seroit toujours le même. Aristote, Polit., liv. II, chap. xii.

[1] Voilà bien de la peine que se donnent les législateurs pour maintenir l'égalité; et Montesquieu, pour chercher les motifs et l'utilité momentanée de ces lois. H.

[2] Républ., liv. VIII.

[3] *Cornelius Nepos, in præfat.* Cet usage étoit des premiers temps. Aussi Abraham dit-il de Sara : *Elle est ma sœur, fille de mon père, et non de ma mère.* Les mêmes raisons avoient fait établir une même loi chez différens peuples.

il pouvoit arriver que le père de cette sœur, n'ayant pas d'enfans mâles, lui laissât sa succession, et que par conséquent son frère, qui l'avoit épousée, en eût deux.

Qu'on ne m'objecte pas ce que dit Philon [1], que, quoique à Athènes on épousât sa sœur consanguine, et non pas sa sœur utérine, on pouvoit à Lacédémone épouser sa sœur utérine, et non pas sa sœur consanguine. Car je trouve dans Strabon [2] que, quand à Lacédémone une sœur épousoit son frère, elle avoit, pour sa dot, la moitié de la portion du frère. Il est clair que cette seconde loi étoit faite pour prévenir les mauvaises suites de la première. Pour empêcher que le bien de la famille de la sœur ne passât dans celle du frère, on donnoit en dot à la sœur la moitié du bien du frère.

Sénèque [3], parlant de Silanus, qui avoit épousé sa sœur, dit qu'à Athènes la permission étoit restreinte, et qu'elle étoit générale à Alexandrie. Dans le gouvernement d'un seul, il n'étoit guère question de maintenir le partage des biens.

Pour maintenir ce partage des terres dans la démocratie, c'étoit une bonne loi que celle qui

---

[1] *De specialibus legibus quæ pertinent ad præcepta decalogi.*

[2] Liv. X.

[3] *Athenis dimidium licet, Alexandriæ totum.* Senec., *de morte Claudii.*

vouloit qu'un père qui avoit plusieurs enfans [1] en choisît un pour succéder à sa portion [2], et donnât les autres en adoption à quelqu'un qui n'eût point d'enfans, afin que le nombre des citoyens pût toujours se maintenir égal à celui des partages.

Phaléas de Chalcédoine [3] avoit imaginé une façon de rendre égales les fortunes dans une république où elles ne l'étoient pas. Il voulait que les riches donnassent des dots aux pauvres [4], et n'en reçussent pas; et que les pauvres reçussent de l'argent pour leurs filles, et n'en donnassent pas. Mais je ne sache point qu'aucune république se soit accommodée d'un réglement pareil. Il met les citoyens sous des conditions dont les différences sont si frappantes, qu'ils haïroient cette égalité même que l'on chercheroit à introduire. Il est bon quelquefois que les lois ne paroissent pas aller si directement au but qu'elles se proposent [5].

Quoique dans la démocratie l'égalité réelle soit l'âme de l'état, cependant elle est si difficile à établir, qu'une exactitude extrême à cet égard ne conviendroit pas toujours. Il suffit que l'on éta-

---

[1] Est-ce qu'il n'y a pas plus d'enfans que de pères? H.

[2] Platon fait une pareille loi, liv. III des Lois.

[3] Aristote, Politique, liv. II, chap. VII.

[4] Est-ce que la bienfaisance peut être l'objet d'une loi? H.

[5] Pourquoi pas, quand elles n'ont pour but que le bonheur des hommes? H.

blisse un cens¹ qui réduise ou fixe les différences à un certain point; après quoi, c'est à des lois particulières à égaliser², pour ainsi dire, les inégalités, par les charges qu'elles imposent aux riches, et le soulagement qu'elles accordent aux pauvres. Il n'y a que les richesses médiocres qui puissent donner ou souffrir ces sortes de compensations; car, pour les fortunes immodérées, tout ce qu'on ne leur accorde pas de puissance et d'honneur, elles le regardent comme une injure.

Toute inégalité dans la démocratie doit être tirée de la nature de la démocratie, et du principe même de l'égalité. Par exemple, on y peut craindre que des gens qui auroient besoin d'un travail continuel pour vivre ne fussent trop appauvris par une magistrature, ou qu'ils n'en négligeassent les fonctions; que des artisans ne s'enorgueillissent; que des affranchis trop nombreux ne devinssent plus puissans que les anciens citoyens. Dans ces cas, l'égalité entre les citoyens³ peut être ôtée

---

¹ Solon fit quatre classes : la première, de ceux qui avoient cinq cents mines de revenu, tant en grains qu'en fruits liquides; la seconde, de ceux qui en avoient trois cents, et pouvoient entretenir un cheval; la troisième, de ceux qui n'en avoient que deux cents; la quatrième, de tous ceux qui vivoient de leurs bras. (Plutarque, *Vie de Solon*.)

² Toutes les lois des anciens législateurs peignent l'inquiétude et l'incertitude de leurs vues. H.

³ Solon exclut des charges tous ceux du quatrième cens.

dans la démocratie pour l'utilité de la démocratie. Mais ce n'est qu'une égalité apparente que l'on ôte : car un homme ruiné par une magistrature seroit dans une pire condition que les autres citoyens ; et ce même homme, qui seroit obligé d'en négliger les fonctions, mettroit les autres citoyens dans une condition pire que la sienne ; et ainsi du reste.

CHAPITRE VI.

Comment les lois doivent entretenir la frugalité dans la démocratie.

Il ne suffit pas, dans une bonne démocratie, que les portions de terre soient égales ; il faut qu'elles soient petites, comme chez les Romains. « A Dieu ne plaise, disoit Curius à ses soldats [1], « qu'un citoyen estime peu de terre ce qui est « suffisant pour nourrir un homme. »

Comme l'égalité des fortunes entretient la frugalité, la frugalité maintient l'égalité des fortunes. Ces choses, quoique différentes, sont telles qu'elles ne peuvent subsister l'une sans l'autre ; chacune

[1] Ils demandoient une plus grande portion de la terre conquise. (Plutarque, Œuvres, morales, vies des anciens rois et capitaines.)

d'elles est la cause et l'effet : si l'une se retire de la démocratie, l'autre la suit toujours.

Il est vrai que, lorsque la démocratie est fondée sur le commerce [1], il peut fort bien arriver que des particuliers y aient de grandes richesses, et que les mœurs n'y soient pas corrompues. C'est que l'esprit de commerce entraîne avec soi celui de frugalité, d'économie, de modération, de travail, de sagesse, de tranquillité, d'ordre et de règle. Ainsi, tandis que cet esprit subsiste, les richesses qu'il produit n'ont aucun mauvais effet. Le mal arrive lorsque l'excès des richesses détruit cet esprit de commerce: on voit tout à coup naître les désordres de l'inégalité, qui ne s'étoient pas encore fait sentir.

Pour maintenir l'esprit de commerce, il faut que les principaux citoyens le fassent eux-mêmes; que cet esprit règne seul, et ne soit point croisé par un autre; que toutes les lois le favorisent; que ces mêmes lois, par leurs dispositions, divisant les fortunes à mesure que le commerce les grossit, mettent chaque citoyen pauvre dans une assez grande aisance pour pouvoir travailler comme les

---

[1] Qu'est-ce qu'une démocratie fondée sur le commerce ? c'est ériger les faits en principes. Les bons effets attribués au commerce ne sont que l'effet de certaines positions. Tyr et Carthage avoient de grands commerçans : voyez leurs mœurs et les suites de leurs richesses. H.

autres, et chaque citoyen riche dans une telle médiocrité qu'il ait besoin de son travail pour conserver ou pour acquérir.

C'est une très-bonne loi dans une république commerçante que celle qui donne à tous les enfans une portion égale dans la succession des pères[1]. Il se trouve par-là que, quelque fortune que le père ait faite, ses enfans, toujours moins riches que lui, sont portés à fuir le luxe, et à travailler comme lui. Je ne parle que des républiques commerçantes[2]; car, pour celles qui ne le sont pas, le législateur a bien d'autres réglemens à faire[3].

Il y avoit, dans la Grèce, deux sortes de républiques : les unes étoient militaires, comme Lacédémone; d'autres étoient commerçantes, comme Athènes. Dans les unes on vouloit que les citoyens fussent oisifs; dans les autres on cherchoit à donner de l'amour pour le travail. Solon fit un crime de l'oisiveté, et voulut que chaque citoyen rendît compte de la manière dont il gagnoit sa vie[4]. En effet, dans une bonne démocratie, où l'on ne doit

---

[1] Ce devroit être une loi naturelle dans tous les gouvernemens. C'est le délire de l'ambition de s'en écarter. H.

[2] Pourquoi cette distinction? H.

[3] On doit y borner beaucoup les dots des femmes *.

* Pourquoi, si le divorce y a lieu? H.

[4] Quiconque ne demande rien aux autres est le maître de ne rien faire, et n'a point de compte à rendre. H.

dépenser que pour le nécessaire, chacun doit l'avoir; car de qui le recevroit-on?

CHAPITRE VII.

Autre moyen de favoriser le principe de la démocratie.

On ne peut pas établir un partage égal des terres dans toutes les démocraties [1]. Il y a des circonstances où un tel arrangement seroit impraticable, dangereux, et choqueroit même la constitution. On n'est pas toujours obligé de prendre les voies extrêmes. Si l'on voit, dans une démocratie, que ce partage, qui doit maintenir les mœurs, n'y convienne pas, il faut avoir recours à d'autres moyens.

Si l'on établit un corps fixe qui soit par lui-même la règle des mœurs [2], un sénat où l'âge, la vertu, la gravité, les services donnent entrée; les sénateurs, exposés à la vue du peuple comme les simulacres des dieux, inspireront des sentimens qui seront portés dans le sein de toutes les familles.

Il faut surtout que ce sénat [3] s'attache aux ins-

---

[1] Pas plus que fixer exactement la même population. H.

[2] Bon pour un temps. H.

[3] C'est supposer que l'action lente des intérêts ne les corrompra jamais. H.

titutions anciennes, et fasse en sorte que le peuple et les magistrats ne s'en départent jamais.

Il y a beaucoup à gagner, en fait de mœurs, à garder les coutumes anciennes [1]. Comme les peuples corrompus font rarement de grandes choses; qu'ils n'ont guère établi de sociétés, fondé de villes, donné de lois; et qu'au contraire ceux qui avoient des mœurs simples et austères ont fait la plupart des établissemens; rappeler les hommes aux maximes anciennes, c'est ordinairement les ramener à la vertu.

De plus, s'il y a eu quelque révolution, et que l'on ait donné à l'état une forme nouvelle, cela n'a guère pu se faire qu'avec des peines et des travaux infinis, et rarement avec l'oisiveté et des mœurs corrompues. Ceux mêmes qui ont fait la révolution ont voulu la faire goûter; et ils n'ont guère pu y réussir que par de bonnes lois [2]. Les institutions anciennes sont donc ordinairement des corrections; et les nouvelles, des abus. Dans le cours d'un long gouvernement, on va au mal par une pente insensible, et on ne remonte au bien que par un effort.

On a douté si les membres du sénat dont nous parlons doivent être à vie, ou choisis pour un

---

[1] Oui, quand elles sont bonnes. H.

[2] C'est plutôt par des lois fondées sur des préjugés ou sur les passions du moment. H.

temps [1]. Sans doute qu'ils doivent être choisis pour la vie, comme cela se pratiquoit à Rome [2], à Lacédémone [3], et à Athènes même. Car il ne faut pas confondre ce qu'on appeloit le sénat à Athènes, qui étoit un corps qui changeoit tous les trois mois, avec l'aréopage, dont les membres étoient établis pour la vie comme des modèles perpétuels.

Maxime générale : dans un sénat fait pour être la règle, et, pour ainsi dire, le dépôt des mœurs, les sénateurs doivent être élus pour la vie; dans un sénat fait pour préparer les affaires, les sénateurs peuvent changer.

L'esprit, dit Aristote, vieillit comme le corps. Cette réflexion n'est bonne qu'à l'égard d'un magistrat unique, et ne peut être appliquée à une assemblée de sénateurs.

Outre l'aréopage, il y avoit à Athènes des gardiens des mœurs, et des gardiens des lois [4]. A

---

[1] Rien ne doit perpétuer l'intérêt de corps joint à l'intérêt de famille. H.

[2] Les magistrats y étoient annuels, et les sénateurs pour la vie.

[3] Lycurgue, dit Xénophon, *de republ.*, *Lacedæm.*, voulut « qu'on élût les sénateurs parmi les vieillards, pour qu'ils ne se « negligeassent pas, même à la fin de la vie : et, en les établissant « juges du courage des jeunes gens, il a rendu la vieillesse de ceux- « là plus honorable que la force de ceux-ci. »

[4] L'aréopage lui-même etoit soumis à la censure.

Lacédémone, tous les vieillards étoient censeurs [1]. A Rome, deux magistrats particuliers avoient la censure. Comme le sénat veille sur le peuple, il faut que des censeurs aient les yeux sur le peuple et sur le sénat. Il faut qu'ils rétablissent dans la république tout ce qui a été corrompu; qu'ils notent la tiédeur, jugent les négligences, et corrigent les fautes, comme les lois punissent les crimes.

La loi romaine qui vouloit que l'accusation de l'adultère fût publique [2] étoit admirable pour maintenir la pureté des mœurs : elle intimidoit les femmes; elle intimidoit aussi ceux qui devoient veiller sur elles.

Rien ne maintient plus les mœurs [3] qu'une extrême subordination des jeunes gens envers les vieillards. Les uns et les autres seront contenus, ceux-là par le respect qu'ils auront pour les vieillards, et ceux-ci par le respect qu'ils auront pour eux-mêmes.

Rien ne donne plus de force aux lois que la subordination extrême des citoyens aux magistrats. « La grande différence que Lycurgue a mise entre

---

[1] Bon pour fonder un séminaire. Il faut une bonne police, mais humaine. H.

[2] Loi pitoyable, où la pudeur seule est offensée, et que le divorce rend inutile. H.

[3] Quand les lois seront simples, les mœurs le seront. H.

« Lacédémone et les autres cités, dit Xénophon [1],
« consiste en ce qu'il a surtout fait que les citoyens
« obéissent aux lois : ils courent lorsque le magis-
« trat les appelle. Mais à Athènes un homme riche
« seroit au désespoir que l'on crût qu'il dépendît
« du magistrat. »

L'autorité paternelle est encore très-utile pour maintenir les mœurs. Nous avons déjà dit que, dans une république, il n'y a pas une force si réprimante que dans les autres gouvernemens. Il faut donc que les lois cherchent à y suppléer : elles le font par l'autorité paternelle.

A Rome, les pères avoient droit de vie et de mort sur leurs enfans [2]. A Lacédémone, chaque père avoit droit de corriger l'enfant d'un autre [3].

La puissance paternelle se perdit à Rome avec la république. Dans les monarchies, où l'on n'a que faire de mœurs si pures, on veut que chacun vive sous la puissance des magistrats.

Les lois de Rome, qui avoient accoutumé les

---

[1] République de Lacédémone.

[2] On peut voir dans l'histoire romaine avec quel avantage pour la république on se servit de cette puissance. Je ne parlerai que du temps de la plus grande corruption. Aulus Fulvius s'étoit mis en chemin pour aller trouver Catilina ; son père le rappela, et le fit mourir. Salluste, *de bello Catil.*, c. XXXIX. Plusieurs autres citoyens firent de même. Dion, liv. XXXVII.

[3] C'est aller au delà du but. H.

jeunes gens à la dépendance, établirent une longue minorité [1]. Peut-être avons-nous eu tort de prendre cet usage : dans une monarchie on n'a pas besoin de tant de contrainte.

Cette même subordination dans la république y pourroit demander que le père restât pendant sa vie le maître des biens de ses enfans, comme il fut réglé à Rome. Mais cela n'est pas de l'esprit de la monarchie.

CHAPITRE VIII.

Comment les lois doivent se rapporter au principe du gouvernement dans l'aristocratie.

Si dans l'aristocratie le peuple est vertueux, on y jouira à peu près du bonheur du gouvernement populaire, et l'état deviendra puissant. Mais, comme il est rare que là où les fortunes des hommes sont si inégales il y ait beaucoup de vertu, il faut que les lois tendent à donner, autant qu'elles peuvent, un esprit de modération, et cherchent à rétablir cette égalité que la constitution de l'état ôte nécessairement.

L'esprit de modération est ce qu'on appelle la

---

[1] Les pères y faisoient les lois. H.

vertu dans l'aristocratie : il y tient la place de l'esprit d'égalité dans l'état populaire.

Si le faste et la splendeur qui environnent les rois font une partie de leur puissance, la modestie et la simplicité des manières font la force des nobles aristocratiques [1]. Quand ils n'affectent aucune distinction, quand ils se confondent avec le peuple, quand ils sont vêtus comme lui, quand ils lui font partager tous leurs plaisirs, il oublie sa foiblesse.

Chaque gouvernement a sa nature et son principe. Il ne faut donc pas que l'aristocratie prenne la nature et le principe de la monarchie; ce qui arriveroit, si les nobles avoient quelques prérogatives personnelles et particulières, distinctes de celles de leur corps. Les priviléges doivent être pour le sénat, et le simple respect pour les sénateurs.

Il y a deux sources principales de désordres dans les états aristocratiques : l'inégalité extrême entre ceux qui gouvernent et ceux qui sont gouvernés; et la même inégalité entre les différens membres du corps qui gouverne. De ces deux iné-

---

[1] De nos jours, les Vénitiens, qui, à bien des égards, se sont conduits très-sagement, décidèrent, sur une dispute entre un noble vénitien et un gentilhomme de terre ferme pour une préséance dans une église, que, hors de Venise, un noble vénitien n'avoit point de prééminence sur un autre citoyen.

galités résultent des haines et des jalousies que les lois doivent prévenir ou arrêter.

La première inégalité se trouve principalement lorsque les priviléges des principaux ne sont honorables que parce qu'ils sont honteux au peuple. Telle fut à Rome la loi qui défendoit aux patriciens de s'unir par mariage aux plébéiens [1]; ce qui n'avoit d'autre effet que de rendre, d'un côté, les patriciens plus superbes, et, de l'autre, plus odieux. Il faut voir les avantages qu'en tirèrent les tribuns dans leurs harangues.

Cette inégalité se trouvera encore, si la condition des citoyens est différente par rapport aux subsides; ce qui arrive de quatre manières : lorsque les nobles se donnent le privilége de n'en point payer; lorsqu'ils font des fraudes pour s'en exempter [2]; lorsqu'ils les appellent à eux, sous prétexte de rétributions ou d'appointemens pour les emplois qu'ils exercent; enfin quand ils rendent le peuple tributaire, et se partagent les impôts qu'ils lèvent sur eux. Ce dernier cas est rare; une aristocratie, en cas pareil, est le plus dur de tous les gouvernemens.

Pendant que Rome inclina vers l'aristocratie,

---

[1] Elle fut mise par les décemvirs dans les deux dernières tables. (Voyez Denys d'Halicarnasse, liv. X.)

[2] Comme dans quelques aristocraties de nos jours. Rien n'affoiblit tant l'état.

elle évita très-bien ces inconvéniens. Les magistrats ne tiroient jamais d'appointemens de leur magistrature. Les principaux de la république furent taxés comme les autres ; ils le furent même plus, et quelquefois ils le furent seuls. Enfin, bien loin de se partager les revenus de l'état, tout ce qu'ils purent tirer du trésor public, tout ce que la fortune leur envoya de richesses, ils le distribuèrent au peuple [1] pour se faire pardonner leurs honneurs [2].

C'est une maxime fondamentale, qu'autant que les distributions faites au peuple ont de pernicieux effets dans la démocratie, autant en ont-elles de bons dans le gouvernement aristocratique. Les premières font perdre l'esprit de citoyen, les autres y ramènent.

Si l'on ne distribue point les revenus au peuple, il faut lui faire voir qu'ils sont bien administrés : les lui montrer, c'est en quelque manière l'en faire jouir. Cette chaîne d'or que l'on tendoit à Venise, les richesses que l'on portoit à Rome dans les triomphes, les trésors que l'on gardoit dans le temple de Saturne, étoient véritablement les richesses du peuple [3].

[1] En tout, l'argent est funeste quand il n'est pas le prix du travail. H.

[2] Voyez, dans Strabon, liv. XIV, comment les Rhodiens se conduisirent à cet égard.

[3] Tout cela n'est qu'un jouet. H.

Il est surtout essentiel, dans l'aristocratie, que les nobles ne lèvent pas les tributs. Le premier ordre de l'état ne s'en mêloit point à Rome : on en chargea le second; et cela même eut dans la suite de grands inconvéniens. Dans une aristocratie où les nobles leveroient les tributs, tous les particuliers seroient à la discrétion des gens d'affaires; il n'y auroit point de tribunal supérieur qui les corrigeât. Ceux d'entre eux préposés pour ôter les abus aimeroient mieux jouir des abus. Les nobles seroient comme les princes des états despotiques, qui confisquent les biens de qui il leur plaît.

Bientôt les profits qu'on y feroit seroient regardés comme un patrimoine que l'avarice étendroit à sa fantaisie. On feroit tomber les fermes; on réduiroit à rien les revenus publics. C'est par-là que quelques états, sans avoir reçu d'échec qu'on puisse remarquer, tombent dans une foiblesse dont les voisins sont surpris, et qui étonne les citoyens mêmes [1].

Il faut que les lois leur défendent aussi le commerce : des marchands si accrédités feroient toutes sortes de monopoles. Le commerce est la profession des gens égaux; et, parmi les états despotiques, les plus misérables sont ceux où le prince est marchand.

---

[1] Il y a bien d'autres causes plus importantes et plus actives. H.

Les lois de Venise ¹ défendent aux nobles le commerce, qui pourroit leur donner, même innocemment, des richesses exorbitantes.

Les lois doivent employer les moyens les plus efficaces pour que les nobles rendent justice au peuple. Si elles n'ont point établi un tribun, il faut qu'elles soient un tribun elles-mêmes.

Toute sorte d'asile contre l'exécution des lois perd l'aristocratie; et la tyrannie en est tout près.

Elles doivent mortifier, dans tous les temps, l'orgueil de la domination. Il faut qu'il y ait, pour un temps ou pour toujours, un magistrat qui fasse trembler les nobles, comme les éphores à Lacédémone, et les inquisiteurs d'état à Venise; magistratures qui ne sont soumises à aucunes formalités. Ce gouvernement a besoin de ressorts bien violens. Une bouche de pierre ² s'ouvre à tout délateur à Venise; vous diriez que c'est celle de la tyrannie ³.

Ces magistratures tyranniques, dans l'aristocratie, ont du rapport à la censure de la démocratie ⁴, qui, par sa nature, n'est pas moins indépendante.

---

¹ Amelot de la Houssaye, du gouvernement de Venise, partie III. La loi Claudia défendoit aux sénateurs d'avoir en mer aucun vaisseau qui tînt plus de quarante muids. Tite-Live, liv. XXI.

² Les délateurs y jettent leurs billets.

³ Des moyen si violens ne l'attestent que trop. H.

⁴ Leur censure est secrète; celle des Romains étoit publique. H.

En effet, les censeurs ne doivent point être recherchés sur les choses qu'ils ont faites pendant leur censure; il faut leur donner de la confiance, jamais du découragement. Les Romains étoient admirables; on pouvoit faire rendre à tous les magistrats [1] raison de leur conduite, excepté aux censeurs [2].

Deux choses sont pernicieuses dans l'aristocratie; la pauvreté extrême des nobles, et leurs richesses exorbitantes. Pour prévenir leur pauvreté, il faut surtout les obliger de bonne heure à payer leurs dettes. Pour modérer leurs richesses, il faut des dispositions sages et insensibles; non pas des confiscations, des lois agraires, des abolitions de dettes, qui font des maux infinis [3].

Les lois doivent ôter le droit d'aînesse entre les nobles [4]; afin que, par le partage continuel des successions, les fortunes se remettent toujours dans l'égalité.

---

[1] Voyez Tite-Live, liv. XLIX. Un censeur ne pouvoit pas même être troublé par un censeur : chacun faisoit sa note, sans prendre l'avis de son collègue; et, quand on fit autrement, la censure fut, pour ainsi dire, renversée.

[2] A Athènes, les logistes, qui faisoient rendre compte à tous les magistrats, ne rendoient point compte eux-mêmes.

[3] Montesquieu a bien raison. Qu'on juge de la sagesse des législateurs grecs et romains qui employoient ces moyens-là. H.

[4] Cela est ainsi établi à Venise. (Amelot de la Houssaye, p. 30 et 31.)

Il ne faut point de substitutions, de retraits lignagers, de majorats, d'adoptions. Tous les moyens inventés pour perpétuer la grandeur des familles dans les états monarchiques [1] ne sauroient être d'usage dans l'aristocratie [2].

Quand les lois ont égalisé les familles il leur reste à maintenir l'union entre elles. Les différends des nobles doivent être promptement décidés : sans cela, les contestations entre les personnes deviennent des contestations entre les familles. Des arbitres peuvent terminer les procès, ou les empêcher de naître.

Enfin il ne faut point que les lois favorisent les distinctions que la vanité met entre les familles, sous prétexte qu'elles sont plus nobles ou plus anciennes : cela doit être mis au rang des petitesses des particuliers.

On n'a qu'à jeter les yeux sur Lacédémone, on verra comment les éphores surent mortifier les foiblesses des rois, celles des grands et celles du peuple [3].

---

[1] Pourquoi des lois absurdes et contraires au droit naturel conviennent-elles aux monarchies ? H.

[2] Il semble que l'objet de quelques aristocraties soit moins de maintenir l'état que ce qu'elles appellent leur noblesse.

[3] Il ne faudroit mortifier personne. H.

CHAPITRE IX.

Comment les lois sont relatives à leur principe dans la monarchie.

L'honneur étant le principe de ce gouvernement [1], les lois doivent s'y rapporter.

Il faut qu'elles y travaillent à soutenir cette noblesse [2], dont l'honneur est pour ainsi dire l'enfant et le père.

Il faut qu'elles la rendent héréditaire ; non pas pour être le terme entre le pouvoir du prince et la foiblesse du peuple, mais le lien de tous les deux [3].

Les substitutions, qui conservent les biens dans les familles, seront très-utiles dans ce gouvernement, quoiqu'elles ne conviennent pas dans les autres.

Le retrait lignager rendra aux familles nobles les terres que la prodigalité d'un parent aura aliénées.

---

[1] Le vrai principe de ce gouvernement, s'il y en a un, est de servir le roi. Après cela, les préjugés placent l'honneur où ils peuvent. H.

[2] Il n'y a de noblesse réelle que celle des places. H.

[3] C'est le lien avec lequel le monarque enchaîne le peuple. H.

Les terres nobles auront des priviléges, comme les personnes. On ne peut pas séparer la dignité du monarque de celle du royaume ; on ne peut guère séparer non plus la dignité du noble de celle de son fief.

Toutes ces prérogatives seront particulières à la noblesse [1], et ne passeront point au peuple, si l'on ne veut choquer le principe du gouvernement, si l'on ne veut diminuer la force de la noblesse et celle du peuple.

Les substitutions gênent le commerce ; le retrait lignager fait une infinité de procès nécessaires ; et tous les fonds du royaume vendus sont au moins, en quelque façon, sans maître pendant un an. Des prérogatives attachées à des fiefs donnent un pouvoir très à charge à ceux qui les souffrent. Ce sont des inconvéniens particuliers de la noblesse, qui disparoissent devant l'utilité générale qu'elle procure [2]. Mais, quand on les communique au peuple, on choque inutilement tous les principes.

On peut, dans les monarchies, permettre de laisser la plus grande partie de ses biens à un seul

---

[1] Tous ces priviléges suivent des principes absurdes des fiefs, et ne conservent même pas les biens dans les familles, et n'enfantent que des abus dans l'ordre social. H.

[2] Oui, si les nobles étoient la nation. H.

de ses enfans [1] : cette permission n'est même bonne que là.

Il faut que les lois favorisent tout le commerce [2] que la constitution de ce gouvernement peut donner, afin que les sujets puissent, sans périr, satisfaire aux besoins toujours renaissans du prince et de sa cour.

Il faut qu'elles mettent un certain ordre dans la manière de lever les tributs, afin qu'elle ne soit pas plus pesante que les charges mêmes.

La pesanteur des charges produit d'abord le travail ; le travail, l'accablement ; l'accablement, l'esprit de paresse.

CHAPITRE X.

De la promptitude de l'exécution dans la monarchie.

LE gouvernement monarchique a un grand avantage sur le républicain : les affaires étant menées par un seul, il y a plus de promptitude dans

---

[1] Pour rendre l'aîné un mauvais sujet, et les cadets des aventuriers. II.

[2] Elle ne le permet qu'au peuple. (Voyez la loi troisième, au code *de comm. et mercatoribus*, qui est pleine de bon sens [*]).

[*] Ce qui a plus de sens, c'est qu'un homme, quel qu'il soit, gagne sa vie comme bon lui semble. II.

l'exécution. Mais, comme cette promptitude pourroit dégénérer en rapidité, les lois y mettront une certaine lenteur. Elles ne doivent pas seulement favoriser la nature de chaque constitution [1], mais encore remédier aux abus qui pourroient résulter de cette même nature.

Le cardinal de Richelieu [2] veut que l'on évite dans les monarchies les épines des compagnies, qui forment des difficultés sur tout. Quand cet homme n'auroit pas eu le despotisme dans le cœur, il l'auroit eu dans la tête.

Les corps qui ont le dépôt des lois n'obéissent jamais mieux que quand ils vont à pas tardifs, et qu'ils apportent dans les affaires du prince cette réflexion [3] qu'on ne peut guère attendre du défaut de lumières de la cour sur les lois de l'état, ni de la précipitation de ses conseils [4].

Que seroit devenue la plus belle monarchie du monde [5], si les magistrats, par leurs lenteurs, par

---

[1] Il faut ajouter, quand elle est bonne. C'est là ce qu'il falloit chercher. H.

[2] Testament politique.

[3] Je n'y vois que routine, préjugés, et l'envie d'être quelque chose. H.

[4] *Barbaris cunctatio servilis; statim exequi regium videtur.* Tacite, Annal., liv. VI, § 32.

[5] Elle seroit soumise à l'Angleterre, ou à la plus ridicule aristocratie. On peut espérer un bon ministre, mais jamais un bon corps de juges. Lisez l'histoire. H.

leurs plaintes, par leurs prières, n'avoient arrêté le cours des vertus mêmes de ses rois, lorsque ces monarques, ne consultant que leur grande âme, auroient voulu récompenser sans mesure des services rendus avec un courage et une fidélité aussi sans mesure.

CHAPITRE XI.

De l'excellence du gouvernement monarchique.

Le gouvernement monarchique a un grand avantage sur le despotique [1]. Comme il est de sa nature qu'il y ait sous le prince plusieurs ordres qui tiennent à la constitution, l'état est plus fixe, la constitution plus inébranlable, la personne de ceux qui gouvernent plus assurée.

Cicéron [2] croit que l'établissement des tribuns [3] de Rome fut le salut de la république. « En effet, « dit-il, la force du peuple qui n'a point de chef « est plus terrible. Un chef sent que l'affaire roule « sur lui, il y pense : mais le peuple, dans son im-

---

[1] C'est qu'il y a plus de lumières et plus de mœurs. H.

[2] Livre III des Lois.

[3] Ils introduisirent un combat du peuple et des patriciens, qui amena le despotisme d'un seul. H.

« pétuosité, ne connoît point le péril où il se jette. »
On peut appliquer cette réflexion à un état despotique, qui est un peuple sans tribuns; et à une monarchie où le peuple a en quelque façon des tribuns.

En effet, on voit partout que, dans les mouvemens du gouvernement despotique, le peuple, mené par lui-même, porte toujours les choses aussi loin qu'elles peuvent aller; tous les désordres qu'il commet sont extrêmes; au lieu que, dans les monarchies, les choses sont très-rarement portées à l'excès. Les chefs craignent pour eux-mêmes; ils ont peur d'être abandonnés; les puissances intermédiaires [1] dépendantes [2] ne veulent pas que le peuple prenne trop le dessus. Il est rare que les ordres de l'état soient entièment corrompus. Le prince tient à ces ordres; et les séditieux, qui n'ont ni la volonté ni l'espérance de renverser l'état, ne peuvent ni ne veulent renverser le prince.

Dans ces circonstances, les gens qui ont de la sagesse et de l'autorité s'entremettent; on prend des tempéramens, on s'arrange, on se corrige, les lois reprennent leur vigueur et se font écouter.

Aussi toutes nos histoires sont-elles pleines de guerres civiles sans révolutions; celles des états

---

[1] Entend-il le clergé, les nobles, ou les parlemens? H.
[2] Voyez ci-dessus la première note de l'auteur, liv. II, chap. IV.

despotiques sont pleines de révolutions sans guerres civiles.

Ceux qui ont écrit l'histoire des guerres civiles de quelques états, ceux mêmes qui les ont fomentées, prouvent assez combien l'autorité que les princes laissent à de certains ordres pour leur service leur doit être peu suspecte, puisque, dans l'égarement même, ils ne soupiroient qu'après les lois et leur devoir, et retardoient la fougue et l'impétuosité des factieux plus qu'ils ne pouvoient la servir [1].

Le cardinal de Richelieu, pensant peut-être [2] qu'il avoit trop avili les ordres de l'état, a recours, pour le soutenir, aux vertus du prince et de ses ministres [3] ; et il exige d'eux tant de choses, qu'en vérité il n'y a qu'un ange qui puisse avoir tant d'attention, tant de lumières, tant de fermeté, tant de connoissances ; et on peut à peine se flatter que, d'ici à la dissolution des monarchies, il puisse y avoir un prince et des ministres pareils.

Comme les peuples qui vivent sous une bonne police sont plus heureux que ceux qui, sans règle et sans chefs, errent dans les forêts; aussi les monarques qui vivent sous les lois fondamentales de

---

[1] Mémoires du cardinal de Retz, et autres histoires.

[2] Richelieu, comme écrivain et comme penseur, étoit médiocre. H.

[3] Testament politique.

leur état sont-ils plus heureux[1] que les princes despotiques qui n'ont rien qui puisse régler le cœur de leurs peuples, ni le leur.

CHAPITRE XII.

Continuation du même sujet.

Qu'on n'aille point chercher de la magnanimité dans les états despotiques; le prince n'y donneroit point une grandeur qu'il n'a pas lui-même : chez lui il n'y a pas de gloire[2].

C'est dans les monarchies que l'on verra autour du prince les sujets recevoir ses rayons; c'est là que chacun, tenant, pour ainsi dire, un plus grand espace, peut exercer ces vertus qui donnent à l'âme, non pas de l'indépendance, mais de la grandeur[3].

---

[1] Ils sont moins tentés d'abuser de leur pourvoir? H.

[2] Pourquoi pas, s'il avoit des lumières? H.

[3] Je n'entends rien de tout cela. Qu'est-ce que de la grandeur sans indépendance? H.

CHAPITRE XIII.

Idée du despotisme.

Quand les sauvages de la Louisiane veulent avoir du fruit, ils coupent l'arbre au pied[1], et cueillent le fruit[2]. Voilà le gouvernement despotique.

CHAPITRE XIV.

Comment les lois sont relatives au principe du gouvernement despotique.

Le gouvernement despotique a pour principe la crainte : mais, à des peuples timides, ignorans, abattus, il ne faut pas beaucoup de lois[3].

Tout y doit rouler sur deux ou trois idées : il n'en faut donc pas de nouvelles. Quand vous instruisez une bête, vous vous donnez bien de garde de lui faire changer de maître, de leçons, et d'allure; vous frappez son cerveau par deux ou trois mouvemens, et pas davantage.

---

[1] Comparaison brillante, mais peu juste; l'arbre meurt, on n'y recueille plus rien, rien du tout. H.

[2] Lettres édifiantes, recueil II, page 315.

[3] Qu'importent les lois d'un pareil gouvernement? H.

Lorsque le prince est enfermé, il ne peut sortir du séjour de la volupté sans désoler tous ceux qui l'y retiennent. Ils ne peuvent souffrir que sa personne et son pouvoir passent en d'autres mains. Il fait donc rarement la guerre en personne, et il n'ose guère la faire par ses lieutenans.

Un prince pareil, accoutumé, dans son palais, à ne trouver aucune résistance, s'indigne de celle qu'on lui fait les armes à la main : il est donc ordinairement conduit par la colère ou par la vengeance. D'ailleurs, il ne peut avoir d'idée de la vraie gloire. Les guerres doivent donc s'y faire dans toute leur fureur naturelle, et le droit des gens y avoir moins d'étendue qu'ailleurs.

Un tel prince a tant de défauts qu'il faudroit craindre d'exposer au grand jour sa stupidité naturelle. Il est caché, et l'on ignore l'état où il se trouve. Par bonheur, les hommes sont tels dans ce pays, qu'ils n'ont besoin que d'un nom qui les gouverne.

Charles XII étant à Bender, trouvant quelque résistance dans le sénat de Suède, écrivit qu'il leur enverroit une de ses bottes pour commander. Cette botte auroit commandé comme un roi despotique.

Si le prince est prisonnier, il est censé être mort; et un autre monte sur le trône. Les traités que fait le prisonnier sont nuls ; son successeur ne les ratifieroit pas. En effet, comme il est les lois, l'état, et le prince, et que, sitôt qu'il n'est plus le prince, il n'est rien, s'il n'étoit pas censé mort, l'état seroit détruit.

Une des choses qui détermina le plus les Turcs à faire leur paix séparée avec Pierre I, fut que les Moscovites dirent au visir qu'en Suède on avoit mis un autre roi sur le trône [1].

La conservation de l'état n'est que la conservation du prince, ou plutôt du palais où il est enfermé. Tout ce qui ne menace pas directement ce palais ou la ville capitale [2], ne fait point d'impression sur des esprits ignorans, orgueilleux, et prévenus; et, quant à l'enchaînement des événemens, ils ne peuvent le suivre, le prévoir, y penser même. La politique, ses ressorts et ses lois, y doivent être bornés; et le gouvernement politique y est aussi simple que le gouvernement civil [3].

Tout se réduit à concilier le gouvernement politique et civil avec le gouvernement domestique, les officiers de l'état avec ceux du sérail.

Un pareil état sera dans la meilleure situation [4]

---

[1] Suite de Puffendorff, *Histoire universelle*, au traité de la Suède, chap. x.

[2] M. d'Argenson, ministre de la guerre, écrivoit aux intendans de Bourgogne et de Moulins : « Il faut se saisir, si l'on peut, de « Mandrin, et au moins l'empêcher de venir à Paris. » H.

[3] Selon M. Chardin, il n'y a point de conseil d'état en Perse.

[4] Il n'est tolérable qu'alors que le despote craint ses voisins. H.

lorsqu'il pourra se regarder comme seul dans le monde : qu'il sera environné de déserts, et séparé des peuples qu'il appellera barbares. Ne pouvant compter sur la milice, il sera bon qu'il détruise une partie de lui-même.

Comme le principe du gouvernement despotique est la crainte, le but en est la tranquillité, mais ce n'est point une paix, c'est le silence de ces villes que l'ennemi est près d'occuper.

La force n'étant pas dans l'état, mais dans l'armée qui l'a fondé, il faudroit, pour défendre l'état, conserver cette armée : mais elle est formidable au prince. Comment donc concilier la sûreté de l'état avec la sûreté de la personne?

Voyez, je vous prie, avec quelle industrie le gouvernement moscovite cherche à sortir du despotisme [1], qui lui est plus pesant qu'aux peuples mêmes. On a cassé les grands corps de troupes, on a diminué les peines des crimes, on a établi des tribunaux, on a commencé à connoître les lois, on a instruit les peuples. Mais il y a des causes particulières, qui le ramèneront peut-être au malheur qu'il vouloit fuir.

Dans ces états, la religion a plus d'influence que dans aucun autre [2]; elle est une crainte ajoutée à

---

[1] C'est comme les hommes ordinaires qui voudroient jouir des avantages du vice et de la vertu à la fois. H.

[2] Elle en a beaucoup sur les ignorans. H.

la crainte. Dans les empires mahométans, c'est de la religion que les peuples tirent en partie le respect étonnant qu'ils ont pour leur prince.

C'est la religion qui corrige un peu la constitution turque. Les sujets, qui ne sont pas attachés à la gloire et à la grandeur de l'état par honneur, le sont par la force et par le principe de la religion.

De tous les gouvernemens despotiques, il n'y en a point qui s'accable plus lui-même que celui où le prince se déclare propriétaire de tous les fonds de terre, et l'héritier de tous ses sujets : il en résulte toujours l'abandon de la culture des terres ; et, si d'ailleurs le prince est marchand, toute espèce d'industrie est ruinée.

Dans ces états, on ne répare, on n'améliore rien [1] : on ne bâtit des maisons que pour la vie ; on ne fait point de fossés, on ne plante point d'arbres ; on tire tout de la terre, on ne lui rend rien ; tout est en friche, tout est désert.

Pensez-vous que des lois qui ôtent la propriété des fonds de terre et la succession des biens, diminueront l'avarice et la cupidité des grands? Non : elles irriteront cette cupidité et cette avarice [2]. On sera porté à faire mille vexations, parce

---

[1] Voyez Ricaut, État de l'empire ottoman, p. 196.

[2] Celui qui est propriétaire avec sûreté, est naturellement généreux, parce qu'il compte sur l'avenir. H.

qu'on ne croira avoir en propre que l'or ou l'argent que l'on pourra voler ou cacher.

Pour que tout ne soit pas perdu, il est bon que l'avidité du prince soit modérée par quelque coutume. Ainsi, en Turquie, le prince [1] se contente ordinairement de prendre trois pour cent sur les successions [2] des gens du peuple. Mais, comme le grand-seigneur donne la plupart des terres à sa milice, et en dispose à sa fantaisie; comme il se saisit de toutes les successions des officiers de l'empire; comme, lorsqu'un homme meurt sans enfans mâles, le grand-seigneur a la propriété, et que les filles n'ont que l'usufruit, il arrive que la plupart des biens de l'état sont possédés d'une manière précaire.

Par la loi de Bantam [3], le roi prend la succession, même la femme, les enfans, et la maison. On est obligé, pour éluder la plus cruelle disposition de cette loi, de marier les enfans à huit, neuf, ou dix ans, et quelquefois plus jeunes, afin qu'ils ne se trouvent pas faire une malheureuse partie de la succession du père.

[1] Il est plus modéré que beaucoup de souverains d'Europe. H.

[2] Voyez, sur les successions des Turcs, Lacédémone ancienne et moderne. Voyez aussi Ricaut, de l'empire ottoman.

[3] Recueil des voyages qui ont servi à l'établissement de la compagnie des Indes, tome Ier. La loi de Pégu est moins cruelle : si l'on a des enfans, le roi ne succède qu'aux deux tiers. Ibid., tome III, page 1.

Dans les états où il n'y a point de loi fondamentale, la succession à l'empire ne sauroit être fixe. La couronne y est élective par le prince, dans sa famille ou hors de sa famille. En vain seroit-il établi que l'aîné succéderoit; le prince en pourroit toujours choisir un autre. Le successeur est déclaré par le prince lui-même, ou par ses ministres, ou par une guerre civile. Ainsi cet état a une raison de dissolution de plus qu'une monarchie.

Chaque prince de la famille royale ayant une égale capacité pour être élu, il arrive que celui qui monte sur le trône fait d'abord étrangler ses frères, comme en Turquie; ou les fait aveugler, comme en Perse; ou les rend fous, comme chez le Mogol; ou, si l'on ne prend point ces précautions, comme à Maroc, chaque vacance de trône est suivie d'une affreuse guerre civile.

Par les constitutions de Moscovie [1], le czar peut choisir qui il veut pour son successeur, soit dans sa famille, soit hors de sa famille. Un tel établissement de succession cause mille révolutions, et rend le trône aussi chancelant que la succession est arbitraire. L'ordre de succession étant une des choses qu'il importe le plus au peuple de savoir, le meilleur est celui qui frappe le plus les yeux, comme la naissance et un certain ordre de nais-

---

[1] Voyez les différentes constitutions, surtout celle de 1722.

sance. Une telle disposition arrête les brigues, étouffe l'ambition; on ne captive plus l'esprit d'un prince foible, et l'on ne fait point parler les mourans.

Lorsque la succession est établie par une loi fondamentale, un seul prince est le successeur, et ses frères n'ont aucun droit réel ou apparent de lui disputer la couronne. On ne peut présumer ni faire valoir une volonté particulière du père. Il n'est donc pas plus question d'arrêter ou de faire mourir le frère du roi, que quelque autre sujet que ce soit.

Mais, dans les états despotiques, où les frères du prince sont également ses esclaves et ses rivaux, la prudence veut que l'on s'assure de leurs personnes, surtout dans les pays mahométans, où la religion regarde la victoire ou le succès comme un jugement de Dieu; de sorte que personne n'y est souverain de droit, mais seulement de fait.

L'ambition est bien plus irritée dans des états où des princes du sang voient que, s'ils ne montent pas sur le trône, ils seront enfermés ou mis à mort, que parmi nous, où les princes du sang jouissent d'une condition qui, si elle n'est pas si satisfaisante pour l'ambition, l'est peut-être plus pour les désirs modérés.

Les princes des états despotiques ont toujours

abusé du mariage [1]. Ils prennent ordinairement plusieurs femmes, surtout dans la partie du monde où le despotisme est pour ainsi dire naturalisé, qui est l'Asie. Ils en ont tant d'enfans, qu'ils ne peuvent guère avoir d'affection pour eux, ni ceux-ci pour leurs frères.

La famille régnante ressemble à l'état: elle est trop foible, et son chef est trop fort; elle paraît étendue, et elle se réduit à rien. Artaxerxès [2] fit mourir tous ses enfans pour avoir conjuré contre lui. Il n'est pas vraisemblable que cinquante enfans conspirent contre leur père; et encore moins qu'ils conspirent parce qu'il n'a pas voulu céder sa concubine à son fils aîné. Il est plus simple de croire qu'il y a là quelque intrigue de ces sérails d'Orient, de ces lieux où l'artifice, la méchanceté, la ruse, règnent dans le silence, et se couvrent d'une épaisse nuit; où un vieux prince, devenu tous les jours plus imbécile, est le premier prisonnier du palais.

Après tout ce que nous venons de dire, il sembleroit que la nature humaine se soulèveroit sans cesse contre le gouvernement despotique; mais, malgré l'amour des hommes pour la liberté, malgré leur haine contre la violence, la plupart des

---

[1] La polygamie de fait est le partage des puissans. Ce n'est pas le despotisme, c'est la corruption qui le produit. H.

[2] Voyez Justin, liv. X, chap. 1 et 11.

peuples y sont soumis : cela est aisé à comprendre. Pour former un gouvernement modéré, il faut combiner les puissances, les régler, les tempérer, les faire agir; donner, pour ainsi dire, un lest à l'une pour la mettre en état de résister à une autre : c'est un chef-d'œuvre de législation que le hasard fait rarement, et que rarement on laisse faire à la prudence. Un gouvernement despotique, au contraire, saute, pour ainsi dire, aux yeux; il est uniforme partout : comme il ne faut que des passions pour l'établir, tout le monde est bon pour cela.

CHAPITRE XV.

Continuation du même sujet.

Dans les climats chauds, où règne ordinairement le despotisme, les passions se font plus tôt sentir, et elles sont aussi plus tôt amorties [1]; l'esprit y est plus avancé; les périls de la dissipation des biens y sont moins grands; il y a moins de facilité de se distinguer, moins de commerce entre les jeunes gens renfermés dans la maison; on s'y marie de meilleure heure : on y peut donc être

[1] Voyez le livre (XIV) des Lois, dans le rapport avec la nature du climat.

majeur plus tôt que dans nos climats d'Europe. En Turquie, la majorité commence à quinze ans [1].

La cession de biens n'y peut avoir lieu. Dans un gouvernement où personne n'a de fortune assurée, on prête plus à la personne qu'aux biens.

Elle entre naturellement dans les gouvernemens modérés [2], et surtout dans les républiques, à cause de la plus grande confiance que l'on doit avoir dans la probité des citoyens, et de la douceur que doit inspirer une forme de gouvernement que chacun semble s'être donnée lui-même.

Si dans la république romaine les législateurs avoient établi la cession de biens [3], on ne seroit pas tombé dans tant de séditions et de discordes civiles, et on n'auroit point essuyé les dangers des maux, ni les périls des remèdes.

La pauvreté et l'incertitude des fortunes, dans les états despotiques, y naturalisent l'usure, chacun augmentant le prix de son argent à proportion du péril qu'il y a à le prêter. La misère vient donc de toutes parts dans ces pays malheureux ; tout y est ôté, jusqu'à la ressource des emprunts.

---

[1] La Guilletière, *Lacédémone ancienne et nouvelle*, pag. 463.

[2] Il en est de même des atermoiemens dans les banqueroutes de bonne foi.

[3] Elle ne fut établie que par la loi Julia, *de cessione bonorum*. On évitoit la prison, et la cession de biens n'étoit pas ignominieuse. *Cod.*, liv. II, tit. XII.

Il arrive de là qu'un marchand n'y sauroit faire un grand commerce; il vit au jour la journée : s'il se chargeoit de beaucoup de marchandises, il perdroit plus par les intérêts qu'il donneroit pour les payer qu'il ne gagneroit sur les marchandises. Aussi les lois sur le commerce n'y ont-elles guère de lieu ; elles se réduisent à la simple police.

Le gouvernement ne sauroit être injuste, sans avoir des mains qui exercent ses injustices : or il est impossible que ces mains ne s'emploient pour elles-mêmes. Le péculat est donc naturel dans les états despotiques.

Ce crime y étant le crime ordinaire, les confiscations y sont utiles. Par-là on console le peuple ; l'argent qu'on en tire est un tribut considérable, que le prince léveroit difficilement sur des sujets abîmés : il n'y a même dans ce pays aucune famille qu'on y veuille conserver.

Dans les états modérés, c'est tout autre chose. Les confiscations rendroient la propriété des biens incertaine; elles dépouilleroient des enfans innocens; elles détruiroient une famille, lorsqu'il ne s'agiroit que de punir un coupable. Dans les républiques, elles feroient le mal d'ôter l'égalité qui en fait l'âme, en privant un citoyen de son nécessaire physique [1].

[1] Il me semble qu'on aimoit trop les confiscations dans la république d'Athènes.

Une loi romaine veut [1] qu'on ne confisque que dans le cas du crime de lèse-majesté au premier chef [2]. Il seroit souvent très-sage de suivre l'esprit de cette loi, et de borner les confiscations à de certains crimes. Dans les pays où une coutume locale a disposé des propres, Bodin [3] dit très-bien qu'il ne faudroit confisquer que les acquêts.

CHAPITRE XVI.

De la communication du pouvoir.

Dans le gouvernement despotique, le pouvoir passe tout entier dans les mains de celui à qui on le confie. Le visir est le despote lui-même et chaque officier particulier est le visir. Dans le gouvernement monarchique, le pouvoir s'applique moins immédiatement; le monarque, en le donnant, le tempère [4]. Il fait une telle distribution de

---

[1] Authent. *Bona damnatorum.* Cod. *de bon. proscript. seu damn.*

[2] L'histoire prouve qu'il n'est aucune espèce de gouvernement où l'appât des confiscations n'ait mis en danger la vie des meilleurs citoyens. Les admettre pour quelque crime que ce soit, c'est créer des tyrans pour enrichir des délateurs. H.

[3] Livre V, chapitre III.

[4] Ut esse Phœbi dulcius lumen solet
 Jamjam cadentis.....

son autorité, qu'il n'en donne jamais une partie qu'il n'en retienne une plus grande.

Ainsi, dans les états monarchiques, les gouverneurs particuliers des villes ne relèvent pas tellement du gouverneur de la province, qu'ils ne relèvent du prince encore davantage; et les officiers particuliers des corps militaires ne dépendent pas tellement du général, qu'ils ne dépendent du prince encore plus.

Dans la plupart des états monarchiques, on a sagement établi que ceux qui ont un commandement un peu étendu ne soient attachés à aucun corps de milice; de sorte que, n'ayant de commandement que par une volonté particulière du prince, pouvant être employés et ne l'être pas, ils sont en quelque façon dans le service, et en quelque façon dehors.

Ceci est incompatible avec le gouvernement despotique. Car, si ceux qui n'ont pas un emploi actuel avoient néanmoins des prérogatives et des titres, il y auroit dans l'état des hommes grands par eux-mêmes; ce qui choqueroit la nature de ce gouvernement.

Que si le gouverneur d'une ville étoit indépendant du bacha, il faudroit tous les jours des tempéramens pour les accommoder; chose absurde dans un gouvernement despotique. Et, de plus, le gouverneur particulier pouvant ne pas obéir, comment l'autre pourroit-il répondre de sa province sur sa tête?

Dans ce gouvernement, l'autorité ne peut être balancée : celle du moindre magistrat ne l'est pas plus que celle du despote. Dans les pays modérés, la loi est partout sage, elle est partout connue, et les plus petits magistrats peuvent la suivre. Mais dans le despotisme, où la loi n'est que la volonté du prince, quand le prince seroit sage, comment un magistrat pourroit-il suivre une volonté qu'il ne connoît pas ? Il faut qu'il suive la sienne.

Il y a plus; c'est que la loi n'étant que ce que le prince veut, et le prince ne pouvant vouloir que ce qu'il connoît, il faut bien qu'il y ait une infinité de gens qui veuillent pour lui et comme lui.

Enfin, la loi étant la volonté momentanée du prince, il est nécessaire que ceux qui veulent pour lui veuillent subitement comme lui.

CHAPITRE XVII.

Des présens.

C'est un usage dans les pays despotiques que l'on n'aborde qui que ce soit au-dessus de soi sans lui faire un présent, pas même les rois. L'empereur du Mogol [1] ne reçoit point les requêtes de ses sujets qu'il n'en ait reçu quelque chose. Ces princes vont jusqu'à corrompre leurs propres grâces.

Cela doit être ainsi dans un gouvernement où personne n'est citoyen; dans un gouvernement où l'on est plein de l'idée que le supérieur ne doit rien à l'inférieur; dans un gouvernement où les hommes ne se croient liés que par les châtimens que les uns exercent sur les autres; dans un gouvernement où il y a peu d'affaires, et où il est rare que l'on ait besoin de se présenter devant un grand, de lui faire des demandes, et encore moins des plaintes.

Dans une république, les présens sont une chose odieuse, parce que la vertu n'en a pas besoin. Dans une monarchie, l'honneur est un motif plus fort que les présens. Mais, dans l'état despotique, où il n'y a ni honneur ni vertu, on ne peut être déterminé à agir que par l'espérance des commodités de la vie.

C'est dans les idées de la république que Platon [2] vouloit que ceux qui reçoivent des présens pour faire leur devoir fussent punis de mort. *Il n'en*

---

[1] Recueil des voyages qui ont servi à l'établissement de la compagnie des Indes, tome I, page 80.

[2] Livre XII des Lois.

faut prendre, disoit-il, *ni pour les choses bonnes, ni pour les mauvaises.*

C'étoit une mauvaise loi que cette loi romaine [1] qui permettoit aux magistrats de prendre de petits présens [2], pourvu qu'ils ne passassent pas cent écus dans toute l'année. Ceux à qui on ne donne rien ne désirent rien; ceux à qui on donne un peu désirent bientôt un peu plus, et ensuite beaucoup. D'ailleurs, il est plus aisé de convaincre celui qui, ne devant rien prendre, prend quelque chose, que celui qui prend plus, lorsqu'il devroit prendre moins, et qui trouve toujours pour cela des prétextes, des excuses, des causes, et des raisons plausibles.

CHAPITRE XVIII.

Des récompenses que le souverain donne.

Dans les gouvernemens despotiques, où, comme nous avons dit, on n'est déterminé à agir que par l'espérance des commodités de la vie, le prince qui récompense n'a que de l'argent à donner. Dans une monarchie, où l'honneur règne seul,

---

[1] Leg. 6, § 2, dig. *ad leg. Jul. repet.*
[2] *Munuscula.*

le prince ne récompenseroit que par des distinctions, si les distinctions que l'honneur établit n'étoient jointes à un luxe qui donne nécessairement des besoins : le prince y récompense donc par des honneurs qui mènent à la fortune. Mais, dans une république, où la vertu règne, motif qui se suffit à lui-même et qui exclut tous les autres, l'état ne récompense que par des témoignages de cette vertu.

C'est une règle générale, que les grandes récompenses, dans une monarchie et dans une république, sont un signe de leur décadence, parce qu'elles prouvent que leurs principes sont corrompus ; que, d'un côté, l'idée de l'honneur n'y a plus tant de force; que, de l'autre, la qualité de citoyen s'est affoiblie.

Les plus mauvais empereurs romains ont été ceux qui ont le plus donné; par exemple, Caligula, Claude, Néron, Othon, Vitellius, Commode, Héliogabale et Caracalla. Les meilleurs, comme Auguste, Vespasien, Antonin Pie, Marc Aurèle et Pertinax, ont été économes. Sous les bons empereurs, l'état reprenoit ses principes : le trésor de l'honneur suppléoit aux autres trésors.

CHAPITRE XIX.

Nouvelles conséquences des principes des trois gouvernemens.

Je ne puis me résoudre à finir ce livre sans faire encore quelques applications de mes trois principes.

Première question. Les lois doivent-elles forcer un citoyen à accepter les emplois publics? Je dis qu'elles le doivent dans le gouvernement républicain, et non pas dans le monarchique. Dans le premier, les magistratures sont des témoignages de vertu, des dépôts que la patrie confie à un citoyen, qui ne doit vivre, agir et penser que pour elle : il ne peut donc pas les refuser [1]. Dans le second, les magistratures sont des témoignages d'honneur : or, telle est la bizarrerie de l'honneur, qu'il se plaît à n'en accepter aucun que quand il veut, et de la manière qu'il veut.

Le feu roi de Sardaigne [2] punissoit ceux qui

---

[1] Platon, dans sa République, liv. VIII, met ces refus au nombre des marques de la corruption de la république. Dans ses Lois, liv. VI, il veut qu'on les punisse par une amende. A Venise, on les punit par l'exil.

[2] Victor Amédée.

refusoient les dignités et les emplois de son état. Il suivoit, sans le savoir, des idées républicaines. Sa manière de gouverner d'ailleurs prouve assez que ce n'étoit pas son intention.

SECONDE QUESTION. Est-ce une bonne maxime, qu'un citoyen puisse être obligé d'accepter, dans l'armée, une place inférieure à celle qu'il a occupée? On voyoit souvent, chez les Romains, le capitaine servir, l'année d'après, sous son lieutenant[1]. C'est que, dans les républiques, la vertu demande qu'on fasse à l'état un sacrifice continuel de soi-même et de ses répugnances. Mais, dans les monarchies, l'honneur, vrai ou faux, ne peut souffrir ce qu'il appelle se dégrader.

Dans les gouvernemens despotiques, où l'on abuse également de l'honneur, des postes et des rangs, on fait indifféremment d'un prince un goujat, et d'un goujat un prince.

TROISIÈME QUESTION. Mettra-t-on sur une même tête les emplois civils et militaires? Il faut les unir dans la république, et les séparer dans la monarchie. Dans les républiques, il seroit bien dangereux de faire de la profession des armes un état particulier, distingué de celui qui a les fonctions

---

[1] Quelques centurions ayant appelé au peuple, pour demander l'emploi qu'ils avoient eu : « Il est juste, mes compagnons, dit un « centurion, que vous regardiez comme honorables tous les postes « où vous défendrez la république. » Tite-Live, liv. XLII.

civiles; et, dans les monarchies, il n'y auroit pas moins de péril à donner les deux fonctions à la même personne.

On ne prend les armes, dans la république, qu'en qualité de défenseur des lois et de la patrie : c'est parce que l'on est citoyen qu'on se fait, pour un temps, soldat. S'il y avoit deux états distingués, on feroit sentir à celui qui, sous les armes, se croit citoyen, qu'il n'est que soldat.

Dans les monarchies, les gens de guerre n'ont pour objet que la gloire, ou du moins l'honneur ou la fortune. On doit bien se garder de donner les emplois civils à des hommes pareils : il faut, au contraire, qu'ils soient contenus par les magistrats civils; et que les mêmes gens n'aient pas en même temps la confiance du peuple, et la force pour en abuser [1].

Voyez, dans une nation où la république se cache sous la forme de la monarchie, combien l'on craint un état particulier de gens de guerre, et comment le guerrier reste toujours citoyen, ou même magistrat, afin que ces qualités soient un gage pour la patrie, et qu'on ne l'oublie jamais.

Cette division de magistratures en civiles et militaires, faite par les Romains après la perte de la

---

[1] *Ne imperium ad optimos nobilium transferretur, senatum militiá vetuit Gallienus; etiam adire exercitum.* Aurelius Victor, *de viris illustribus.*

république, ne fut pas une chose arbitraire; elle fut une suite du changement de la constitution de Rome : elle étoit de la nature du gouvernement monarchique; et ce qui ne fut que commencé sous Auguste [1], les empereurs suivans [2] furent obligés de l'achever, pour tempérer le gouvernement militaire.

Ainsi Procope, concurrent de Valens à l'empire, n'y entendoit rien, lorsque, donnant à Hormisdas, prince du sang royal de Perse, la dignité de proconsul [3], il rendit à cette magistrature le commandement des armées, qu'elle avoit autrefois; à moins qu'il n'eût des raisons particulières. Un homme qui aspire à la souveraineté cherche moins ce qui est utile à l'état que ce qui l'est à sa cause.

Quatrième question. Convient-il que les charges soient vénales? Elles ne doivent pas l'être dans les états despotiques, où il faut que les sujets soient placés ou déplacés dans un instant par le prince.

Cette vénalité est bonne dans les états monarchiques, parce qu'elle fait faire, comme un métier de famille, ce qu'on ne voudroit pas entreprendre pour la vertu; qu'elle destine chacun à

---

[1] Auguste ôta aux sénateurs, proconsuls et gouverneurs, le droit de porter les armes. Dion, liv. XXXIII.

[2] Constantin. Voyez Zozime, liv. II.

[3] Ammian Marcellin. *Et civilia more veterum et bella recturo*, liv. XXVI, page 515.

son devoir, et rend les ordres de l'état plus permanens. Suidas[1] dit très-bien qu'Anastase avoit fait de l'empire une espèce d'aristocratie, en vendant toutes les magistratures.

Platon[2] ne peut souffrir cette vénalité. « C'est, « dit-il, comme si, dans un navire, on faisoit « quelqu'un pilote ou matelot pour son argent. « Seroit-il possible que la règle fût mauvaise dans « quelque autre emploi que ce fût de la vie, et « bonne seulement pour conduire une républi- « que? » Mais Platon parle d'une république fondée sur la vertu, et nous parlons d'une monarchie. Or, dans une monarchie où, quand les charges ne se vendroient pas par un réglement public, l'indigence et l'avidité des courtisans les vendroient tout de même, le hasard donnera de meilleurs sujets que le choix du prince. Enfin, la manière de s'avancer par les richesses inspire et entretient l'industrie[3]; chose dont cette espèce de gouvernement a grand besoin.

CINQUIÈME QUESTION. Dans quel gouvernement faut-il des censeurs? Il en faut dans une république, où le principe du gouvernement est la vertu. Ce ne sont pas seulement les crimes qui détruisent la vertu; mais encore les négligences, les fautes,

---

[1] Fragmens tirés des ambassades de Constantin Porphyrogénète.
[2] République, liv. VIII.
[3] Paresse de l'Espagne; on y donne tous les emplois.

une certaine tiédeur dans l'amour de la patrie, des exemples dangereux, des semences de corruption; ce qui ne choque point les lois, mais les élude; ce qui ne les détruit pas, mais les affoiblit: tout cela doit être corrigé par les censeurs [1].

On est étonné de la punition de cet aréopagite qui avoit tué un moineau qui, poursuivi par un épervier, s'étoit réfugié dans son sein. On est surpris que l'aréopage ait fait mourir un enfant qui avoit crevé les yeux à son oiseau [2]. Qu'on fasse attention qu'il ne s'agit point là d'une condamnation pour crime, mais d'un jugement de mœurs dans une république fondée sur les mœurs.

Dans les monarchies, il ne faut point de censeurs; elles sont fondées sur l'honneur; et la nature de l'honneur est d'avoir pour censeur tout l'univers. Tout homme qui y manque est soumis aux reproches de ceux mêmes qui n'en ont point.

Là, les censeurs seroient gâtés par ceux mêmes qu'ils devroient corriger. Ils ne seroient pas bons contre la corruption d'une monarchie; mais la corruption d'une monarchie seroit trop forte contre eux.

On sent bien qu'il ne faut point de censeurs

---

[1] Oui, mais surtout avec un tribunal qui les dirige. H.

[2] Cela est fou et injuste. H.

dans les gouvernemens despotiques. L'exemple de la Chine semble déroger à cette règle : mais nous verrons, dans la suite de cet ouvrage, les raisons singulières de cet établissement.

LIVRE VI.

CONSÉQUENCES DES PRINCIPES DES DIVERS GOUVERNEMENS, PAR RAPPORT A LA SIMPLICITÉ DES LOIS CIVILES ET CRIMINELLES, LA FORME DES JUGEMENS, ET L'ÉTABLISSEMENT DES PEINES.

CHAPITRE I.

De la simplicité des lois civiles dans les divers gouvernemens.

Le gouvernement monarchique ne comporte pas des lois aussi simples que le despotique[1]. Il y faut des tribunaux. Ces tribunaux donnent des décisions. Elles doivent être conservées; elles doivent être apprises, pour que l'on y juge aujourd'hui comme l'on y jugea hier, et que la propriété et la vie des citoyens y soient assurées et fixes comme la constitution même de l'état.

Dans une monarchie, l'administration d'une justice qui ne décide pas seulement de la vie et

---

[1] Il ne faut nulle part de l'arbitraire; mais il faut partout des lois simples, et en faire le moins qu'il est possible. H.

des biens, mais aussi de l'honneur, demande des recherches scrupuleuses. La délicatesse du juge augmente à mesure qu'il a un plus grand dépôt, et qu'il prononce sur de plus grands intérêts.

Il ne faut donc pas être étonné de trouver dans les lois de ces états tant de règles, de restrictions, d'extensions, qui multiplient les cas particuliers, et semblent faire un art de la raison même.

La différence de rang, d'origine, de condition, qui est établie dans le gouvernement monarchique, entraîne souvent des distinctions dans la nature des biens; et des lois relatives à la constitution de cet état peuvent augmenter le nombre de ces distinctions. Ainsi, parmi nous, les biens sont propres, acquêts ou conquêts; dotaux, paraphernaux; paternels et maternels; meubles de plusieurs espèces; libres, substitués; du lignage, ou non; nobles en franc-alleu, ou roturiers; rentes foncières ou constituées à prix d'argent. Chaque sorte de biens est soumise à des règles particulières; il faut les suivre pour en disposer; ce qui ôte encore de la simplicité.

Dans nos gouvernemens les fiefs sont devenus héréditaires. Il a fallu que la noblesse eût une certaine consistance[1], afin que le propriétaire du fief fût en état de servir le prince. Cela a dû produire

---

[1] Il y a long-temps que le noble n'est plus qu'un simple mercenaire, depuis le prince jusqu'au goujat. H.

bien des variétés : par exemple, il y a des pays où l'on a pu partager les fiefs entre les frères ; dans d'autres, les cadets ont pu avoir leur subsistance avec plus d'étendue.

Le monarque, qui connoît chacune de ses provinces, peut établir diverses lois, ou souffrir différentes coutumes. Mais le despote ne connoît rien, et ne peut avoir d'attention sur rien ; il lui faut une allure générale ; il gouverne par une volonté rigide qui est partout la même ; tout s'aplanit sous ses pieds.

A mesure que les jugemens des tribunaux se multiplient dans les monarchies, la jurisprudence se charge de décisions qui quelquefois se contredisent, ou parce que les juges qui se succèdent pensent différemment, ou parce que les mêmes affaires sont tantôt bien, tantôt mal défendues, ou enfin par une infinité d'abus qui se glissent dans tout ce qui passe par la main des hommes. C'est un mal nécessaire [1] que le législateur corrige de temps en temps, comme contraire même à l'esprit des gouvernemens modérés. Car, quand on est obligé de recourir aux tribunaux, il faut que cela vienne de la nature de la constitution, et non pas des contradictions et de l'incertitude des lois.

Dans les gouvernemens où il y a nécessairement

---

[1] Est-il nécessaire de laisser subsister ce qui est évidemment absurde et contradictoire ? H.

des distinctions dans les personnes, il faut qu'il y ait des priviléges[1]. Cela diminue encore la simplicité, et fait mille exceptions.

Un des priviléges le moins à charge à la société[2], et surtout à celui qui le donne, c'est de plaider devant un tribunal plutôt que devant un autre. Voilà de nouvelles affaires; c'est-à-dire celles où il s'agit de savoir devant quel tribunal il faut plaider.

Les peuples des états despotiques sont dans un cas bien différent[3]. Je ne sais sur quoi, dans ces pays, le législateur pourroit statuer, ou le magistrat juger. Il suit de ce que les terres appartiennent au prince, qu'il n'y a presque point de lois civiles sur la propriété des terres[4]. Il suit du droit que le souverain a de succéder qu'il n'y en a pas non plus sur les successions. Le négoce exclusif qu'il fait dans quelques pays rend inutiles toutes sortes de lois sur le commerce. Les mariages que l'on y contracte avec des filles esclaves font qu'il n'y a guère de lois civiles sur les dots et sur les avantages des femmes. Il résulte encore de cette prodigieuse multitude d'esclaves qu'il n'y a presque point de gens qui aient une volonté propre,

---

[1] Pourquoi encore des priviléges? H.

[2] C'est un moyen de plus de fatiguer les foibles. H.

[3] C'est l'autre extrémité du mal. H.

[4] Il y a au moins des coutumes. H.

et qui par conséquent doivent répondre de leur conduite devant un juge. La plupart des actions morales, qui ne sont que les volontés du père, du mari, du maître, se règlent par eux, et non par les magistrats.

J'oubliois de dire que ce que nous appelons l'honneur étant à peine connu dans ces états, toutes les affaires qui regardent cet honneur, qui est un si grand chapitre parmi nous, n'y ont point de lieu. Le despotisme se suffit à lui-même; tout est vide autour de lui. Aussi, lorsque les voyageurs nous décrivent les pays où il règne, rarement nous parlent-ils de lois civiles [1].

Toutes les occasions de dispute et de procès y sont donc ôtées. C'est ce qui fait en partie qu'on y maltraite si fort les plaideurs : l'injustice de leur demande paroît à découvert, n'étant pas cachée, palliée ou protégée par une infinité de lois [2].

---

[1] Au Mazulipatan, on n'a pu découvrir qu'il y eût de loi écrite. (Voyez le Recueil des voyages qui ont servi à l'établissement de la compagnie des Indes, t. IV, partie première, pag. 391.) Les Indiens ne se règlent, dans les jugemens, que sur de certaines coutumes. Le Vedam et autres livres pareils ne contiennent point de lois civiles, mais des préceptes religieux. Voyez Lettres édifiantes, quatorzième recueil.

[2] Il falloit ajouter, *et de formes plus compliquées que les lois.* H.

CHAPITRE II.

De la simplicité des lois criminelles dans les divers gouvernemens.

On entend dire sans cesse qu'il faudroit que la justice fût rendue partout comme en Turquie. Il n'y aura donc que les plus ignorans de tous les peuples [1] qui auront vu clair dans la chose du monde qu'il importe le plus aux hommes de savoir?

Si vous examinez les formalités de la justice par rapport à la peine qu'a un citoyen à se faire rendre son bien, ou à obtenir satisfaction de quelque outrage, vous en trouverez sans doute trop. Si vous les regardez dans le rapport qu'elles ont avec la liberté et la sûreté des citoyens, vous en trouverez souvent trop peu ; et vous verrez que les peines, les dépenses, les longueurs, les dangers même de la justice, sont le prix que chaque citoyen donne pour sa liberté.

En Turquie, où l'on fait très-peu d'attention à la fortune, à la vie, à l'honneur des sujets, on ter-

---

[1] Ceux qui espèrent distribuer les coups de bâton. Si les juges étoient des anges, tout seroit bien. II.

mine promptement, d'une façon ou d'une autre, toutes les disputes. La manière de les finir est indifférente, pourvu qu'on finisse. Le bacha, d'abord éclairci, fait distribuer, à sa fantaisie, des coups de bâton sur la plante des pieds des plaideurs, et les renvoie chez eux.

Et il seroit bien dangereux que l'on y eût les passions des plaideurs : elles supposent un désir ardent de se faire rendre justice, une haine, une action dans l'esprit, une constance à poursuivre. Tout cela doit être évité dans un gouvernement où il ne faut avoir d'autre sentiment que la crainte, et où tout mène tout à coup, et sans qu'on le puisse prévoir, à des révolutions. Chacun doit connoître qu'il ne faut point que le magistrat entende parler de lui, et qu'il ne tient sa sûreté que de son anéantissement.

Mais, dans les états modérés, où la tête du moindre citoyen est considérable, on ne lui ôte son honneur et ses biens qu'après un long examen; on ne le prive de la vie que lorsque la patrie elle-même l'attaque; et elle ne l'attaque qu'en lui laissant tous les moyens possibles de la défendre[1].

Aussi, lorsqu'un homme se rend plus absolu[2], songe-t-il d'abord à simplifier les lois. On com-

[1] Cela est-il vrai en France? H.
[2] César, Cromwell, et tant d'autres.

mence dans cet état à être plus frappé des inconvéniens particuliers que de la liberté des sujets, dont on ne se soucie point du tout.

On voit que dans les républiques il faut pour le moins autant de formalités que dans les monarchies. Dans l'un et dans l'autre gouvernement, elles augmentent en raison du cas que l'on y fait de l'honneur, de la fortune, de la vie, de la liberté des citoyens.

Les hommes sont tous égaux dans le gouvernement républicain; ils sont égaux dans le gouvernement despotique: dans le premier, c'est parce qu'ils sont tout; dans le second, c'est parce qu'ils ne sont rien.

CHAPITRE III.

Dans quels gouvernemens et dans quels cas on doit juger selon un texte précis de la loi.

Plus le gouvernement approche de la république, plus la manière de juger devient fixe; et c'étoit un vice de la république de Lacédémone que les éphores jugeassent arbitrairement[1], sans qu'il

---

[1] Cela s'explique mieux dans la nature des choses que dans un système à travers lequel Montesquieu voit tout. H.

y eût des lois pour les diriger. A Rome, les premiers consuls jugèrent comme les éphores : on en sentit les inconvéniens, et l'on fit des lois précises.

Dans les états despotiques, il n'y a point de lois : le juge est lui-même sa règle. Dans les états monarchiques, il y a une loi; et là où elle est précise, le juge la suit; là où elle ne l'est pas, il en cherche l'esprit. Dans le gouvernement républicain, il est de la nature de la constitution que les juges suivent la lettre de la loi. Il n'y a point de citoyen contre qui on puisse interpréter une loi, quand il s'agit de ses biens, de son honneur ou de sa vie.

A Rome, les juges prononçoient seulement que l'accusé étoit coupable d'un certain crime; et la peine se trouvoit dans la loi, comme on le voit dans diverses lois qui furent faites. De même, en Angleterre, les jurés décident si l'accusé est coupable ou non du fait qui a été porté devant eux[1]; et, s'il est déclaré coupable, le juge prononce la peine que la loi inflige pour ce fait : et, pour cela, il ne lui faut que des yeux.

[1] Cette coutume devroit être partout. H.

CHAPITRE IV.

De la manière de former les jugemens.

De là suivent les différentes manières de former les jugemens. Dans les monarchies, les juges prennent la manière des arbitres; ils délibèrent ensemble, ils se communiquent leurs pensées, ils se concilient; on modifie son avis pour le rendre conforme à celui d'un autre; les avis les moins nombreux sont rappelés aux deux plus grands. Cela n'est point de la nature de la république. A Rome, et dans les villes grecques, les juges ne se communiquoient point : chacun donnoit son avis d'une de ces trois manières, *j'absous, je condamne, il ne me paroît pas* [1] : c'est que le peuple jugeoit ou étoit censé juger. Mais le peuple n'est pas jurisconsulte; toutes ces modifications et tempéramens des arbitres ne sont pas pour lui; il faut lui présenter un seul objet, un fait, et un seul fait; et qu'il n'ait qu'à voir s'il doit condamner, absoudre, ou remettre le jugement.

Les Romains, à l'exemple des Grecs, introdui-

---

[1] *Non liquet.*

sirent des formules d'actions ¹, et établirent la nécessité de diriger chaque affaire par l'action qui lui étoit propre. Cela étoit nécessaire dans leur manière de juger : il falloit fixer l'état de la question, pour que le peuple l'eût toujours devant les yeux. Autrement, dans le cours d'une grande affaire, cet état de la question changeroit continuellement, et on ne le reconnoîtroit plus.

De là il suivoit que les juges, chez les Romains, n'accordoient que la demande précise, sans rien augmenter, diminuer, ni modifier. Mais les préteurs imaginèrent d'autres formules d'actions, qu'on appela *de bonne foi* ², où la manière de prononcer étoit plus dans la disposition du juge. Ceci étoit plus conforme à l'esprit de la monarchie. Aussi les jurisconsultes français disent-ils : « En « France ³, toutes les actions sont de bonne foi. »

---

¹ *Quas actiones ne populus, prout vellet, institueret, certas solemnesque esse voluerunt.* Leg. 2, § 6. dig. de orig. jur.

² Dans lesquelles on mettoit ces mots : *Ex bonâ fide.*

³ On y condamne aux dépens celui-là même à qui on demande plus qu'il ne doit, s'il n'a offert et consigné ce qu'il doit.

CHAPITRE V.

Dans quels gouvernemens le souverain peut être juge.

MACHIAVEL[1] attribue la perte de la liberté de Florence à ce que le peuple ne jugeoit pas en corps, comme à Rome, des crimes de lèse-majesté commis contre lui. Il y avoit pour cela huit juges établis. Mais, dit Machiavel, peu sont corrompus par peu. J'adopterois bien la maxime de ce grand homme : mais comme dans ces cas l'intérêt politique force pour ainsi dire l'intérêt civil (car c'est toujours un inconvénient que le peuple juge lui-même ses offenses), il faut, pour y remédier, que les lois pourvoient, autant qu'il est en elle, à la sûreté des particuliers.

Dans cette idée, les législateurs de Rome firent deux choses, ils permirent aux accusés de s'exiler[2] avant le jugement[3]; et ils voulurent que les biens des condamnés fussent consacrés pour que

---

[1] Discours sur la première décade de Tite-Live, liv. I, ch. VII.

[2] Cela est bien expliqué dans l'oraison de Cicéron *pro Cœcinna*, à la fin.

[3] C'étoit une loi d'Athènes, comme il paroît par Démosthènes. Socrate refusa de s'en servir.

le peuple n'en eût pas la confiscation. On verra dans le livre XI les autres limitations que l'on mit à la puissance que le peuple avoit de juger.

Solon sut bien prévenir l'abus que le peuple pourroit faire de sa puissance dans le jugement des crimes : il voulut que l'aréopage revît l'affaire ; que, s'il croyoit l'accusé injustement absous [1], il l'accusât de nouveau devant le peuple ; que, s'il le croyoit injustement condamné [2], il arrêtât l'exécution, et lui fît rejuger l'affaire : loi admirable, qui soumettoit le peuple à la censure de la magistrature qu'il respectoit le plus, et à la sienne même !

Il sera bon de mettre quelque lenteur dans des affaires pareilles, surtout du moment que l'accusé sera prisonnier, afin que le peuple puisse se calmer et juger de sang-froid.

Dans les états despotiques, le prince peut juger lui-même. Il ne le peut dans les monarchies : la constitution seroit détruite ; les pouvoirs intermédiaires dépendans, anéantis ; on verroit cesser toutes les formalités des jugemens ; la crainte s'empareroit de tous les esprits ; on verroit la pâleur sur tous les visages ; plus de confiance, plus d'honneur, plus d'amour, plus de sûreté, plus de monarchie.

---

[1] Démosthènes, *sur la couronne*, page 494, édition de Francfort, de l'an 1604.

[2] Voyez Philostrate, Vies des sophistes, liv. I, Vie d'Eschines.

Voici d'autres réflexions. Dans les états monarchiques, le prince est la partie qui poursuit les accusés, et les fait punir ou absoudre : s'il jugeoit lui-même, il seroit le juge et la partie.

Dans ces mêmes états, le prince a souvent les confiscations : s'il jugeoit les crimes, il seroit encore le juge et la partie.

De plus, il perdroit le plus bel attribut de sa souveraineté, qui est celui de faire grâce[1]. Il seroit insensé qu'il fît et défît ses jugemens : il ne voudroit pas être en contradiction avec lui-même.

Outre que cela confondroit toutes les idées, on ne sauroit si un homme seroit absous, ou s'il recevroit sa grâce[2].

Lorsque Louis XIII voulut être juge dans le procès du duc de La Valette[3], et qu'il appela pour cela dans son cabinet quelques officiers du parlement et quelques conseillers d'état, le roi les ayant forcés d'opiner sur le décret de prise de corps, le président de Belièvre dit : « Qu'il voyoit dans cette « affaire une chose étrange, un prince opiner au

---

[1] Platon ne pense pas que les rois, qui sont, dit-il, prêtres, puissent assister au jugement où l'on condamne à la mort, à l'exil, à la prison. Plat., lett. VIII.

[2] Cela seroit exprimé. H.

[3] Voyez la relation du procès fait à M. le duc de La Valette. Elle est imprimée dans les Mémoires de Montrésor, tome II, page 62.

« procès d'un de ses sujets [1]; que les rois ne s'é-
« toient réservé que les grâces, et qu'ils renvoyoient
« les condamnations vers leurs officiers. Et votre
« majesté voudroit bien voir sur la sellette un
« homme devant elle, qui, par son jugement, iroit
« dans une heure à la mort! Que la face du prince,
« qui porte les grâces, ne peut soutenir cela; que
« sa vue seule levoit les interdits des églises; qu'on
« ne devoit sortir que content de devant le prince. »
Lorsqu'on jugea le fond, le même président dit,
dans son avis : « Cela est un jugement sans exem-
« ple, voire contre tous les exemples du passé
« jusqu'à huy, qu'un roi de France ait condamné
« en qualité de juge, par son avis, un gentilhomme
« à mort [2]. »

Les jugemens rendus par le prince seroient une source intarissable d'injustices et d'abus; les courtisans extorqueroient, par leur importunité, ses jugemens. Quelques empereurs romains eurent la fureur de juger; nuls règnes n'étonnèrent plus l'univers par leurs injustices.

« Claude, dit Tacite [3], ayant attiré à lui le juge-
« ment des affaires et les fonctions des magistrats,
« donna occasion à toutes sortes de rapines. »

---

[1] Les fiers républicains de Rome ne parloient pas avec plus de dignité. H.

[2] Cela fut changé dans la suite. Voyez la même relation.

[3] Annal., livre XI, § 5.

Aussi Néron, parvenant à l'empire après Claude, voulant se concilier les esprits; déclara-t-il, « Qu'il « se garderoit bien d'être le juge de toutes les « affaires, pour que les accusateurs et les accu- « sés, dans les murs d'un palais, ne fussent pas « exposés à l'inique pouvoir de quelques affran- « chis [1]. »

« Sous le règne d'Arcadius, dit Zozime [2], la na- « tion des calomniateurs se répandit, entoura la « cour, et l'infecta. Lorsqu'un homme étoit mort, « on supposoit qu'il n'avoit point laissé d'enfans [3]; « on donnoit ses biens par un rescrit. Car, comme « le prince étoit étrangement stupide, et l'impé- « ratrice entreprenante à l'excès, elle servoit l'in- « satiable avarice de ses domestiques et de ses « confidentes; de sorte que, pour les gens mo- « dérés, il n'y avoit rien de plus désirable que la « mort. »

« Il y avoit autrefois, dit Procope [4], fort peu de « gens à la cour; mais, sous Justinien, comme les « juges n'avoient plus la liberté de rendre justice, « leurs tribunaux étoient déserts, tandis que le « palais du prince retentissoit des clameurs des « parties qui y sollicitoient leurs affaires. » Tout

---

[1] Annal., livre XIII, § 4.
[2] Hist., livre V.
[3] Même désordre sous Théodose le jeune.
[4] Histoire secrète.

le monde sait comment on y vendoit les jugemens, et même les lois.

Les lois sont les yeux du prince; il voit par elles ce qu'il ne pourroit pas voir sans elles. Veut-il faire la fonction des tribunaux, il travaille non pas pour lui, mais pour ses séducteurs contre lui.

CHAPITRE VI.

Que, dans la monarchie, les ministres ne doivent pas juger.

C'est encore un grand inconvénient dans la monarchie que les ministres du prince jugent eux-mêmes les affaires contentieuses[1]. Nous voyons encore aujourd'hui des états où il y a des juges sans nombre pour décider les affaires fiscales, et où les ministres, qui le croiroit! veulent encore les juger. Les réflexions viennent en foule : je ne ferai que celle-ci.

Il y a, par la nature des choses, une espèce de contradiction entre le conseil du monarque et ses tribunaux. Le conseil des rois doit être composé de peu de personnes; et les tribunaux de judicature en demandent beaucoup. La raison en est que, dans le premier, on doit prendre les affaires

---

[1] Les ministres sont faits pour décider les affaires quand il y a embarras, et non pour les juger quand il y a contestation. H.

avec une certaine passion, et les suivre de même ; ce qu'on ne peut guère espérer que de quatre ou cinq hommes qui en font leur affaire. Il faut, au contraire, des tribunaux de judicature de sang-froid, et à qui toutes les affaires soient en quelque façon indifférentes.

CHAPITRE VII.

Du magistrat unique.

Un tel magistrat ne peut avoir lieu que dans le gouvernement despotique. On voit dans l'histoire romaine à quel point un juge unique peut abuser de son pouvoir. Comment Appius, sur son tribunal, n'auroit-il pas méprisé les lois, puisqu'il viola même celle qu'il avoit faite [1] ? Tite-Live nous apprend l'inique distinction du décemvir. Il avoit aposté un homme qui réclamoit devant lui Virginie comme son esclave : les parens de Virginie lui demandèrent qu'en vertu de sa loi on la leur remît jusqu'au jugement définitif. Il déclara que sa loi n'avoit été faite qu'en faveur du père, et que, Virginius étant absent, elle ne pouvoit avoir d'application [2].

---

[1] Voyez la loi II, § 24, ff. *de orig. jur.*
[2] *Quòd pater puellæ abesset, locum injuriæ esse ratus.* Tite-Live, liv. III, § 44.

CHAPITRE VIII.

Des accusations dans les divers gouvernemens.

A Rome [1], il étoit permis à un citoyen d'en accuser un autre. Cela étoit établi selon l'esprit de la république, où chaque citoyen doit avoir pour le bien public un zèle sans bornes; où chaque citoyen est censé tenir tous les droits de la patrie dans ses mains. On suivit sous les empereurs les maximes de la république [2]; et d'abord on vit paroître un genre d'hommes funestes, une troupe de délateurs. Quiconque avoit bien des vices et bien des talens, une âme bien basse et un esprit ambitieux, cherchoit un criminel, dont la condamnation pût plaire au prince : c'étoit la voie pour aller aux honneurs et à la fortune [3], chose que nous ne voyons point parmi nous.

Nous avons aujourd'hui une loi admirable; c'est celle qui veut que le prince, établi pour faire

---

[1] Et dans bien d'autres cités.

[2] Avec cette différence, que les délations etoient publiques ans le premier état, et secrètes dans le second. H.

[3] Voyez dans Tacite les récompenses accordées à ces délateurs Hist., liv. I et II.

exécuter les lois, prépose un officier dans chaque tribunal pour poursuivre en son nom tous les crimes ; de sorte que la fonction des délateurs est inconnue parmi nous ; et, si ce vengeur public étoit soupçonné d'abuser de son ministère, on l'obligeroit de nommer son dénonciateur.

Dans les lois de Platon[1], ceux qui négligent d'avertir les magistrats, ou de leur donner du secours, doivent être punis[2]. Cela ne conviendroit point aujourd'hui. La partie publique veille pour les citoyens ; elle agit, et ils sont tranquilles.

CHAPITRE IX.

De la sévérité des peines dans les divers gouvernemens.

La sévérité des peines convient mieux au gouvernement despotique, dont le principe est la terreur, qu'à la monarchie et à la république, qui ont pour ressort l'honneur et la vertu.

Dans les états modérés, l'amour de la patrie, la honte et la crainte du blâme, sont des motifs réprimans, qui peuvent arrêter bien des crimes.

---

[1] Hist., livre IX.

[2] Idée de vertu domestique. Les magistrats sont faits pour être le recours du peuple, et non le peuple celui des magistrats. II.

La plus grande peine d'une mauvaise action sera d'en être convaincu. Les lois civiles y corrigeront donc plus aisément, et n'auront pas besoin de tant de force.

Dans ces états, un bon législateur s'attachera moins à punir les crimes qu'à les prévenir; il s'appliquera plus à donner des mœurs qu'à infliger des supplices.

C'est une remarque perpétuelle des auteurs chinois [1], que plus dans leur empire on voyoit augmenter les supplices, plus la révolution étoit prochaine. C'est qu'on augmentoit les supplices à mesure qu'on manquoit de mœurs.

Il seroit aisé de prouver que, dans tous ou presque tous les états d'Europe, les peines ont diminué ou augmenté à mesure qu'on s'est plus approché ou plus éloigné de la liberté.

Dans les pays despotiques, on est si malheureux que l'on y craint plus la mort qu'on ne regrette la vie; les supplices y doivent donc être plus rigoureux. Dans les états modérés, on craint plus de perdre la vie qu'on ne redoute la mort en elle-même; les supplices qui ôtent simplement la vie y sont donc suffisans.

Les hommes extrêmement heureux et les hommes extrêmement malheureux sont égale-

---

[1] Je ferai voir dans la suite que la Chine, à cet égard, est dans le cas d'une république ou d'une monarchie.

ment portés à la dureté [1] ; témoin les moines et les conquérans. Il n'y a que la médiocrité et le mélange de la bonne et de la mauvaise fortune qui donnent de la douceur et de la pitié.

Ce que l'on voit dans les hommes en particulier se trouve dans les diverses nations. Chez les peuples sauvages, qui mènent une vie très-dure, et chez les peuples des gouvernemens despotiques, où il n'y a qu'un homme exorbitamment favorisé de la fortune, tandis que tout le reste en est outragé, on est également cruel. La douceur règne dans les gouvernemens modérés.

Lorsque nous lisons dans les histoires les exemples de la justice atroce des sultans, nous sentons avec une espèce de douleur les maux de la nature humaine.

Dans les gouvernemens modérés, tout, pour un bon législateur, peut servir à former des peines. N'est-il pas bien extraordinaire qu'à Sparte une des principales fût de ne pouvoir prêter sa femme à un autre, ni recevoir celle d'un autre; de n'être jamais dans sa maison qu'avec des vierges? En un mot, tout ce que la loi appelle une peine est effectivement une peine.

[1] Il y en a bien d'autres raisons. H.

CHAPITRE X.

Des anciennes lois françaises.

C'est bien dans les anciennes lois françaises que l'on trouve l'esprit de la monarchie. Dans les cas où il s'agit de peines pécuniaires, les non-nobles sont moins punis que les nobles [1]. C'est tout le contraire dans les crimes [2] : le noble perd l'honneur et réponse en cour, pendant que le vilain, qui n'a point d'honneur, est puni en son corps [3].

[1] Si, comme pour briser un arrêt, les non-nobles doivent une amende de quarante sous, et les nobles de soixante livres. Somme rurale, liv. II, pag. 198, édit. goth. de l'an 1512; et Beaumanoir, chap. LXI, pag. 309.

[2] Voyez le conseil de Pierre Desfontaines, chap. XIII, surtout l'article 22.

[3] Tout cela tenoit à de sots préjugés. H.

CHAPITRE XI.

Que, lorsqu'un peuple est vertueux, il faut peu de peines.

Le peuple romain avoit de la probité [1]. Cette probité eut tant de force, que souvent le législateur n'eut besoin que de lui montrer le bien pour le lui faire suivre. Il sembloit qu'au lieu d'ordonnances il suffisoit de lui donner des conseils.

Les peines des lois royales et celles des lois des douze tables furent presque toutes ôtées dans la république, soit par une suite de la loi Valérienne [2], soit par une conséquence de la loi Porcie [3]. On ne remarqua pas que la république en fût plus mal réglée, et il n'en résulta aucune lésion de police [4].

---

[1] Qu'est-ce que la probité d'un peuple? Les Romains ont eu quelques vertus éclatantes, et rien de plus avec leurs voisins. H.

[2] Elle fut faite par Valerius Publicola, bientôt après l'expulsion des rois : elle fut renouvelée deux fois, toujours par des magistrats de la même famille, comme le dit Tite-Live, liv. X, § 9. Il n'étoit pas question de lui donner plus de force, mais d'en perfectionner les dispositions. *Diligentius sanctam*, dit Tite-Live, *ibid*.

[3] *Lex Porcia pro tergo civium lata.* Tite-Live, *ibid*. Elle fut faite en 454 de la fondation de Rome.

[4] On oublie toutes les violences exercées envers les sénateurs et le peuple tour à tour, *et omnia improbè facta*. H.

Cette loi Valérienne, qui défendoit aux magistrats toute voie de fait contre un citoyen qui avoit appelé au peuple, n'infligeoit à celui qui y contreviendroit que la peine d'être réputé méchant [1].

CHAPITRE XII.

De la puissance des peines.

L'EXPÉRIENCE a fait remarquer que, dans les pays où les peines sont douces, l'esprit du citoyen en est frappé, comme il l'est ailleurs par les grandes [2].

Quelque inconvénient se fait-il sentir dans un état, un gouvernement violent veut soudain le corriger; et, au lieu de songer à faire exécuter les anciennes lois, on établit une peine cruelle qui arrête le mal sur-le-champ. Mais on use le ressort du gouvernement : l'imagination se fait à cette grande peine, comme elle s'étoit faite à la moindre; et, comme on diminue la crainte pour celle-ci, l'on est bientôt forcé d'établir l'autre dans tous

---

[1] *Nihil ultrà quàm improbè factum adjecit.* Tite-Live, liv. X, § 9.

[2] Ce ne sont pas les peines qui diminuent les crimes; c'est le genre de vie des peuples et la facilité des subsistances. II.

les cas. Les vols sur les grands chemins étoient communs dans quelques états; on voulut les arrêter; on inventa le supplice de la roue, qui les suspendit pendant quelque temps. Depuis ce temps on a volé comme auparavant sur les grands chemins.

De nos jours la désertion fut très-fréquente : on établit la peine de mort contre les déserteurs, et la désertion n'est pas diminuée. La raison en est bien naturelle : un soldat, accoutumé tous les jours à exposer sa vie, en méprise, ou se flatte d'en mépriser le danger. Il est tous les jours accoutumé à craindre la honte : il falloit donc laisser une peine [1] qui faisoit porter une flétrissure pendant la vie. On a prétendu augmenter la peine, et on l'a réellement diminuée.

Il ne faut point mener les hommes par les voies extrêmes; on doit être ménager des moyens que la nature nous donne pour les conduire. Qu'on examine la cause de tous les relâchemens; on verra qu'elle vient de l'impunité des crimes, et non pas de la modération des peines.

Suivons la nature, qui a donné aux hommes la honte comme leur fléau; et que la plus grande partie de la peine soit l'infamie de la souffrir.

Que, s'il se trouve des pays où la honte ne soit

---

[1] On fendoit le nez, on coupoit les oreilles.

pas une suite du supplice, cela vient de la tyrannie, qui a infligé les mêmes peines aux scélérats et aux gens de biens.

Et si vous en voyez d'autres où les hommes ne sont retenus que par des supplices cruels, comptez encore que cela vient en grande partie de la violence du gouvernement, qui a employé ces supplices pour des fautes légères.

Souvent un législateur qui veut corriger un mal ne songe qu'à cette correction ; ses yeux sont ouverts sur cet objet, et fermés sur les inconvéniens. Lorsque le mal est une fois corrigé, on ne voit plus que la dureté du législateur : mais il reste un vice dans l'état, que cette dureté a produit ; les esprits sont corrompus, ils se sont accoutumés au despotisme.

Lysandre [1] ayant remporté la victoire sur les Athéniens, on jugea les prisonniers ; on accusa les Athéniens d'avoir précipité tous les captifs de deux galères, et résolu en pleine assemblée de couper le poing aux prisonniers qu'ils feroient. Ils furent tous égorgés, excepté Adymante, qui s'étoit opposé à ce décret. Lysandre reprocha à Philoclès, avant de le faire mourir, qu'il avoit dépravé les esprits et fait des leçons de cruauté à toute la Grèce.

[1] Xénophon, hist., liv. II.

« Les Argiens, dit Plutarque[1], ayant fait mourir
« quinze cents de leurs citoyens, les Athéniens
« firent apporter les sacrifices d'expiation, afin
« qu'il plût aux dieux de détourner du cœur des
« Athéniens une si cruelle pensée. »

Il y a deux genres de corruption : l'un, lorsque le peuple n'observe point les lois ; l'autre, lorsqu'il est corrompu par les lois : mal incurable, parce qu'il est dans le remède même.

CHAPITRE XIII.

Impuissance des lois japonaises.

Les peines outrées peuvent corrompre le despotisme même. Jetons les yeux sur le Japon.

On y punit de mort presque tous les crimes [2], parce que la désobéissance à un si grand empereur que celui du Japon est un crime énorme. Il n'est pas question de corriger le coupable, mais de venger le prince. Ces idées sont tirées de la servitude, et viennent surtout de ce que, l'empereur étant propriétaire de tous les biens, pres-

---

[1] OEuvres morales, *De ceux qui manient les affaires d'état.*
[2] Voyez Kempfer.

que tous les crimes se font directement contre ses intérêts.

On punit de mort les mensonges qui se font devant les magistrats [1]; chose contraire à la défense naturelle.

Ce qui n'a point l'apparence d'un crime, est là sévèrement puni : par exemple, un homme qui hasarde de l'argent au jeu est puni de mort.

Il est vrai que le caractère étonnant de ce peuple opiniâtre, capricieux, déterminé, bizarre, et qui brave tous les périls et tous les malheurs, semble, à la première vue, absoudre ses législateurs de l'atrocité de leurs lois [2]. Mais des gens qui naturellement méprisent la mort, et qui s'ouvrent le ventre pour la moindre fantaisie, sont-ils corrigés ou arrêtés par la vue continuelle des supplices ? et ne s'y familiarisent-il pas ?

Les relations nous disent, au sujet de l'éducation des Japonais, qu'il faut traiter les enfans avec douceur, parce qu'ils s'obstinent contre les peines ; que les esclaves ne doivent point être trop rudement traités, parce qu'ils se mettent d'abord en défense. Par l'esprit qui doit régner dans le gouvernement despotique, n'auroit-on pas pu

---

[1] Recueil des voyages qui ont servi à l'établissement de la compagnie des Indes, tom. III, part. II, pag. 428.

[2] N'est-ce pas calomnier la nature humaine pour diminuer l'atrocité de pareilles lois ? H.

juger de celui qu'on devoit porter dans le gouvernement politique et civil?

Un législateur sage auroit cherché à ramener les esprits par un juste tempérament des peines et des récompenses; par des maximes de philosophie, de morale et de religion, assorties à ces caractères; par la juste application des règles de l'honneur; par le supplice de la honte; par la jouissance d'un bonheur constant, et d'une douce tranquillité : et, s'il avoit craint que les esprits, accoutumés à n'être arrêtés que par une peine cruelle, ne pussent plus l'être par une plus douce, il auroit agi [1] d'une manière sourde et insensible; il auroit, dans les cas particuliers les plus graciables, modéré la peine du crime, jusqu'à ce qu'il eût pu parvenir à la modifier dans tous les cas.

Mais le despotisme ne connoît point ces ressorts; il ne mène pas par ces voies. Il peut abuser de lui; mais c'est tout ce qu'il peut faire. Au Japon, il a fait un effort; il est devenu plus cruel que lui-même.

Des âmes partout effarouchées et rendues plus atroces n'ont pu être conduites que par une atrocité plus grande.

Voilà l'origine, voilà l'esprit des lois du Japon.

---

[1] Remarquez bien ceci comme une maxime de pratique dans les cas où les esprits ont été gâtés par des peines trop rigoureuses.

Mais elles ont eu plus de fureur que de force. Elles ont réussi à détruire le christianisme : mais des efforts si inouïs sont une preuve de leur impuissance. Elles ont voulu établir une bonne police, et leur foiblesse a paru encore mieux.

Il faut lire la relation de l'entrevue de l'empereur et du deyro à Méaco[1]. Le nombre de ceux qui y furent étouffés, ou tués par des garnemens, fut incroyable : on enleva les jeunes filles et les garçons ; on les retrouvoit tous les jours exposés dans des lieux publics, à des heures indues, tout nus, cousus dans des sacs de toile, afin qu'ils ne connussent pas les lieux par où ils avoient passé ; on vola tout ce qu'on voulut ; on fendit le ventre à des chevaux pour faire tomber ceux qui les montoient ; on renversa des voitures pour dépouiller les dames. Les Hollandais, à qui l'on dit qu'ils ne pouvoient passer la nuit sur des échafauds, sans être assassinés, en descendirent, etc.

Je passerai vite sur un autre trait. L'empereur, adonné à des plaisirs infâmes, ne se marioit point : il couroit risque de mourir sans successeur. Le deyro lui envoya deux filles très-belles : il en épousa une par respect, mais il n'eut aucun commerce avec elle. Sa nourrice fit chercher les plus

---

[1] Recueil des voyages qui ont servi à l'établissement de la compagnie des Indes, tome V, page 2.

belles femmes de l'empire : tout étoit inutile. La fille d'un armurier étonna son goût[1]; il se détermina, il en eut un fils. Les dames de la cour, indignées de ce qu'il leur avoit préféré une personne d'une si basse naissance, étouffèrent l'enfant. Ce crime fut caché à l'empereur; il auroit versé un torrent de sang. L'atrocité des lois en empêche donc l'exécution. Lorsque la peine est sans mesure, ont est souvent obligé de lui préférer l'impunité.

CHAPITRE XIV.

De l'esprit du sénat de Rome.

Sous le consulat d'Acilius Glabrio et de Pison, on fit la loi Acilia[2] pour arrêter les brigues. Dion[3] dit que le sénat engagea les consuls à la proposer, parce que le tribun C. Cornelius avoit résolu de faire établir des peines terribles contre ce crime,

---

[1] Recueil des voyages qui ont servi à l'établissement de la compagnie des Indes, tome V, p. 2.

[2] Les coupables étoient condamnés à une amende; ils ne pouvoient plus être admis dans l'ordre des sénateurs, et nommés à aucune magistrature. Dion, liv. XXXVI.

[3] Dion, *ibid.*

à quoi le peuple étoit fort porté. Le sénat pensoit que des peines immodérées jetteroient bien la terreur dans les esprits, mais qu'elles auroient cet effet, qu'on ne trouveroit plus personne pour accuser ni pour condamner; au lieu qu'en proposant des peines modiques, on auroit des juges et des accusateurs.

CHAPITRE XV.

Des lois des Romains à l'égard des peines.

Je me trouve fort dans mes maximes lorsque j'ai pour moi les Romains [1]; et je crois que les peines tiennent à la nature du gouvernement, lorsque je vois ce grand peuple changer à cet égard de lois civiles à mesure qu'il changeoit de lois politiques.

Les lois royales, faites pour un peuple composé de fugitifs, d'esclaves, et de brigands, furent très-sévères. L'esprit de la république auroit demandé que les décemvirs n'eussent pas mis ces lois dans leurs douze tables; mais des gens qui aspiroient à la tyrannie n'avoient garde de suivre l'esprit de la république.

---

[1] Ce peuple étoit bien agité pour être un bon modèle. H.

Tite-Live[1] dit, sur le supplice de Metius Suffetius, dictateur d'Albe, qui fut condamné par Tullus Hostilius à être tiré par deux chariots, que ce fut le premier et le dernier supplice où l'on témoigna avoir perdu la mémoire de l'humanité. Il se trompe : la loi des douze tables est pleine de dispositions très-cruelles[2].

Celle qui découvre le mieux le dessein des décemvirs est la peine capitale prononcée contre les auteurs des libelles et les poëtes. Cela n'est guère du génie de la république[3], où le peuple aime à voir les grands humiliés. Mais des gens qui vouloient renverser la liberté craignoient des écrits qui pouvoient rappeler l'esprit de la liberté[4].

Après l'expulsion des décemvirs, presque toutes les lois qui avoient fixé les peines furent ôtées. On ne les abrogea pas expressément; mais la loi Porcia ayant défendu de mettre à mort un citoyen romain, elles n'eurent plus d'application.

Voilà le temps auquel on peut rappeler ce que Tite-Live[5] dit des Romains, que jamais peuple n'a plus aimé la modération des peines[6].

---

[1] Tite-Live, déc. I, § 28.

[2] On y trouve le supplice du feu, des peines presque toujours capitales, le vol puni de mort, etc.

[3] Mais du génie patricien. H.

[4] Sylla, animé du même esprit que les décemvirs, augmenta comme eux les peines contre les écrivains satiriques.

[5] Liv. I, déc. I, § 28.

[6] Pour eux : mais les esclaves, mais leurs enfans? H.

Que si l'on ajoute à la douceur des peines le droit qu'avoit un accusé de se retirer avant le jugement, on verra bien que les Romains avoient suivi cet esprit que j'ai dit être naturel à la république.

Sylla, qui confondit la tyrannie, l'anarchie, et la liberté, fit les lois Cornéliennes. Il sembla ne faire des réglemens que pour rétablir des crimes [1]. Ainsi, qualifiant une infinité d'actions du nom de meurtre, il trouva partout des meurtriers; et, par une pratique qui ne fut que trop suivie, il tendit des piéges, sema des épines, ouvrit des abîmes sur le chemin de tous les citoyens.

Presque toutes les lois de Sylla ne portoient que l'interdiction de l'eau et du feu. César [2] y ajouta la confiscation des biens [3], parce que les riches gardant dans l'exil leur patrimoine, ils étoient plus hardis à commettre des crimes.

Les empereurs ayant établi un gouvernement militaire [4], ils sentirent bientôt qu'il n'étoit pas moins terrible contre eux que contre les sujets; ils cherchèrent à le tempérer : ils crurent avoir

---

[1] Il ne vouloit que faire trembler le peuple. H.

[2] Parce qu'il en avoit souvent besoin. H.

[3] *Pœnas facinorum auxit, cùm locupletes eo faciliùs scelere se obligarent, quòd integris patrimoniis, exularent.* Suétone, *in Julio Cæsare*, liv. I.

[4] Ils ne firent qu'obéir aux circonstances. H.

besoin des dignités, et du respect qu'on avoit pour elles.

On s'approcha un peu de la monarchie, et l'on divisa les peines en trois classes [1] : celles qui regardoient les premières personnes de l'état [2], et qui étoient assez douces; celles qu'on infligeoit aux personnes d'un rang inférieur [3], et qui étoient plus sévères; enfin celles qui ne concernoient que les conditions basses [4], et qui furent les plus rigoureuses.

Le féroce et insensé Maximin irrita, pour ainsi dire, le gouvernement militaire, qu'il auroit fallu adoucir. Le sénat apprenoit, dit Capitolin [5], que les uns avoient été mis en croix, les autres exposés aux bêtes, ou enfermés dans des peaux de bêtes récemment tuées, sans aucun égard pour les dignités. Il sembloit vouloir exercer la discipline militaire, sur le modèle de laquelle il prétendoit régler les affaires civiles.

On trouvera, dans les *Considérations sur la grandeur des Romains et leur décadence* [6], comment

---

[1] Voyez la loi 3, § *Legis, ad leg. Cornell. de sicariis;* et un très-grand nombre d'autres, au digeste et au code.

[2] *Sublimiores.*

[3] *Medios.*

[4] *Infimos.* Leg. 3 *Legis, ad leg. Cornell. de sicariis.*

[5] Jul. Cap. *Maximini duo.*

[6] Chap. XVII.

Constantin changea le despotisme militaire en un despotisme militaire et civil, et s'approcha de la monarchie. On y peut suivre les diverses révolutions de cet état, et voir comment on y passa de la rigueur à l'indolence, et de l'indolence à l'impunité.

CHAPITRE XVI.

De la juste proportion des peines avec le crime.

Il est essentiel que les peines aient de l'harmonie entre elles [1], parce qu'il est essentiel que l'on évite plutôt un grand crime qu'un moindre ; ce qui attaque plus la société que ce qui la choque moins.

« Un imposteur [2], qui se disoit Constantin Ducas, « suscita un grand soulèvement à Constantinople. « Il fut pris, et condamné au fouet : mais, ayant « accusé des personnes considérables, il fut con- « damné, comme calomniateur, à être brûlé. » Il est singulier qu'on eût ainsi proportionné les peines entre le crime de lèse-majesté et celui de calomnie.

---

[1] Oui, s'il entend qu'elles soient proportionnées aux crimes. H.
[2] Histoire de Nicéphore, patriarche de Constantinople.

Cela fait souvenir d'un mot de Charles II, roi d'Angleterre. Il vit, en passant, un homme au pilori; il demanda pourquoi il étoit là. « Sire, lui « dit-on, c'est parce qu'il a fait des libelles contre « vos ministres. Le grand sot! dit le roi; que ne « les écrivoit-il contre moi? on ne lui auroit rien « fait. »

« Soixante-dix personnes conspirèrent contre « l'empereur Basile [1] : il les fit fustiger; on leur « brûla les cheveux et le poil. Un cerf l'ayant pris « avec son bois par la ceinture, quelqu'un de sa « suite tira son épée, coupa sa ceinture, et le dé- « livra : il lui fit trancher la tête, parce qu'il avoit, « disoit-il, tiré l'épée contre lui. » Qui pourroit penser que, sous le même prince, on eût rendu ces deux jugemens?

C'est un grand mal parmi nous de faire subir la même peine à celui qui vole sur un grand chemin, et à celui qui vole et assassine. Il est visible que, pour la sûreté publique, il faudroit mettre quelque différence dans la peine.

A la Chine, les voleurs cruels sont coupés en morceaux [2]; les autres, non : cette différence fait que l'on y vole, mais que l'on n'y assassine pas.

En Moscovie, où la peine des voleurs et celle

---

[1] Histoire de Nicéphore, patriarche de Constantinople.
[2] Le P. Duhalde, tome I, page 6.

des assassins sont les mêmes, on assassine [1] toujours. Les morts, y dit-on, ne racontent rien.

Quand il n'y a point de différence dans la peine, il faut en mettre dans l'espérance de la grâce. En Angleterre, on n'assassine point, parce que les voleurs peuvent espérer d'être transportés dans les colonies; non pas les assassins.

C'est un grand ressort des gouvernemens modérés que les lettres de grâce [2]. Ce pouvoir que le prince a de pardonner, exécuté avec sagesse, peut avoir d'admirables effets. Le principe du gouvernement despotique, qui ne pardonne pas, et à qui on ne pardonne jamais, le prive de ces avantages.

CHAPITRE XVII.

De la torture ou question contre les criminels.

Parce que les hommes sont méchans, la loi est obligée de les supposer meilleurs qu'ils ne sont. Ainsi la déposition de deux témoins suffit dans la punition de tous les crimes. La loi les croit, comme s'ils parloient par la bouche de la vérité. On juge

---

[1] État présent de la grande Russie, par Perry.
[2] Elles font plus de mal que de bien. H.

aussi que tout enfant conçu pendant le mariage est légitime : la loi a confiance en la mère, comme si elle étoit la pudicité même. Mais la question contre les criminels n'est pas dans un cas forcé comme ceux-ci. Nous voyons aujourd'hui une nation [1] très-bien policée la rejeter sans inconvénient. Elle n'est donc pas nécessaire par sa nature [2].

Tant d'habiles gens et tant de beaux génies ont écrit contre cette pratique, que je n'ose parler après eux. J'allois dire qu'elle pourroit convenir dans les gouvernemens despotiques, où tout ce qui inspire la crainte entre plus dans les ressorts du gouvernement; j'allois dire que les esclaves, chez les Grecs et chez les Romains... Mais j'entends la voix de la nature qui crie contre moi.

[1] La nation anglaise.

[2] Les citoyens d'Athènes ne pouvoient être mis à la question (Lysias, *orat. in Argorat.*), excepté dans le crime de lèse-majesté. On donnoit la question trente jours après la condamnation. (Curius Fortunatus, *rhetor. schol. lib. II.*) Il n'y avoit pas de question préparatoire. Quant aux Romains, la loi 3 et 4 *ad leg. Juliam majest.* fait voir que la naissance, la dignité, la profession de la milice, garantissoient de la question, si ce n'est dans le cas de crime de lèse-majesté. (Voyez les sages restrictions que les lois des Wisigoths mettoient à cette pratique.)

CHAPITRE XVIII.

Des peines pécuniaires, des peines corporelles.

Nos pères les Germains n'admettoient guère que des peines pécuniaires. Ces hommes guerriers et libres estimoient que leur sang ne devoit être versé que les armes à la main. Les Japonais[1], au contraire, rejettent ces sortes de peines, sous prétexte que les gens riches éluderoient la punition. Mais les gens riches ne craignent-ils pas de perdre leurs biens? Les peines pécuniaires ne peuvent-elles pas se proportionner aux fortunes? Et enfin, ne peut-on pas joindre l'infamie à ces peines?

Un bon législateur prend un juste milieu : il n'ordonne pas toujours des peines pécuniaires; il n'inflige pas toujours des peines corporelles.

[1] Voyez Kempfer.

CHAPITRE XIX.

De la loi du talion.

Les états despotiques, qui aiment les lois simples, usent beaucoup de la loi du talion [1]; les états modérés la reçoivent quelquefois : mais il y a cette différence, que les premiers la font exercer rigoureusement, et que les autres lui donnent presque toujours des tempéramens.

La loi des douze tables en admettoit deux : elle ne condamnoit au talion que lorsqu'on n'avoit pu apaiser celui qui se plaignoit [2]. On pouvoit, après la condamnation, payer les dommages et intérêts [3], et la peine corporelle se convertissoit en peine pécuniaire [4].

---

[1] Elle est établie dans l'Alcoran. (Voy. le chap. de la Vache.)
[2] *Si membrum rupit ni cùm eo pacet, talio esto.* Aulu-Gelle, liv. XX, ch. 1.
[3] *Ibid.*
[4] Voyez aussi la loi des Wisigoths, liv. VI, tit. IV, § 3 et 5.

CHAPITRE XX.

De la punition des pères pour leurs enfans.

On punit à la Chine les pères pour les fautes de leurs enfans [1]. C'étoit l'usage du Pérou [2]. Ceci est encore tiré des idées despotiques.

On a beau dire qu'on punit à la Chine les pères pour n'avoir pas fait usage de ce pouvoir paternel que la nature a établi, et que les lois mêmes y ont augmenté; cela suppose toujours qu'il n'y a point d'honneur chez les Chinois. Parmi nous, les pères dont les enfans sont condamnés au supplice, et les enfans [3] dont les pères ont subi le même sort, sont aussi punis par la honte qu'ils le seroient à la Chine par la perte de la vie.

[1] On n'est pas plus avancé à la Chine qu'ailleurs. H.

[2] Voyez Garcilasso, Histoire des guerres civiles des Espagnols.

[3] Au lieu de les punir, disoit Platon, il faut les louer de ne pas ressembler à leur père. (Liv. IX des Lois.)

CHAPITRE XXI.

De la clémence du prince.

La clémence est la qualité distinctive des monarques [1]. Dans la république, où l'on a pour principe la vertu, elle est moins nécessaire. Dans l'état despotique, où règne la crainte, elle est moins en usage, parce qu'il faut contenir les grands de l'état par des exemples de sévérité. Dans les monarchies, où l'on est gouverné par l'honneur, qui souvent exige ce que la loi défend, elle est plus nécessaire. La disgrâce y est un équivalent à la peine : les formalités mêmes des jugemens y sont des punitions. C'est là que la honte vient de tous côtés pour former des genres particuliers de peines.

Les grands y sont si fort punis par la disgrâce [2], par la perte souvent imaginaire de leur fortune, de leur crédit, de leurs habitudes, de leurs plaisirs, que la rigueur à leur égard est inutile : elle ne peut servir qu'à ôter aux sujets l'amour qu'ils

---

[1] Ils ne l'exercent qu'envers les grands. H.

[2] Que devient le pouvoir des lois quand le peuple voit son pareil conduit à l'échafaud pour le même crime qui envoie un grand en exil ? H.

ont pour la personne du prince, et le respect qu'ils doivent avoir pour les places.

Comme l'instabilité des grands est de la nature du gouvernement despotique, leur sûreté entre dans la nature de la monarchie.

Les monarques ont tant à gagner par la clémence[1], elle est suivie de tant d'amour, ils en tirent tant de gloire, que c'est presque toujours un bonheur pour eux d'avoir l'occasion de l'exercer; et on le peut presque toujours dans nos contrées.

On leur disputera peut-être quelque branche de l'autorité, presque jamais l'autorité entière; et si quelquefois ils combattent pour la couronne, ils ne combattent point pour la vie.

Mais, dira-t-on, quand faut-il punir? quand faut-il pardonner? C'est une chose qui se fait mieux sentir qu'elle ne peut se prescrire. Quand la clémence a des dangers, ces dangers sont très-visibles. On la distingue aisément de cette foiblesse qui mène le prince au mépris et à l'impuissance même de punir.

L'empereur Maurice[2] prit la résolution de ne verser jamais le sang de ses sujets. Anastase[3] ne punissoit point les crimes. Isaac l'Ange jura que,

---

[1] Ils ont plus à gagner par la justice. H.

[2] Évagre, Histoire.

[3] Fragm. de Suidas, dans Constant. Porphyrog.

de son règne, il ne feroit mourir personne. Les empereurs grecs avoient oublié que ce n'étoit pas en vain qu'ils portoient l'épée[1].

[1] J'aimerois autant le raisonnement de ces ultramontains qui donnent les deux pouvoirs au pape, parce qu'il a deux clefs et que saint Pierre avoit deux épées. H.

LIVRE VII.

CONSÉQUENCES DES DIFFÉRENS PRINCIPES DES TROIS GOUVERNEMENS PAR RAPPORT AUX LOIS SOMPTUAIRES, AU LUXE, ET A LA CONDITION DES FEMMES.

CHAPITRE I.

Du luxe.

Le luxe[1] est toujours en proportion avec l'inégalité des fortunes. Si dans un état les richesses sont également partagées, il n'y aura point de luxe; car il n'est fondé que sur les commodités qu'on se donne par le travail des autres.

Pour que les richesses restent également partagées, il faut que la loi ne donne à chacun que le nécessaire physique. Si l'on a au delà, les uns dépenseront, les autres acquerront, et l'inégalité s'établira.

---

[1] Qu'est-ce que le luxe? Montesquieu n'en dit rien. De là une inexactitude étonnante et des lieux communs. II.

Supposant le nécessaire physique égal à une somme donnée, le luxe de ceux qui n'auront que le nécessaire sera égal à zéro; celui qui aura le double aura un luxe égal à un; celui qui aura le double du bien de ce dernier aura un luxe égal à trois; quand on aura encore le double, on aura un luxe égal à sept : de sorte que le bien du particulier qui suit, étant toujours supposé double de celui du précédent, le luxe croîtra du double plus une unité, dans cette progression 0, 1, 3, 7, 15, 31, 63, 127.

Dans la république de Platon [1], le luxe auroit pu se calculer au juste. Il y avoit quatre sortes de cens établis. Le premier étoit précisément le terme où finissoit la pauvreté; le second étoit double; le troisième, triple; le quatrième, quadruple du premier. Dans le premier cens, le luxe étoit égal à zéro; il étoit égal à un dans le second, à deux dans le troisième, à trois dans le quatrième; et il suivoit ainsi la proportion arithmétique.

En considérant le luxe des divers peuples [2] les

---

[1] Le premier cens étoit le sort héréditaire en terre; et Platon ne vouloit pas qu'on pût avoir en autres effets plus du triple du sort héréditaire. (Voyez ses Lois, liv. IV.)

[2] Le luxe proprement dit n'est autre chose, dans une nation comme dans les particuliers, que la préférence donnée aux superfluités, aux plaisirs d'éclat, sur les besoins, sur les plaisirs simples et naturels. II.

uns à l'égard des autres, il est dans chaque état en raison composée de l'inégalité des fortunes qui est entre les citoyens, et de l'inégalité des richesses des divers états. En Pologne, par exemple, les fortunes sont d'une inégalité extrême ; mais la pauvreté du total empêche qu'il n'y ait autant de luxe que dans un état plus riche.

Le luxe est encore en proportion avec la grandeur des villes, et surtout de la capitale ; en sorte qu'il est en raison composée des richesses de l'état, de l'inégalité des fortunes des particuliers, et du nombre d'hommes qu'on assemble dans de certains lieux.

Plus il y a d'hommes ensemble, plus ils sont vains, et sentent naître en eux l'envie de se signaler par de petites choses [1]. S'ils sont en si grand nombre que la plupart soient inconnus les uns aux autres, l'envie de se distinguer redouble, parce qu'il y a plus d'espérance de réussir. Le luxe donne cette espérance, chacun prend les marques de la condition qui précède la sienne. Mais, à force de vouloir se distinguer, tout devient égal, et on ne se distingue plus : comme tout le monde veut

[1] Dans une grande ville, dit l'auteur de la fable des Abeilles, tom. I, pag. 133, on s'habille au-dessus de sa qualité pour être estimé plus qu'on n'est par la multitude. C'est un plaisir pour un esprit foible, presque aussi grand que celui de l'accomplissement de ses désirs.

se faire regarder, on ne remarque personne.

Il résulte de tout cela une incommodité générale. Ceux qui excellent dans une profession mettent à leur art le prix qu'ils veulent; les plus petits talens suivent cet exemple; il n'y a plus d'harmonie entre les besoins et les moyens. Lorsque je suis forcé de plaider, il est nécessaire que je puisse payer un avocat; lorsque je suis malade, il faut que je puisse avoir un médecin.

Quelques gens ont pensé qu'en assemblant tant de peuple dans une capitale, on diminuoit le commerce, parce que les hommes ne sont plus à une certaine distance les uns des autres. Je ne le crois pas : on a plus de désirs, plus de besoins, plus de fantaisies, quand on est ensemble.

CHAPITRE II.

Des lois somptuaires dans la démocratie.

Je viens de dire que dans les républiques, où les richesses sont également partagées¹, il ne peut

---

¹ Que signifie ce chapitre entier? L'égalité des richesses est une chimère; le partage des terres ne vaut rien, ni comme action, ni comme loi. H.

point y avoir de luxe; et, comme on a vu au livre cinquième¹ que cette égalité de distribution faisoit l'excellence d'une république, il suit que moins il y a de luxe dans une république, plus elle est parfaite. Il n'y en avoit point chez les premiers Romains, il n'y en avoit point chez les Lacédémoniens²; et dans les républiques où l'égalité n'est pas tout-à-fait perdue, l'esprit de commerce, de travail, et de vertu, fait que chacun y peut et que chacun y veut vivre de son propre bien, et que par conséquent il y a peu de luxe.

Les lois du nouveau partage des champs, demandées avec tant d'instance dans quelques républiques, étoient salutaires par leur nature. Elles ne sont dangereuses que comme action subite³. En ôtant tout à coup les richesses aux uns, et augmentant de même celles des autres, elles font dans chaque famille une révolution, et en doivent produire une générale dans l'état.

A mesure que le luxe s'établit dans une république, l'esprit se tourne vers l'intérêt particulier. A des gens à qui il ne faut rien que le nécessaire, il ne reste à désirer que la gloire de la patrie et la

¹ Chapitres III et IV.

² Les uns étoient pauvres, et les autres fous. H.

³ Quand il sera libre de suivre son intérêt, mais qu'on ne permettra pas à l'intérêt d'être législateur, le luxe fera peu de ravages. H.

sienne propre. Mais une âme corrompue par le luxe a bien d'autres désirs : bientôt elle devient ennemie des lois qui la gênent. Le luxe que la garnison de Rhége commença à connoître fit qu'elle en égorgea les habitans.

Sitôt que les Romains furent corrompus, leurs désirs devinrent immenses [1]. On en peut juger par le prix qu'ils mirent aux choses. Une cruche de vin de Falerne [2] se vendoit cent deniers romains; un baril de chair salée du Pont en coûtoit quatre cents; un bon cuisinier, quatre talens; les jeunes garçons n'avoient point de prix. Quand, par une impétuosité [3] générale, tout le monde se portoit à la volupté, que devenoit la vertu ?

---

[1] C'étoit la faute des lois. Les Romains parvinrent à la fortune comme d'insolens parvenus; ils en jouirent de même. H.

[2] Fragment de Diodore, rapporté par Const. Porph., Extrait des vertus et des vices.

[3] *Cùm maximus omnium impetus ad luxuriam esset*, ibid.

CHAPITRE III.

Des lois somptuaires dans l'aristocratie.

L'ARISTOCRATIE mal constituée a ce malheur, que les nobles y ont les richesses[1], et que cependant ils ne doivent pas dépenser; le luxe, contraire à l'esprit de modération, en doit être banni. Il n'y a donc que des gens très-pauvres qui ne peuvent pas recevoir, et des gens très-riches qui ne peuvent pas dépenser.

A Venise, les lois forcent les nobles à la modestie[2]. Ils se sont tellement accoutumés à l'épargne qu'il n'y a que les courtisanes qui puissent leur faire donner de l'argent. On se sert de cette voie pour entretenir l'industrie[3] : les femmes les plus méprisables y dépensent sans danger, pendant que leurs tributaires y mènent la vie du monde la plus obscure.

Les bonnes républiques grecques avoient à cet égard des institutions admirables. Les riches em-

---

[1] Sur chaque gouvernement Montesquieu n'a qu'un seul modèle. H.

[2] C'est qu'ils sont égaux en pouvoir et inégaux en fortune. H.

[3] Cela seroit bien à rebours du bon sens. H.

ployoient leur argent en fêtes, en chœurs de musique, en chariots, en chevaux pour la course, en magistrature onéreuse [1]. Les richesses y étoient aussi à charge que la pauvreté.

CHAPITRE IV.

Des lois somptuaires dans les monarchies.

« Les Suions, nation germanique, rendent hon-
« neur aux richesses [2], dit Tacite [3]; ce qui fait qu'ils
« vivent sous le gouvernement d'un seul. » Cela signifie bien que le luxe est singulièrement propre aux monarchies, et qu'il n'y faut point de lois somptuaires.

Comme, par la constitution des monarchies, les richesses y sont inégalement partagées, il faut bien qu'il y ait du luxe [4]. Si les riches n'y dépen-

[1] Elles ne les forçoient pas. C'étoit pour plaire au peuple. H.
[2] Tacite ne prend-il pas l'effet pour la cause? H.
[3] *De moribus Germanorum*, § 44.
[4] C'est bien une nécessité que ce partage inégal amène le luxe, quand la lumière et la liberté ne règnent pas.—Les folles dépenses occasionent les grandes misères, parce que les colifichets sont mieux payés que les denrées.—Il faut que les dépenses concourent à la reproduction des choses utiles et nécessaires. H.

sent pas beaucoup, les pauvres mourront de faim. Il faut même que les riches y dépensent à proportion de l'inégalité des fortunes ; et que, comme nous avons dit, le luxe y augmente dans cette proportion. Les richesses particulières n'ont augmenté que parce qu'elles ont ôté à une partie des citoyens le nécessaire physique : il faut donc qu'il leur soit rendu.

Ainsi, pour que l'état monarchique se soutienne, le luxe doit aller en croissant, du laboureur à l'artisan, au négociant, aux nobles, aux magistrats, aux grands seigneurs, aux traitans principaux, aux princes : sans quoi tout seroit perdu.

Dans le sénat de Rome, composé de graves magistrats, de jurisconsultes, et d'hommes pleins de l'idée des premiers temps, on proposa, sous Auguste, la correction des mœurs et du luxe des femmes. Il est curieux de voir dans Dion[1] avec quel art il éluda les demandes importunes de ces sénateurs. C'est qu'il fondoit une monarchie, et dissolvoit une république.

Sous Tibère, les édiles proposèrent, dans le sénat, le rétablissement des anciennes lois somptuaires[2]. Ce prince, qui avoit des lumières, s'y opposa. « L'état ne pourroit subsister, disoit-il, « dans la situation où sont les choses. Comment

---

[1] Dion Cassius, liv. LIV.

[2] Tacite, Ann., liv. III, § 44.

« Rome pourroit-elle vivre? comment pourroient
« vivre les provinces? Nous avions de la frugalité
« lorsque nous étions citoyens d'une seule ville :
« aujourd'hui nous consommons les richesses de
« tout l'univers; on fait travailler pour nous les
« maîtres et les esclaves [1]. » Il voyoit bien qu'il ne
falloit plus de lois somptuaires.

Lorsque, sous le même empereur, on proposa
au sénat de défendre aux gouverneurs de mener
leurs femmes dans les provinces, à cause des déréglemens qu'elles y apportoient, cela fut rejeté.
On dit « que les exemples de la dureté des anciens
« avoient été changés en une façon de vivre plus
« agréable [2]. » On sentit qu'il falloit d'autres mœurs.

Le luxe est donc nécessaire dans les états monarchiques, il l'est encore dans les états despotiques [3]. Dans les premiers, c'est un usage que l'on
fait de ce qu'on possède de liberté; dans les autres, c'est un abus qu'on fait des avantages de sa
servitude; lorsqu'un esclave, choisi par son maître
pour tyranniser ses autres esclaves, incertain pour
le lendemain de la fortune de chaque jour, n'a

---

[1] Il donne bien d'autres raisons dont Montesquieu, comme à son ordinaire, ne prend que ce qui convient à son système. H.

[2] *Multa duritiei veterum meliùs et lætiùs mutata.* Tacite, Ann., liv. III, § 34.

[3] Quand les hommes sont peu éclairés sur les sources du bonheur, et que les gouvernemens favorisent l'inégalité des richesses. H.

d'autre félicité que celle d'assouvir l'orgueil, les désirs et les voluptés de chaque jour.

Tout ceci mène à une réflexion : les républiques finissent par le luxe ; les monarchies, par la pauvreté [1].

CHAPITRE V.

Dans quels cas les lois somptuaires sont utiles dans une monarchie.

CE fut dans l'esprit de la république, ou dans quelques cas particuliers, qu'au milieu du treizième siècle on fit en Aragon des lois somptuaires. Jacques Ier ordonna que le roi, ni aucun de ses sujets, ne pourroient manger plus de deux sortes de viandes à chaque repas, et que chacune ne seroit préparée que d'une seule manière, à moins que ce ne fût du gibier qu'on eût tué soi-même [2].

On a fait aussi de nos jours en Suède des lois somptuaires ; mais elles ont un objet différent de celles d'Aragon.

Un état peut faire des lois somptuaires dans

---

[1] *Opulentia paritura mox egestatem.* Florus, liv. III, c. XII.

[2] Constitution de Jacques Ier, de l'an 1234, art. 6, dans Marca Hisp., p. 1429.

l'objet d'une frugalité absolue : c'est l'esprit des lois somptuaires des républiques ; et la nature de la chose fait voir que ce fut l'objet de celles d'Aragon.

Les lois somptuaires peuvent avoir aussi pour objet une frugalité relative, lorsqu'un état, sentant que des marchandises étrangères d'un trop haut prix demanderoient une telle exportation des siennes, qu'il se priveroit plus de ses besoins par celles-ci qu'il n'en satisferoit par celles-là, en défend absolument l'entrée; c'est l'esprit des lois que l'on a faites de nos jours en Suède [1]. Ce sont les seules lois somptuaires qui conviennent aux monarchies.

En général, plus un état est pauvre, plus il est ruiné par son luxe relatif; et plus par conséquent il lui faut de lois somptuaires relatives [2]. Plus un état est riche, plus son luxe relatif l'enrichit; et il faut bien se garder d'y faire des lois somptuaires relatives. Nous expliquerons mieux ceci dans le livre sur le commerce [3]. Il n'est ici question que du luxe absolu.

---

[1] On y a défendu les vins exquis, et autres marchandises précieuses.

[2] Des lois sages empêcheroient le luxe sans le défendre. H.

[3] Voyez liv. XX.

CHAPITRE VI.

Du luxe à la Chine.

Des raisons particulières demandent des lois somptuaires dans quelques états[1]. Le peuple, par la force du climat, peut devenir si nombreux, et d'un autre côté les moyens de le faire subsister peuvent être si incertains, qu'il est bon de l'appliquer tout entier à la culture des terres. Dans ces états le luxe est dangereux, et les lois somptuaires y doivent être rigoureuses. Ainsi, pour savoir s'il faut encourager le luxe ou le proscrire, on doit d'abord jeter les yeux sur le rapport qu'il y a entre le nombre du peuple, et la facilité de le faire vivre. En Angleterre le sol produit beaucoup plus de grains qu'il ne faut pour nourrir ceux qui cultivent les terres, et ceux qui procurent les vêtemens : il peut donc y avoir des arts frivoles, et par conséquent du luxe. En France il croît assez de blé pour la nourriture des laboureurs et de ceux qui sont employés aux manufactures : de plus, le commerce avec les étrangers

---

[1] Montesquieu suppose toujours qu'on peut tout faire avec des lois, même contre la nature des choses. H.

peut rendre pour des choses frivoles tant de choses nécessaires, qu'on n'y doit guère craindre le luxe.

A la Chine, au contraire, les femmes sont si fécondes ¹, et l'espèce humaine s'y multiplie à un tel point, que les terres, quelque cultivées qu'elles soient, suffisent à peine pour la nourriture des habitans. Le luxe y est donc pernicieux, et l'esprit de travail et d'économie y est aussi requis que dans quelques républiques que ce soit ². Il faut qu'on s'attache aux arts nécessaires, et qu'on fuie ceux de la volupté.

Voilà l'esprit des belles ordonnances des empereurs chinois. « Nos anciens, dit un empereur « de la famille des Tang ³, tenoient pour maxime « que, s'il y avoit un homme qui ne labourât « point, une femme qui ne s'occupât point à filer, « quelqu'un souffroit le froid ou la faim dans l'em- « pire... » Et, sur ce principe, il fit détruire une infinité de monastères de bonzes.

Le troisième empereur de la vingt-unième dynastie ⁴, à qui on apporta des pierres précieuses trouvées dans une mine, la fit fermer, ne voulant

---

¹ Y font-elles deux enfans à la fois?

² Le luxe y a toujours été arrêté.

³ Dans une ordonnance rapportée par le P. Duhalde, tom. II, pag. 497.

⁴ Histoire de la Chine, vingt-unième dynastie, dans l'ouvrage du P. Duhalde, tom. I.

pas fatiguer son peuple à travailler pour une chose qui ne pouvoit ni le nourrir ni le vêtir.

« Notre luxe est si grand, dit Kiayventi [1], que « le peuple orne de broderies les souliers des jeunes « garçons et des filles qu'il est obligé de vendre. » Tant d'hommes étant occupés à faire des habits pour un seul, le moyen qu'il n'y ait bien des gens qui manquent d'habits? Il y a dix hommes qui mangent le revenu des terres, contre un laboureur [2] : le moyen qu'il n'y ait bien des gens qui manquent d'alimens ?

CHAPITRE VII.

Fatale conséquence du luxe à la Chine.

On voit, dans l'histoire de la Chine [3], qu'elle a eu vingt deux dynasties qui se sont succédé; c'est-à-dire qu'elle a éprouvé vingt-deux révolutions générales, sans compter une infinité de particulières. Les trois premières dynasties durèrent assez long-temps, parce qu'elles furent sagement gou-

---

[1] Dans un discours rapporté par le P. Duhalde, tom. II, p. 418.

[2] Si le laboureur suffit pour nourrir dix hommes, qu'importe? H.

[3] On parle toujours de la Chine en aveugle. H.

vernées, et que l'empire étoit moins étendu qu'il ne le fut depuis. Mais on peut dire, en général, que toutes ces dynasties commencèrent assez bien. La vertu, l'attention, la vigilance sont nécessaires à la Chine : elles y étoient dans le commencement des dynasties, et elles manquoient à la fin. En effet, il étoit naturel que des empereurs nourris dans les fatigues de la guerre, qui parvenoient à faire descendre du trône une famille noyée dans les délices, conservassent la vertu qu'ils avoient éprouvée si utile, et craignissent les voluptés qu'ils avoient vues si funestes. Mais, après ces trois ou quatre premiers princes, la corruption, le luxe, l'oisiveté, les délices, s'emparent des successeurs[1]; ils s'enferment dans le palais; leur esprit s'affoiblit, leur vie s'accourcit, la famille décline; les grands s'élèvent, les eunuques s'accréditent, on ne met sur le trône que des enfans; le palais devient ennemi de l'empire, un peuple oisif, qui l'habite, ruine celui qui travaille; l'empereur est tué ou détruit par un usurpateur, qui fonde une famille, dont le troisième ou le quatrième successeur va dans le même palais se renfermer encore.

[1] Voilà bien les mœurs des plus absurdes despotes. H.

CHAPITRE VIII.

De la continence publique.

Il y a tant d'imperfections attachées à la perte de la vertu dans les femmes, toute leur âme en est si fort dégradée, ce point principal ôté en fait tomber tant d'autres, que l'on peut regarder, dans un état populaire, l'incontinence publique comme le dernier des malheurs, et la certitude d'un changement dans la constitution.

Aussi les bons législateurs y ont-ils exigé des femmes une certaine gravité de mœurs [1]. Ils ont proscrit de leurs républiques non-seulement le vice, mais l'apparence même du vice. Ils ont banni

---

[1] Les bons législateurs n'exigent point une certaine gravité de mœurs : ils se bornent à établir, par des lois indirectes, la pureté des mœurs ; et cela est plus aisé qu'on ne croit. Avec cette gravité de mœurs, la société domestique est dure, impérieuse, tyrannique ; et ce n'est pas là le but d'une bonne législation, car ce n'est pas le but de la nature. Que si l'on me demande comment on établit la pureté des mœurs par des lois indirectes, je réponds que c'est en favorisant les mariages et le divorce, en rendant les successions égales entre frères et sœurs, les charges non héréditaires, et surtout l'institution nationale bien éclairée. II.

jusqu'à ce commerce de galanterie qui produit l'oisiveté, qui fait que les femmes corrompent avant même d'être corrompues, qui donne un prix à tous les riens, et rabaisse ce qui est important, et qui fait que l'on ne se conduit plus que sur les maximes du ridicule, que les femmes entendent si bien à établir.

CHAPITRE IX.

De la condition des femmes dans les divers gouvernemens.

Les femmes ont peu de retenue dans les monarchies, parce que la distinction des rangs les appelant à la cour, elles y vont prendre cet esprit de liberté [1], qui est à peu près le seul qu'on y tolère. Chacun se sert de leurs agrémens et de leurs passions pour avancer sa fortune; et, comme leur foiblesse ne leur permet pas l'orgueil, mais la vanité, le luxe y règne toujours avec elles.

Dans les états despotiques, les femmes n'introduisent point le luxe; mais elles sont elles-mêmes un objet du luxe. Elles doivent être extrêmement esclaves. Chacun suit l'esprit du gouvernement, et

---

[1] C'est le pays de la servitude déguisée. H.

porte chez soi ce qu'il voit établi ailleurs. Comme les lois y sont sévères et exécutées sur-le-champ, on a peur que la liberté des femmes n'y fasse des affaires [1]. Leurs brouilleries, leurs indiscrétions, leurs répugnances, leurs penchans, leurs jalousies, leurs piques, cet art qu'ont les petites âmes d'intéresser les grandes, n'y sauroient être sans conséquence.

De plus, comme dans ces états les princes se jouent de la nature humaine, ils ont plusieurs femmes; et mille considérations les obligent de les renfermer.

Dans les républiques, les femmes sont libres par les lois, et captivées par les mœurs; le luxe en est banni, et avec lui, la corruption et les vices.

Dans les villes grecques, où l'on ne vivoit pas sous cette religion qui établit que, chez les hommes mêmes, la pureté des mœurs est une partie de la vertu [2]; dans les villes grecques, où un vice aveugle régnoit d'une manière effrénée, où l'amour n'avoit qu'une forme que l'on n'ose dire, tandis que la seule amitié s'étoit retirée dans les mariages [3], la vertu, la simplicité, la chasteté des femmes

---

[1] C'est plutôt des amans. H.

[2] Tout cela est bien vague, et peu conforme aux faits. H.

[3] « Quant au vrai amour, dit Plutarque, les femmes n'y ont « aucune part. » OEuvres morales, Traité de l'amour, pag. 600. Il parloit comme son siècle. Voyez Xénophon, au dialogue intitulé *Hiéron*.

y étoient telles, qu'on n'a guère jamais vu de peuple qui ait eu à cet égard une meilleure police [1].

CHAPITRE X.

Du tribunal domestique chez les Romains.

Les Romains n'avoient pas, comme les Grecs, des magistrats particuliers qui eussent inspection sur la conduite des femmes. Les censeurs n'avoient l'œil sur elles que comme sur le reste de la république. L'institution du tribunal domestique [2] suppléa à la magistrature établie chez les Grecs [3].

Le mari assembloit les parens de la femme [4], et la jugeoit devant eux [5]. Ce tribunal maintenoit les

---

[1] A Athènes, il y avoit un magistrat particulier, qui veilloit sur la conduite des femmes.

[2] Romulus institua ce tribunal, comme il paroît par Denys d'Halicarnasse, liv. II, page 96.

[3] Voyez, dans Tite-Live, liv. XXXIX, l'usage que l'on fit de ce tribunal, lors de la conjuration des bacchanales : on appela conjuration contre la république, des assemblées où l'on corrompoit les mœurs des femmes et des jeunes gens.

[4] C'est une preuve que ceux qui font les lois les font toujours à leur avantage. H.

[5] Il paroît, par Denys d'Halicarnasse, liv. II, que, par l'ins-

mœurs dans la république. Mais ces mêmes mœurs maintenoient ce tribunal. Il devoit juger, non-seulement de la violation des lois, mais aussi de la violation des mœurs. Or, pour juger de la violation des mœurs, il faut en avoir.

Les peines de ce tribunal devoient être arbitraires, et l'étoient en effet [1] : car tout ce qui regarde les mœurs, tout ce qui regarde les règles de la modestie, ne peut guère être compris sous un code de lois. Il est aisé de régler par des lois ce qu'on doit aux autres; il est difficile d'y comprendre tout ce qu'on doit à soi-même.

Le tribunal domestique regardoit la conduite générale des femmes. Mais il y avoit un crime qui, outre l'animadversion de ce tribunal, étoit encore soumis à une accusation publique : c'étoit l'adultère; soit que, dans une république, une si grande violation de mœurs intéressât le gouvernement; soit que le déréglement de la femme pût faire soupçonner celui du mari; soit enfin que l'on craignît que les honnêtes gens mêmes n'aimassent

---

titution de Romulus, le mari, dans les cas ordinaires, jugeoit seul devant les parens de la femme; et que, dans les grands crimes, il la jugeoit avec cinq d'entre eux. Aussi Ulpien, au titre VI, § 9, 12 et 13, distingue-t-il, dans les jugemens des mœurs, celles qu'il appelle graves, d'avec celles qui l'étoient moins : *Mores graviores, mores leviores.*

[1] Les anciennes républiques ont réuni le pédantisme à la ty-

mieux cacher ce crime que le punir, l'ignorer que le venger.

CHAPITRE XI.

Comment les institutions changèrent à Rome avec le gouvernement.

Comme le tribunal domestique supposoit des mœurs, l'accusation publique en supposoit aussi; et cela fit que ces deux choses tombèrent avec les mœurs, et finirent avec la république [1].

L'établissement des questions perpétuelles, c'est-à-dire du partage de la juridiction entre les préteurs, et la coutume qui s'introduisit de plus en plus que ces préteurs jugeassent eux-mêmes [2] toutes les affaires, affoiblirent l'usage du tribunal domestique; ce qui paroît par la surprise des his-

---

rannie, et gêné par des lois dures la liberté de la vie journalière. C'est que les législateurs n'ont pas connu les droits et les besoins de l'homme, moins encore les moyens d'inspirer la vertu sans l'ordonner. H.

[1] *Judicio de moribus (quod anteà quidem in antiquis legibus positum erat, non autem frequentabatur) penitùs abolito.* Leg. XI, § 2, cod. *de repud.*

[2] *Judicia extraordinaria.*

toriens, qui regardent comme des faits singuliers et comme un renouvellement de la pratique ancienne, les jugemens que Tibère fit rendre par ce tribunal.

L'établissement de la monarchie et le changement des mœurs firent encore cesser l'accusation publique. On pouvoit craindre qu'un malhonnête homme, piqué des mépris d'une femme, indigné de ses refus, outré de sa vertu même, ne formât le dessein de la perdre. La loi Julia [1] ordonna qu'on ne pourroit accuser une femme d'adultère qu'après avoir accusé son mari de favoriser ses déréglemens ; ce qui restreignit beaucoup cette accusation, et l'anéantit, pour ainsi dire [2].

Sixte V sembla vouloir renouveler l'accusation publique [3-4]. Mais il ne faut qu'un peu de réflexion pour voir que cette loi, dans une monarchie telle que la sienne, étoit encore plus déplacée que dans toute autre.

---

[1] Cette loi, qui n'a pas le sens commun, joignoit l'injure et l'injustice à la corruption morale. H.

[2] Constantin l'ôta entièrement. « C'est une chose indigne, disoit-il, que des mariages tranquilles soient troublés par l'audace des étrangers. »

[3] Sixte V ordonna qu'un mari qui n'iroit point se plaindre à lui des débauches de sa femme seroit puni de mort. Voyez *Leti*.

[4] C'étoit raisonner comme un moine. H.

CHAPITRE XII.

De la tutelle des femmes chez les Romains.

Les institutions des Romains mettoient les femmes dans une perpétuelle tutelle [1], à moins qu'elles ne fussent sous l'autorité d'un mari [2]. Cette tutelle étoit donnée au plus proche des parens, par mâles; et il paroît, par une expression vulgaire [3], qu'elles étoient très-gênées. Cela étoit bon pour la république, et n'étoit point nécessaire dans la monarchie [4].

Il paroît, par les divers codes des lois des barbares, que les femmes chez les premiers Germains étoient aussi dans une perpétuelle tutelle [5]. Cet usage passa dans les monarchies qu'ils fondèrent; mais il ne subsista pas [6].

[1] Les républiques étoient bien tyranniques dans les détails de l'administration. H.

[2] *Nisi convenissent in manum viri.*

[3] *Ne sis mihi patruus oro.*

[4] La loi papienne ordonna sous Auguste que les femmes qui auroient eu trois enfans seroient hors de cette tutelle.

[5] Cette tutelle s'appeloit chez les Germains *mundeburdium.*

[6] L'action lente de la nature doit amener la presque égalité des deux sexes. H.

CHAPITRE XIII.

Des peines établies par les empereurs contre les débauches des femmes.

La loi Julia établit une peine contre l'adultère. Mais, bien loin que cette loi et celles que l'on fit depuis là-dessus fussent une marque de la bonté des mœurs [1], elles furent au contraire une marque de leur dépravation.

Tout le système politique à l'égard des femmes changea dans la monarchie. Il ne fut plus question d'établir chez elles la pureté des mœurs, mais de punir leurs crimes. On ne faisoit de nouvelles lois, pour punir ces crimes, que parce qu'on ne punissoit plus les violations, qui n'étoient point ces crimes.

L'affreux débordement des mœurs obligeoit bien les empereurs de faire des lois pour arrêter, à un certain point, l'impudicité [2]; mais leur intention ne fut pas de corriger les mœurs en général.

---

[1] C'est tout simplement le fruit de l'ignorance sur le véritable objet des lois. H.

[2] Une société mieux organisée auroit plus de mœurs, et moins besoin de lois. H.

Des faits positifs, rapportés par les historiens, prouvent plus cela que toutes ces lois ne sauroient prouver le contraire. On peut voir dans Dion la conduite d'Auguste à cet égard, et comment il éluda, et dans sa préture et dans sa censure, les demandes qui lui furent faites [1].

On trouve bien dans les historiens des jugemens rigides rendus sous Auguste et sous Tibère contre l'impudicité de quelques dames romaines : mais, en nous faisant connoître l'esprit de ces règnes, ils nous font connoître l'esprit de ces jugemens.

Auguste et Tibère songèrent principalement à punir les débauches de leurs parentes. Ils ne punissoient point le déréglement des mœurs, mais un certain crime d'impiété ou de lèse-majesté [2]

---

[1] Comme on lui eut amené un jeune homme qui avoit épousé une femme avec laquelle il avoit eu auparavant un mauvais commerce, il hésita long-temps, n'osant ni approuver, ni punir ces choses. Enfin, reprenant ses esprits : « Les séditions ont été cause « de grands maux, dit-il; oublions-les. » (Dion, liv. LIV.) Les sénateurs lui ayant demandé des règlemens sur les mœurs des femmes, il éluda cette demande, en leur disant « qu'ils corrigeassent leurs « femmes, comme il corrigeoit la sienne. » Sur quoi ils le prièrent de leur dire comment il en usoit avec sa femme : question, ce me semble, fort indiscrète.

[2] *Culpam inter viros et feminas vulgatam gravi nomine læsarum religionum, ac violatæ majestatis appelando, clementiam majorum suasque ipse leges egrediebatur.* Tacite, Annal., liv. III, § 24.

qu'ils avoient inventé, utile pour le respect, utile pour la vengeance. De là vient que les auteurs romains s'élèvent si fort contre cette tyrannie.

La peine de la loi Julia étoit légère [1]. Les empereurs voulurent que, dans les jugemens, on augmentât la peine de la loi qu'ils avoient faite. Cela fut le sujet des invectives des historiens. Ils n'examinoient pas si les femmes méritoient d'être punies, mais si l'on avoit violé la loi pour les punir.

Une des principales tyrannies de Tibère [2] fut l'abus qu'il fit des anciennes lois. Quand il voulut punir quelque dame romaine au delà de la peine portée par la loi Julia, il rétablit contre elle le tribunal domestique [3].

Ces dispositions à l'égard des femmes ne regardoient que les familles des sénateurs, et non pas celles du peuple. On vouloit des prétextes aux accusations contre les grands, et les déportemens

---

[1] Cette loi est rapportée au digeste; mais on n'y a pas mis la peine. On juge qu'elle n'étoit que de la relégation, puisque celle de l'inceste n'étoit que de la déportation. Leg. *Si quis viduam*, ff. *de quest.*

[2] *Proprium id Tiberio fuit, scelera nuper reperta priscis verbis obtegere.* Tacite, Ann. liv. IV, § 19.

[3] *Adulterii graviorem pœnam deprecatus, ut, exemplo majorum, propinquis suis ultra ducentesimum lapidem removeretur, suasit. Adultero Manlio Italiâ atque Africâ interdictum est.* Tacite, Annal., liv. II, § 50.

des femmes en pouvoient fournir sans nombre.

Enfin ce que j'ai dit, que la bonté des mœurs n'est pas le principe du gouvernement d'un seul [1], ne se vérifia jamais mieux que sous ces premiers empereurs; et, si l'on en doutoit, on n'auroit qu'à lire Tacite, Suétone, Juvénal et Martial.

CHAPITRE XIV.

Lois somptuaires chez les Romains.

Nous avons parlé de l'incontinence publique [2], parce qu'elle est jointe avec le luxe, qu'elle en est toujours suivie, et qu'elle le suit toujours. Si vous laissez en liberté les mouvemens du cœur, comment pourrez-vous gêner les foiblesses de l'esprit?

A Rome, outre les institutions générales, les censeurs firent faire, par les magistrats, plusieurs lois particulières [3], pour maintenir les femmes dans

---

[1] Il a trop d'intérêt à favoriser la corruption; rien ne distrait autant de toute affaire publique. H.

[2] Tout cela tient à l'oubli des vrais besoins de la nature et des sources du vrai bonheur. H.

[3] Les lois somptuaires annoncent l'impéritie du législateur, s'il

la frugalité. Les lois Fannienne, Lycinienne et Oppienne eurent cet objet. Il faut voir, dans Tite-Live[1], comment le sénat fut agité, lorsqu'elles demandèrent la révocation de la loi Oppienne. Valère Maxime met l'époque du luxe chez les Romains à l'abrogation de cette loi.

CHAPITRE XV.

Des dots et des avantages nuptiaux dans les diverses constitutions.

Les dots doivent être considérables dans les monarchies[2], afin que les maris puissent soutenir leur rang et le luxe établi. Elles doivent être médiocres dans les républiques, où le luxe ne doit pas régner[3]. Elles doivent être à peu près nulles dans les états despotiques, où les femmes sont, en quelque façon, esclaves.

est monarque ; et la jalousie, si c'est la multitude qui donne des lois. C'est en ôtant toutes les gênes qu'on détruit le luxe. H.

[1] Décade IV, liv. IV.

[2] Il ne faudroit pas de lois pour les dots, si tous les enfans partageoient également. H.

[3] Marseille fut la plus sage des républiques de son temps : les dots ne pouvoient passer cent écus en argent, et cinq en habits, dit Strabon, liv. IV.

La communauté des biens, introduite par les lois françaises entre le mari et la femme, est très-convenable dans le gouvernement monarchique [1], parce qu'elle intéresse les femmes aux affaires domestiques, et les rappelle, comme malgré elles, au soin de leur maison. Elle l'est moins dans la république, où les femmes ont plus de vertu. Elle seroit absurde dans les états despotiques, où presque toujours les femmes sont elles-mêmes une partie de la propriété du maître.

Comme les femmes, par leur état, sont assez portées au mariage, les gains que la loi leur donne sur les biens de leur mari sont inutiles [2]. Mais ils seroient très-pernicieux dans une république, parce que leurs richesses particulières produisent le luxe [3]. Dans les états despotiques, les gains de noces doivent être leur subsistance, et rien de plus.

---

[1] Cela ne conviendroit nulle part, dans un ordre naturel de choses. H.

[2] Celui qui concourt au profit doit y avoir part. H.

[3] Oui, les femmes qui vivent dans l'oisiveté. H.

CHAPITRE XVI.

Belle coutume des Samnites.

Les Samnites avoient une coutume qui, dans une petite république, et surtout dans la situation où étoit la leur, devoit produire d'admirables effets. On assembloit tous les jeunes gens, et on les jugeoit : celui qui étoit déclaré le meilleur de tous prenoit pour sa femme la fille qu'il vouloit [1]; celui qui avoit les suffrages après lui choisissoit encore; et ainsi de suite [2]. Il étoit admirable de ne regarder entre les biens des garçons que les belles qualités, et les services rendus à la patrie. Celui qui étoit le plus riche de ces sortes de biens choisissoit une fille dans toute la nation. L'amour, la beauté, la chasteté, la vertu, la naissance, les richesses même, tout cela étoit, pour ainsi dire, la dot de la vertu. Il seroit difficile d'imaginer une récompense plus noble, plus grande, moins à charge à un petit état, plus capable d'agir sur l'un et l'autre sexe.

[1] Est-ce que les femmes sont un troupeau sans liberté et sans inclination ? H.

[2] Fragm. de Nicolas de Damas, tiré de Stobée, dans le recueil de Const. Porphyr.

Les Samnites descendoient des Lacédémoniens; et Platon, dont les institutions ne sont que la perfection des lois de Lycurgue [1], donna à peu près une pareille loi [2].

CHAPITRE XVII.

De l'administration des femmes.

Il est contre la raison et contre la nature que les femmes soient maîtresses dans la maison, comme cela étoit établi chez les Égyptiens [3]; mais il ne l'est pas qu'elles gouvernent un empire. Dans le premier cas, l'état de foiblesse où elles sont ne leur permet pas la prééminence: dans le second, leur foiblesse même leur donne plus de douceur et de modération; ce qui peut faire un bon gouvernement, plutôt que les vertus dures et féroces.

Dans les Indes, on se trouve très-bien du gouvernement des femmes; et il est établi que, si les

---

[1] Platon est aussi hors de la nature que les Samnites. H.
[2] Il leur permet même de se voir plus fréquemment.
[3] Il faudroit, pour savoir à quoi s'en tenir, trouver un pays où les femmes fussent toujours sur le trône. H.

mâles ne viennent pas d'une mère du même sang, les filles qui ont une mère du sang royal succèdent [1]. On leur donne un certain nombre de personnes pour les aider à porter le poids du gouvernement. Selon M. Smith [2], on se trouve aussi très-bien du gouvernement des femmes en Afrique. Si l'on ajoute à cela l'exemple de la Moscovie et de l'Angleterre, on verra qu'elles réussissent également, et dans le gouvernement modéré, et dans le gouvernement despotique.

[1] Lettres édifiantes, quatorzième recueil.
[2] Voyage de Guinée, seconde partie, pag. 165 de la traduction; sur le royaume d'Angoua, sur la côte d'Or.

LIVRE VIII.

DE LA CORRUPTION DES PRINCIPES DES TROIS GOUVERNEMENS.

CHAPITRE I.

Idée générale de ce livre.

La corruption de chaque gouvernement commence presque toujours par celle des principes[1].

CHAPITRE II.

De la corruption du principe de la démocratie.

Le principe de la démocratie se corrompt, non-seulement lorsqu'on perd l'esprit d'égalité, mais encore quand on prend l'esprit d'égalité extrême[2],

---

[1] Pourquoi ne pas dire, *Quand les hommes se corrompent?* H.

[2] Elle périt plus souvent par la faute des sénateurs que le peuple s'est choisis, que par le peuple. H.

et que chacun veut être égal à ceux qu'il choisit pour lui commander. Pour lors le peuple, ne pouvant souffrir le pouvoir même qu'il confie, veut tout faire par lui-même, délibérer pour le sénat, exécuter pour les magistrats, et dépouiller tous les juges.

Il ne peut plus y avoir de vertu dans la république. Le peuple veut faire les fonctions des magistrats : on ne les respecte donc plus. Les délibérations du sénat n'ont plus de poids : on n'a donc plus d'égards pour les sénateurs, et par conséquent pour les vieillards. Que si l'on n'a pas du respect pour les vieillards, on n'en aura pas non plus pour les pères : les maris ne méritent pas plus de déférence, ni les maîtres plus de soumission. Tout le monde parviendra à aimer ce libertinage : la gêne du commandement fatiguera, comme celle de l'obéissance. Les femmes, les enfans, les esclaves, n'auront de soumission pour personne. Il n'y aura plus de mœurs, plus d'amour de l'ordre, enfin plus de vertu.

On voit dans le Banquet de Xénophon une peinture bien naïve d'une république où le peuple a abusé de l'égalité. Chaque convive donne à son tour la raison pourquoi il est content de lui. « Je « suis content de moi, dit Chamidès, à cause de « ma pauvreté. Quand j'étois riche, j'étois obligé « de faire ma cour aux calomniateurs, sachant

« bien que j'étois plus en état de recevoir du mal
« d'eux que de leur en faire : la république me
« demandoit toujours quelque nouvelle somme :
« je ne pouvois m'absenter. Depuis que je suis
« pauvre, j'ai acquis de l'autorité : personne ne
« me menace, je menace les autres : je puis m'en
« aller ou rester. Déjà les riches se lèvent de leurs
« places et me cèdent le pas. Je suis un roi, j'étois
« esclave ; je payois un tribut à la république, au-
« jourd'hui elle me nourrit : je ne crains plus de
« perdre, j'espère d'acquérir. »

Le peuple tombe dans ce malheur lorsque ceux à qui il se confie, voulant cacher leur propre corruption, cherchent à le corrompre. Pour qu'il ne voie pas leur ambition, ils ne lui parlent que de sa grandeur ; pour qu'il n'aperçoive pas leur avarice, ils flattent sans cesse la sienne.

La corruption augmentera parmi les corrupteurs, et elle augmentera parmi ceux qui sont déjà corrompus. Le peuple se distribuera tous les deniers publics ; et, comme il aura joint à sa paresse la gestion des affaires, il voudra joindre à sa pauvreté les amusemens du luxe. Mais, avec sa paresse et son luxe, il n'y aura que le trésor public qui puisse être un objet pour lui.

Il ne faudra pas s'étonner si l'on voit les suffrages se donner pour de l'argent. On ne peut donner beaucoup au peuple sans retirer encore plus de lui : mais, pour retirer de lui, il faut renverser l'état. Plus il paroîtra tirer d'avantage de sa liberté, plus il s'approchera du moment où il doit la perdre. Il se forme de petits tyrans qui ont tous les vices d'un seul. Bientôt ce qui reste de liberté devient insupportable : un seul tyran s'élève; et le peuple perd tout, jusqu'aux avantages de sa corruption.

La démocratie a donc deux excès à éviter : l'esprit d'inégalité, qui la mène à l'aristocratie, ou au gouvernement d'un seul; et l'esprit d'égalité extrême, qui la conduit au despotisme d'un seul, comme le despotisme d'un seul finit par la conquête.

Il est vrai que ceux qui corrompirent les républiques grecques ne devinrent pas toujours tyrans. C'est qu'ils s'étoient plus attachés à l'éloquence qu'à l'art militaire : outre qu'il y avoit dans le cœur de tous les Grecs une haine implacable contre ceux qui renversoient le gouvernement républicain ; ce qui fit que l'anarchie dégénéra en anéantissement, au lieu de se changer en tyrannie.

Mais Syracuse, qui se trouva placée au milieu d'un grand nombre de petites oligarchies changées en tyrannies[1]; Syracuse, qui avoit un sénat[2]

---

[1] Voyez Plutarque, Vies de Timoléon et de Dion

[2] C'est celui des six cents dont parle Diodore.

dont il n'est presque jamais fait mention dans l'histoire, essuya des malheurs que la corruption ordinaire ne donne pas. Cette ville, toujours dans la licence[1] ou dans l'oppression, également travaillée par sa liberté et par sa servitude, recevant toujours l'une et l'autre comme une tempête, et, malgré sa puissance au dehors, toujours déterminée à une révolution par la plus petite force étrangère, avoit dans son sein un peuple immense, qui n'eut jamais que cette cruelle alternative de se donner un tyran ou de l'être lui-même.

CHAPITRE III.

De l'esprit d'égalité extrême.

Autant que le ciel est éloigné de la terre, autant le véritable esprit d'égalité l'est-il de l'esprit d'égalité extrême. Le premier ne consiste point à

[1] Ayant chassé les tyrans, ils firent citoyens des étrangers et des soldats mercenaires; ce qui causa des guerres civiles. (Aristote, Polit. liv. V, chap. III.) Le peuple ayant été cause de la victoire sur les Athéniens, la république fut changée. (*Ibid.* chap. IV.) La passion de deux jeunes magistrats, dont l'un enleva à l'autre un jeune garçon, et celui-ci lui débaucha sa femme, fit changer la forme de cette république. (*Ibid.* liv. VII, chap. IV.)

faire en sorte que tout le monde commande ou que personne ne soit commandé, mais à obéir et à commander à ses égaux. Il ne cherche pas à n'avoir point de maîtres, mais à n'avoir que ses égaux pour maîtres.

Dans l'état de nature, les hommes naissent bien dans l'égalité; mais ils n'y sauroient rester. La société la leur fait perdre, et ils ne redeviennent égaux que par les lois.

Telle est la différence entre la démocratie réglée et celle qui ne l'est pas, que, dans la première, on n'est égal que comme citoyen, et que, dans l'autre, on est encore égal comme magistrat, comme sénateur, comme juge, comme père, comme mari, comme maître.

La place naturelle de la vertu est auprès de la liberté; mais elle ne se trouve pas plus auprès de la liberté extrême qu'auprès de la servitude.

CHAPITRE IV.

Cause particulière de la corruption du peuple.

Les grands succès, surtout ceux auxquels le peuple contribue beaucoup, lui donnent un tel orgueil qu'il n'est plus possible de le conduire.

Jaloux des magistrats, il le devient de la magistrature; ennemi de ceux qui gouvernent, il l'est bientôt de la constitution. C'est ainsi que la victoire de Salamine sur les Perses corrompit la république d'Athènes [1]; c'est ainsi que la défaite des Athéniens perdit la république de Syracuse [2].

Celle de Marseille n'éprouva jamais ces grands passages de l'abaissement à la grandeur : aussi se gouverna-t-elle toujours avec sagesse; aussi conserva-t-elle ses principes.

CHAPITRE V.

De la corruption du principe de l'aristocratie.

L'ARISTOCRATIE se corrompt lorsque le pouvoir des nobles devient arbitraire : il ne peut plus y avoir de vertu dans ceux qui gouvernent, ni dans ceux qui sont gouvernés.

Quand les familles régnantes observent les lois, c'est une monarchie qui a plusieurs monarques, et qui est très-bonne par sa nature; presque tous ces monarques sont liés par les lois. Mais quand

---

[1] Aristote, Polit., liv. V, chap. IV.
[2] *Ibid.*

elles ne les observent pas, c'est un état despotique qui a plusieurs despotes.

Dans ce cas la république ne subsiste qu'à l'égard des nobles, et entre eux seulement. Elle est dans le corps qui gouverne, et l'état despotique est dans le corps qui est gouverné; ce qui fait les deux corps du monde les plus désunis.

L'extrême corruption est lorsque les nobles deviennent héréditaires [1] : ils ne peuvent plus guère avoir de modération. S'ils sont en petit nombre, leur pouvoir est plus grand, mais leur sûreté diminue; s'ils sont en plus grand nombre, leur pouvoir est moindre, et leur sûreté plus grande : en sorte que le pouvoir va croissant, et la sûreté diminuant, jusqu'au despote, sur la tête duquel est l'excès du pouvoir et du danger.

Le grand nombre des nobles dans l'aristocratie héréditaire rendra donc le gouvernement moins violent : mais, comme il y aura peu de vertu, on tombera dans un esprit de nonchalance, de paresse, d'abandon, qui fera que l'état n'aura plus de force ni de ressort [2].

Une aristocratie peut maintenir la force de son principe, si les lois sont telles qu'elles fassent plus sentir aux nobles les périls et les fatigues du com-

---

[1] L'aristocratie se change en oligarchie.

[2] Venise est une des républiques qui a le mieux corrigé, par ses lois, les inconvéniens de l'aristocratie héréditaire.

mandement que ses délices; et si l'état est dans une telle situation qu'il ait quelque chose à redouter, et que la sûreté vienne du dedans, et l'incertitude du dehors.

Comme une certaine confiance fait la gloire et la sûreté d'une monarchie, il faut au contraire qu'une république redoute quelque chose [1]. La crainte des Perses maintint les lois chez les Grecs. Carthage et Rome s'intimidèrent l'une l'autre, et s'affermirent. Chose singulière! plus ces états ont de sûreté, plus, comme des eaux trop tranquilles, ils sont sujets à se corrompre.

CHAPITRE VI.

De la corruption du principe de la monarchie.

Comme les démocraties se perdent lorsque le peuple dépouille le sénat, les magistrats et les juges de leurs fonctions, les monarchies se corrompent lorsqu'on ôte peu à peu les prérogatives

---

[1] Justin attribue à la mort d'Épaminondas l'extinction de la vertu à Athènes. N'ayant plus d'émulation, ils dépensèrent leurs revenus en fêtes: *Frequentius cœnam quàm castra visentes.* Pour lors, les Macédoniens sortirent de l'obscurité. Liv. VI, chap. IX.

des corps ou les priviléges des villes. Dans le premier cas, on va au despotisme de tous; dans l'autre, au despotisme d'un seul.

« Ce qui perdit les dynasties de Tsin et de Soüi,
« dit un auteur chinois, c'est qu'au lieu de se
« borner, comme les anciens, à une inspection
« générale, seule digne du souverain, les princes
« voulurent gouverner tout immédiatement par
« eux-mêmes[1]. » L'auteur chinois nous donne ici la cause de la corruption de presque toutes les monarchies.

La monarchie se perd lorsqu'un prince croit qu'il montre plus sa puissance en changeant l'ordre des choses qu'en le suivant; lorsqu'il ôte les fonctions naturelles des uns pour les donner arbitrairement à d'autres; et lorsqu'il est plus amoureux de ses fantaisies que de ses volontés.

La monarchie se perd lorsque le prince, rapportant tout uniquement à lui, appelle l'état à sa capitale, la capitale à sa cour, et la cour à sa seule personne.

Enfin elle se perd lorsqu'un prince méconnoît son autorité, sa situation, l'amour de ses peuples, et lorsqu'il ne sent pas bien qu'un monarque doit se juger en sûreté, comme un despote doit se croire en péril.

[1] Compilation d'ouvrages faits sous les Ming, rapportés par le P. Duhalde.

CHAPITRE VII.

Continuation du même sujet.

Le principe de la monarchie se corrompt lorsque les premières dignités sont les marques de la première servitude; lorsqu'on ôte aux grands le respect des peuples, et qu'on les rend de vils instrumens du pouvoir arbitraire.

Il se corrompt encore plus lorsque l'honneur a été mis en contradiction avec les honneurs, et que l'on peut être à la fois couvert d'infamie[1] et de dignités.

Il se corrompt lorsque le prince change sa justice en sévérité; lorsqu'il met, comme les empe-

---

[1] Sous le règne de Tibère, on éleva les statues et l'on donna les ornemens triomphaux aux délateurs; ce qui avilit tellement ces honneurs, que ceux qui les avoient mérités les dédaignèrent. Fragm. de Dion, liv. LVIII, tiré de l'Extrait des vertus et des vices de Const. Porphyrog. Voyez, dans Tacite, comment Néron, sur la découverte et la punition d'une prétendue conjuration, donna à Petronius Turpilianus, à Nerva, à Tigellinus, les ornemens triomphaux Annal., liv. XV, § 72. Voyez aussi comment les généraux dédaignèrent de faire la guerre, parce qu'ils en méprisoient les honneurs. *Pervulgatis triumphi insignibus.* Tacite, Annal., liv. XIII, § 53.

reurs romains, une tête de Méduse sur sa poitrine[1]; lorsqu'il prend cet air menaçant et terrible que Commode faisoit donner à ses statues[2].

Le principe de la monarchie se corrompt lorsque des âmes singulièrement lâches tirent vanité de la grandeur que pourroit avoir leur servitude, et qu'elles croient que ce qui fait que l'on doit tout au prince fait que l'on ne doit rien à sa patrie.

Mais, s'il est vrai (ce que l'on a vu dans tous les temps) qu'à mesure que le pouvoir du monarque devient immense, sa sûreté diminue, corrompre ce pouvoir jusqu'à le faire changer de nature, n'est-ce pas un crime de lèse-majesté contre lui ?

CHAPITRE VIII.

Danger de la corruption du principe du gouvernement monarchique.

L'INCONVÉNIENT n'est pas lorsque l'état passe d'un gouvernement modéré à un gouvernement modéré, comme de la république à la monarchie, ou de la monarchie à la république ; mais quand

---

[1] Dans cet état, le prince savoit bien quel étoit le principe de son gouvernement.

[2] Hérodien, liv. I.

il tombe et se précipite du gouvernement modéré au despotisme.

La plupart des peuples d'Europe sont encore gouvernés par les mœurs. Mais si, par un long abus du pouvoir; si, par une grande conquête, le despotisme s'établissoit à un certain point, il n'y auroit pas de mœurs ni de climat qui tinssent; et, dans cette belle partie du monde, la nature humaine souffriroit, au moins pour un temps, les insultes qu'on lui fait dans les trois autres.

CHAPITRE IX.

Combien la noblesse est portée à défendre le trône.

La noblesse anglaise s'ensevelit avec Charles Ier sous les débris du trône; et, avant cela, lorsque Philippe II fit entendre aux oreilles des Français le mot de liberté, la couronne fut toujours soutenue par cette noblesse qui tient à honneur d'obéir à un roi, mais qui regarde comme la souveraine infamie de partager la puissance avec le peuple.

On a vu la maison d'Autriche travailler sans relâche à opprimer la noblesse hongroise. Elle ignoroit de quel prix elle lui seroit quelque jour. Elle cherchoit chez ces peuples de l'argent qui n'y étoit pas; elle ne voyoit pas des hommes qui y étoient. Lorsque tant de princes partageoient entre eux ses états, toutes les pièces de sa monarchie, immobiles et sans action, tomboient, pour ainsi dire, les unes sur les autres : il n'y avoit de vie que dans cette noblesse qui s'indigna, oublia tout pour combattre, et crut qu'il étoit de sa gloire de périr et de pardonner.

CHAPITRE X.

De la corruption du principe du gouvernement despotique.

Le principe du gouvernement despotique se corrompt sans cesse, parce qu'il est corrompu par sa nature. Les autres gouvernemens périssent, parce que des accidens particuliers en violent le principe : celui-ci périt par son vice intérieur, lorsque quelques causes accidentelles n'empêchent point son principe de se corrompre. Il ne se maintient donc que quand des circonstances tirées du climat, de la religion, de la situation ou du génie du peuple, le forcent à suivre quelque ordre, et à souffrir quelque règle. Ces choses forcent sa nature sans la changer : sa férocité reste; elle est pour quelque temps apprivoisée.

CHAPITRE XI.

Effets naturels de la bonté et de la corruption des principes.

Lorsque les principes du gouvernement sont une fois corrompus, les meilleures lois deviennent mauvaises et se tournent contre l'état, lorsque les principes en sont sains, les mauvaises ont l'effet des bonnes : la force du principe entraîne tout.

Les Crétois, pour tenir les premiers magistrats dans la dépendance des lois, employoient un moyen bien singulier; c'étoit celui de l'insurrection. Une partie des citoyens se soulevoit [1], mettoit en fuite les magistrats, et les obligeoit de rentrer dans la condition privée. Cela étoit censé fait en conséquence de la loi. Une institution pareille, qui établissoit la sédition pour empêcher l'abus du pouvoir, sembloit devoir renverser quelque république que ce fût. Elle ne détruisit pas celle de Crète; voici pourquoi [2].

---

[1] Aristote, Polit. liv. II, chap. x.
[2] On se réunissoit toujours d'abord contre les ennemis du dehors, ce qui s'appeloit *syncrétisme*. Plutarque, OEuvres morales, pag. 88.

Lorsque les anciens vouloient parler d'un peuple qui avoit le plus grand amour pour la patrie, ils citoient les Crétois. La patrie, disoit Platon [1], nom si tendre aux Crétois. Ils l'appeloient d'un nom qui exprime l'amour d'une mère pour ses enfans [2]. Or, l'amour de la patrie corrige tout.

Les lois de Pologne ont aussi leur insurrection. Mais les inconvéniens qui en résultent font bien voir que le seul peuple de Crète étoit en état d'employer avec succès un pareil remède.

Les exercices de la gymnastique, établis chez les Grecs, ne dépendirent pas moins de la bonté du principe du gouvernement. « Ce furent les « Lacédémoniens et les Crétois, dit Platon [3], qui « ouvrirent ces académies fameuses qui leur firent « tenir dans le monde un rang si distingué. La pu- « deur s'alarma d'abord, mais elle céda à l'utilité « publique. » Du temps de Platon, ces institutions étoient admirables [4]; elles se rapportoient à un grand objet, qui étoit l'art militaire. Mais lorsque

[1] République, liv. IX.

[2] Plutarque, OEuvres morales, au traité, *Si l'homme d'âge doit se mêler des affaires publiques.*

[3] République, liv. V.

[4] La gymnastique se divisoit en deux parties, la danse et la lutte. On voyoit, en Crète, les danses armées des Curètes ; à Lacédémone, celles de Castor et de Pollux ; à Athènes, les danses armées de Pallas, très-propres pour ceux qui ne sont pas encore en âge d'aller à la guerre. La lutte est l'image de la guerre, dit Platon,

les Grecs n'eurent plus de vertu, elles détruisirent l'art militaire même : on ne descendit plus sur l'arène pour se former, mais pour se corrompre[1].

Plutarque nous dit[2] que de son temps les Romains pensoient que ces jeux avoient été la principale cause de la servitude où étoient tombés les Grecs. C'étoit, au contraire, la servitude des Grecs qui avoit corrompu ces exercices. Du temps de Plutarque[3], les parcs où l'on combattoit à nu, et les jeux de la lutte, rendoient les jeunes gens lâches, les portoient à un amour infâme, et n'en faisoient que des baladins ; mais du temps d'Épaminondas l'exercice de la lutte faisoit gagner aux Thébains la bataille de Leuctres[4].

Il y a peu de lois qui ne soient bonnes lorsque l'état n'a point perdu ses principes ; et, comme disoit Épicure en parlant des richesses : « Ce n'est « point la liqueur qui est corrompue, c'est le vase. »

---

des Lois, liv. VII. Il loue l'antiquité de n'avoir établi que deux danses, la pacifique et la pyrrhique. Voyez comment cette dernière danse s'appliquoit à l'art militaire. Platon, *ibid.*

[1] . . . . *Aut libidinosæ*
Ledæas Lacedæmonis palæstras.

Martial, lib. IV, epig 55

[2] OEuvres morales, au traité, *Des demandes des choses romaines.*

[3] Plutarque, *ibid.*

[4] Plutarque, OEuvres morales, *Propos de table*, liv. II.

CHAPITRE XII.

Continuation du même sujet.

On prenoit à Rome les juges dans l'ordre des sénateurs. Les Gracques transportèrent cette prérogative aux chevaliers. Drusus la donna aux sénateurs et aux chevaliers; Sylla, aux sénateurs seuls; Cotta, aux sénateurs, aux chevaliers, et aux trésoriers de l'épargne. César exclut ces derniers. Antoine fit des décuries de sénateurs, de chevaliers, et de centurions.

Quand une république est corrompue, on ne peut remédier à aucun des maux qui naissent qu'en ôtant la corruption, et en rappelant les principes; toute autre correction est ou inutile, ou un nouveau mal. Pendant que Rome conserva ses principes, les jugemens purent être sans abus entre les mains des sénateurs; mais quand elle fut corrompue, à quelque corps que ce fût qu'on transportât les jugemens, aux sénateurs, aux chevaliers, aux trésoriers de l'épargne, à deux de ces corps, à tous les trois ensemble, à quelque autre corps que ce fût, on étoit toujours mal. Les chevaliers n'avoient pas plus de vertu que les sénateurs, les trésoriers de l'épargne pas plus que les chevaliers, et ceux-ci aussi peu que les centurions.

Lorsque le peuple de Rome eut obtenu qu'il auroit part aux magistratures patriciennes, il étoit naturel de penser que ses flatteurs alloient être les arbitres du gouvernement. Non : l'on vit ce peuple qui rendoit les magistratures communes aux plébéiens, élire toujours les patriciens. Parce qu'il étoit vertueux, il étoit magnanime ; parce qu'il étoit libre, il dédaignoit le pouvoir. Mais lorsqu'il eut perdu ses principes, plus il eut de pouvoir, moins il eut de ménagemens ; jusqu'à ce qu'enfin, devenu son propre tyran et son propre esclave, il perdit la force de la liberté, pour tomber dans la foiblesse de la licence.

CHAPITRE XIII.

Effet du serment chez un peuple vertueux.

Il n'y a point eu de peuple, dit Tite-Live [1], où la dissolution se soit plus tard introduite que chez les Romains, et où la modération et la pauvreté aient été plus long-temps honorées.

[1] Liv. 1, *in præf.*

Le serment eut tant de force chez ce peuple, que rien ne l'attacha plus aux lois. Il fit bien des fois pour l'observer ce qu'il n'auroit jamais fait pour la gloire ni pour la patrie.

Quintius Cincinnatus, consul, ayant voulu lever une armée dans la ville contre les Éques et les Volsques, les tribuns s'y opposèrent. « Eh bien ! « dit-il, que tous ceux qui ont fait serment au « consul de l'année précédente marchent sous mes « enseignes [1]. » En vain les tribuns s'écrièrent-ils qu'on n'étoit plus lié par ce serment ; que, quand on l'avoit fait, Quintius étoit un homme privé : le peuple fut plus religieux que ceux qui se mêloient de le conduire ; il n'écouta ni les distinctions ni les interprétations des tribuns.

Lorsque le même peuple voulut se retirer sur le Mont-Sacré, il se sentit retenir par le serment qu'il avoit fait aux consuls de les suivre à la guerre [2]. Il forma le dessein de les tuer : on lui fit entendre que le serment n'en subsisteroit pas moins. On peut juger de l'idée qu'il avoit de la violation du serment, par le crime qu'il vouloit commettre.

Après la bataille de Cannes, le peuple effrayé voulut se retirer en Sicile ; Scipion lui fit jurer

---

[1] Tite-Live, liv. III, § 20.

[2] Tite-Live, liv. II, § 32.

qu'il resteroit à Rome : la crainte de violer leur serment surmonta toute autre crainte. Rome étoit un vaisseau tenu par deux ancres dans la tempête, la religion et les mœurs.

CHAPITRE XIV.

Comment le plus petit changement dans la constitution entraîne la ruine des principes.

Aristote nous parle de la république de Carthage comme d'une république très-bien réglée. Polybe nous dit qu'à la seconde guerre punique [1] il y avoit à Carthage cet inconvénient, que le sénat avoit perdu presque toute son autorité. Tite-Live nous apprend que lorsqu'Annibal retourna à Carthage, il trouva que les magistrats et les principaux citoyens détournoient à leur profit les revenus publics, et abusoient de leur pouvoir. La vertu des magistrats tomba donc avec l'autorité du sénat; tout coula du même principe.

On connoît les prodiges de la censure chez les Romains. Il y eut un temps où elle devint pesante; mais on la soutint, parce qu'il y avoit plus de luxe

---

[1] Environ cent ans après.

que de corruption. Claudius l'affoiblit; et, par cet affoiblissement, la corruption devint encore plus grande que le luxe; et la censure¹ s'abolit, pour ainsi dire, d'elle-même. Troublée, demandée, reprise, quittée, elle fut entièrement interrompue jusqu'au temps où elle devint inutile, je veux dire les règnes d'Auguste et de Claude.

CHAPITRE XV.

Moyens très-efficaces pour la conservation des trois principes.

Je ne pourrai me faire entendre que lorsqu'on aura lu les quatre chapitres suivans.

CHAPITRE XVI.

Propriétés distinctives de la république.

Il est de la nature d'une république qu'elle n'ait qu'un petit territoire : sans cela elle ne peut guère subsister. Dans une grande république, il y a de

---

¹ Voyez Dion, liv. XXXVIII; la vie de Cicéron dans Plutarque, Cicéron à Atticus, liv. IV, lettres 10 et 15; Asconius, sur Cicéron, *de divinatione.*

grandes fortunes, et par conséquent peu de modération dans les esprits : il y a de trop grands dépôts à mettre entre les mains d'un citoyen ; les intérêts se particularisent; un homme sent d'abord qu'il peut être heureux, grand, glorieux, sans sa patrie ; et bientôt, qu'il peut être seul grand sur les ruines de sa patrie.

Dans une grande république, le bien commun est sacrifié à mille considérations : il est subordonné à des exceptions; il dépend des accidens. Dans une petite, le bien public est mieux senti, mieux connu, plus près de chaque citoyen : les abus y sont moins étendus, et par conséquent moins protégés.

Ce qui fit subsister si long-temps Lacédémone, c'est qu'après toutes ses guerres elle resta toujours avec son territoire. Le seul but de Lacédémone étoit la liberté; le seul avantage de sa liberté, c'étoit la gloire.

Ce fut l'esprit des républiques grecques de se contenter de leurs terres comme de leurs lois. Athènes prit de l'ambition, et en donna à Lacédémone; mais ce fut plutôt pour commander à des peuples libres que pour gouverner des esclaves; plutôt pour être à la tête de l'union que pour la rompre. Tout fut perdu lorsqu'une monarchie s'éleva; gouvernement dont l'esprit est plus tourné vers l'agrandissement.

Sans des circonstances particulières [1], il est difficile que tout autre gouvernement que le républicain puisse subsister dans une seule ville. Un prince d'un si petit état chercheroit naturellement à opprimer, parce qu'il auroit une grande puissance et peu de moyens pour en jouir, ou pour la faire respecter : il fouleroit donc beaucoup ses peuples. D'un autre côté, un tel prince seroit aisément opprimé par une force étrangère, ou même par une force domestique : le peuple pourroit à tous les instans s'assembler et se réunir contre lui. Or, quand un prince d'une ville est chassé de sa ville, le procès est fini : s'il a plusieurs villes, le procès n'est que commencé.

CHAPITRE XVII.

Propriétés distinctives de la monarchie.

Un état monarchique doit être d'une grandeur médiocre. S'il étoit petit, il se formeroit en république ; s'il étoit fort étendu, les principaux de l'état, grands par eux-mêmes, n'étant point sous

[1] Comme quand un petit souverain se maintient entre deux grands états par leur jalousie mutuelle ; mais il n'existe que précairement.

les yeux du prince, ayant leur cour hors de sa cour, assurés d'ailleurs contre les exécutions promptes par les lois et par les mœurs, pourroient cesser d'obéir; ils ne craindroient pas une punition trop lente et trop éloignée.

Aussi Charlemagne eut-il à peine fondé son empire, qu'il fallut le diviser; soit que les gouverneurs des provinces n'obéissent pas, soit que, pour les faire mieux obéir, il fût nécessaire de partager l'empire en plusieurs royaumes.

Après la mort d'Alexandre, son empire fut partagé. Comment ces grands de Grèce et de Macédoine, libres, ou du moins chefs des conquérans répandus dans cette vaste conquête, auroient-ils pu obéir?

Après la mort d'Attila, son empire fut dissous : tant de rois, qui n'étoient plus contenus, ne pouvoient point reprendre des chaînes.

Le prompt établissement du pouvoir sans bornes est le remède qui, dans ces cas, peut prévenir la dissolution : nouveau malheur après celui de l'agrandissement.

Les fleuves courent se mêler dans la mer : les monarchies vont se perdre dans le despotisme.

CHAPITRE XVIII.

Que la monarchie d'Espagne étoit dans un cas particulier.

Qu'on ne cite point l'exemple de l'Espagne : elle prouve plutôt ce que je dis. Pour garder l'Amérique, elle fit ce que le despotisme même ne fait pas; elle en détruisit les habitans. Il fallut, pour conserver sa colonie, qu'elle la tînt dans la dépendance de sa subsistance même.

Elle essaya le despotisme dans les Pays-Bas; et sitôt qu'elle l'eut abandonné, ses embarras augmentèrent. D'un côté, les Wallons ne vouloient pas être gouvernés par les Espagnols : et de l'autre, les soldats espagnols ne vouloient pas obéir aux officiers wallons [1].

Elle ne se maintint dans l'Italie qu'à force de l'enrichir et de se ruiner : car ceux qui auroient voulu se défaire du roi d'Espagne n'étoient pas, pour cela, d'humeur à renoncer à son argent.

[1] Voyez l'Histoire des Provinces-Unies, par M. Le Clerc.

CHAPITRE XIX.

Propriétés distinctives du gouvernement despotique.

Un grand empire suppose une autorité despotique dans celui qui gouverne. Il faut que la promptitude des résolutions supplée à la distance des lieux où elles sont envoyées; que la crainte empêche la négligence du gouverneur ou du magistrat éloigné; que la loi soit dans une seule tête; et qu'elle change sans cesse, comme les accidens, qui se multiplient toujours dans l'état à proportion de sa grandeur.

CHAPITRE XX.

Conséquence des chapitres précédens.

Que si la propriété naturelle des petits états est d'être gouvernés en république, celle des médiocres d'être soumis à un monarque, celle des grands empires d'être dominés par un despote; il suit que, pour conserver les principes du gouvernement établi, il faut maintenir l'état dans la grandeur qu'il avoit déjà; et que cet état changera d'esprit, à mesure qu'on rétrécira, ou qu'on étendra ses limites.

CHAPITRE XXI.

De l'empire de la Chine.

Avant de finir ce livre, je répondrai à une objection qu'on peut faire sur tout ce que j'ai dit jusqu'ici.

Nos missionnaires nous parlent du vaste empire de la Chine comme d'un gouvernement admirable qui mêle ensemble, dans son principe, la crainte, l'honneur, et la vertu. J'ai donc posé une distinction vaine lorsque j'ai établi les principes des trois gouvernemens.

J'ignore ce que c'est que cet honneur dont on parle chez des peuples à qui on ne fait rien faire qu'à coups de bâton [1].

De plus, il s'en faut beaucoup que nos commerçans nous donnent l'idée de cette vertu dont nous parlent nos missionnaires : on peut les consulter sur les brigandages des mandarins [2]. Je

---

[1] C'est le bâton qui gouverne la Chine, dit le P. Duhalde.
[2] Voyez entre autres la relation de Lange.

prends encore à témoin le grand homme milord Anson.

D'ailleurs, les lettres du P. Parennin sur le procès que l'empereur fit faire à des princes du sang néophytes[1] qui lui avoient déplu, nous font voir un plan de tyrannie constamment suivi, et des injures faites à la nature humaine avec règle, c'est-à-dire de sang-froid.

Nous avons encore les lettres de M. de Mairan et du même P. Parennin, sur le gouvernement de la Chine. Après des questions et des réponses très-sensées, le merveilleux s'est évanoui.

Ne pourroit-il pas se faire que les missionnaires auroient été trompés par une apparence d'ordre; qu'ils auroient été frappés de cet exercice continuel de la volonté d'un seul, par lequel ils sont gouvernés eux-mêmes, et qu'ils aiment tant à trouver dans les cours des rois des Indes; parce que, n'y allant que pour y faire de grands changemens, il leur est plus aisé de convaincre les princes qu'ils peuvent tout faire que de persuader aux peuples qu'ils peuvent tout souffrir[2]?

Enfin il y a souvent quelque chose de vrai dans

[1] De la famille de Sourniama, Lettres édifiantes, recueil XVIII.

[2] Voyez, dans le P. Duhalde, comment les missionnaires se servirent de l'autorité de Canhi pour faire taire les mandarins, qui disoient toujours que, par les lois du pays, un culte étranger ne pouvoit être établi dans l'empire.

les erreurs mêmes. Des circonstances particulières, et peut-être uniques, peuvent faire que le gouvernement de la Chine ne soit pas aussi corrompu qu'il devroit l'être. Des causes tirées de la plupart du physique du climat ont pu forcer les causes morales dans ce pays, et faire des espèces de prodiges.

Le climat de la Chine est tel qu'il favorise prodigieusement la propagation de l'espèce humaine.

Les femmes y sont d'une fécondité si grande que l'on ne voit rien de pareil sur la terre. La tyrannie la plus cruelle n'y arrête point le progrès de la propagation. Le prince n'y peut pas dire, comme Pharaon : *Opprimons-les avec sagesse.* Il seroit plutôt réduit à former le souhait de Néron, que le genre humain n'eût qu'une tête. Malgré la tyrannie, la Chine, par la force du climat, se peuplera toujours, et triomphera de la tyrannie.

La Chine, comme tous les pays où croît le riz [1], est sujette à des famines fréquentes. Lorsque le peuple meurt de faim, il se disperse pour chercher de quoi vivre. Il se forme de toutes parts des bandes de trois, quatre, ou cinq voleurs : la plupart sont d'abord exterminées ; d'autres se grossissent, et sont exterminées encore. Mais, dans un si grand nombre de provinces, et si éloignées, il

---

[1] Voyez, ci-après, liv. XXIII, chap. XIV.

peut arriver que quelque troupe fasse fortune. Elle se maintient, se fortifie, se forme en corps d'armée, va droit à la capitale, et le chef monte sur le trône.

Telle est la nature de la chose, que le mauvais gouvernement y est d'abord puni. Le désordre y naît soudain, parce que ce peuple prodigieux y manque de subsistance. Ce qui fait que, dans d'autres pays, on revient si difficilement des abus, c'est qu'ils n'y ont pas des effets sensibles; le prince n'y est pas averti d'une manière prompte et éclatante, comme il l'est à la Chine.

Il ne sentira point, comme nos princes, que, s'il gouverne mal, il sera moins heureux dans l'autre vie, moins puissant et moins riche dans celle-ci : il saura que si son gouvernement n'est pas bon il perdra l'empire et la vie.

Comme, malgré les expositions d'enfans, le peuple augmente toujours à la Chine [1], il faut un travail infatigable pour faire produire aux terres de quoi le nourrir : cela demande une grande attention de la part du gouvernement. Il est à tous les instans intéressé à ce que tout le monde puisse travailler sans crainte d'être frustré de ses peines. Ce doit moins être un gouvernement civil qu'un gouvernement domestique.

[1] Voyez le mémoire d'un Tsongtou, pour qu'on défriche. Lettres édifiantes, recueil XXI.

Voilà ce qui a produit les réglemens dont on parle tant. On a voulu faire régner les lois avec le despotisme; mais ce qui est joint avec le despotisme n'a plus de force. En vain, ce despotisme, pressé par ses malheurs, a-t-il voulu s'enchaîner; il s'arme de ses chaînes, et devient plus terrible encore.

La Chine est donc un état despotique dont le principe est la crainte. Peut-être que, dans les premières dynasties, l'empire n'étant pas si étendu, le gouvernement déclinoit un peu de cet esprit. Mais aujourd'hui cela n'est pas.

LIVRE IX.

DES LOIS, DANS LE RAPPORT QU'ELLES ONT AVEC LA FORCE DÉFENSIVE.

CHAPITRE I.

Comment les républiques pourvoient à leur sûreté.

Si une république est petite, elle est détruite par une force étrangère; si elle est grande, elle se détruit par un vice intérieur.

Ce double inconvénient infecte également les démocraties et les aristocraties, soit qu'elles soient bonnes, soit qu'elles soient mauvaises. Le mal est dans la chose même : il n'y a aucune forme qui puisse y remédier.

Ainsi il y a grande apparence que les hommes auroient été à la fin obligés de vivre toujours sous le gouvernement d'un seul, s'ils n'avoient imaginé une manière de constitution qui a tous les avantages intérieurs du gouvernement républicain, et la force extérieure du monarchique. Je parle de la république fédérative.

Cette forme de gouvernement est une convention, par laquelle plusieurs corps politiques consentent à devenir citoyens d'un état plus grand qu'ils veulent former. C'est une société de sociétés qui en font une nouvelle qui peut s'agrandir par de nouveaux associés qui se sont unis.

Ce furent ces associations qui firent fleurir si long-temps le corps de la Grèce. Par elles les Romains attaquèrent l'univers, et par elles seules l'univers se défendit contre eux; et, quand Rome fut parvenue au comble de sa grandeur, ce fut par des associations derrière le Danube et le Rhin, associations que la frayeur avoit fait faire, que les barbares purent lui résister.

C'est par-là que la Hollande[1], l'Allemagne, les ligues suisses, sont regardées en Europe comme des républiques éternelles.

Les associations des villes étoient autrefois plus nécessaires qu'elles ne le sont aujourd'hui. Une cité sans puissance couroit de plus grands périls. La conquête lui faisoit perdre non-seulement la puissance exécutrice et la législative, comme aujourd'hui, mais encore tout ce qu'il y a de propriété parmi les hommes [2].

[1] Elle est formée par environ cinquante républiques, toutes différentes les unes des autres. État des Provinces-Unies, par M. Janisson.

[2] Liberté civile, biens, femmes, enfans, temples, et sépultures même.

Cette sorte de république, capable de résister à la force extérieure, peut se maintenir dans sa grandeur sans que l'intérieur se corrompe. La forme de cette société prévient tous les inconvéniens.

Celui qui voudroit usurper ne pourroit guère être également accrédité dans tous les états confédérés. S'il se rendoit trop puissant dans l'un, il alarmeroit tout les autres ; s'il subjuguoit une partie, celle qui seroit libre encore pourroit lui résister avec des forces indépendantes de celles qu'il auroit usurpées, et l'accabler avant qu'il eût achevé de s'établir.

S'il arrive quelque sédition chez un des membres confédérés, les autres peuvent l'apaiser. Si quelques abus s'introduisent quelque part, ils sont corrigés par les parties saines. Cet état peut périr d'un côté sans périr de l'autre ; la confédération peut être dissoute, et les confédérés rester souverains.

Composé de petites républiques, il jouit de la bonté du gouvernement intérieur de chacune ; et, à l'égard du dehors, il a, par la force de l'association, tous les avantages des grandes monarchies.

CHAPITRE II.

Que la constitution fédérative doit être composée d'états de même nature, surtout d'états républicains.

Les Cananéens furent détruits, parce que c'étoient de petites monarchies qui ne s'étoient point confédérées, et qui ne se défendirent pas en commun. C'est que la nature des petites monarchies n'est pas la confédération.

La république fédérative d'Allemagne est composée de villes libres, et de petits états soumis à des princes. L'expérience fait voir qu'elle est plus imparfaite que celle de Hollande et de Suisse.

L'esprit de la monarchie est la guerre et l'agrandissement; l'esprit de la république est la paix et la modération. Ces deux sortes de gouvernemens ne peuvent que d'une manière forcée subsister dans une république fédérative.

Aussi voyons-nous dans l'histoire romaine que, lorsque les Véiens eurent choisi un roi, toutes les petites républiques de Toscane les abandonnèrent. Tout fut perdu en Grèce lorsque les rois de Macédoine obtinrent une place parmi les amphictyons.

La république fédérative d'Allemagne, composée de princes et de villes libres, subsiste, parce qu'elle a un chef qui est en quelque façon le magistrat de l'union, et en quelque façon le monarque.

CHAPITRE III.

Autres choses requises dans la république fédérative.

Dans la république de Hollande, une province ne peut faire une alliance sans le consentement des autres. Cette loi est très-bonne, et même nécessaire dans la république fédérative. Elle manque dans la constitution germanique, où elle préviendroit les malheurs qui y peuvent arriver à tous les membres, par l'imprudence, l'ambition, ou l'avarice d'un seul. Une république qui s'est unie par une confédération politique s'est donnée entière, et n'a plus rien à donner.

Il est difficile que les états qui s'associent soient de même grandeur, et aient une puissance égale. La république des Lyciens [1] étoit une association de vingt-trois villes : les grandes avoient trois voix dans le conseil commun; les médiocres, deux; les

---

[1] Strabon, liv. XIV.

petites, une. La république de Hollande est composée de sept provinces, grandes ou petites, qui ont chacune une voix.

Les villes de Lycie [1] payoient les charges selon la proportion des suffrages. Les provinces de Hollande ne peuvent suivre cette proportion; il faut qu'elles suivent celle de leur puissance.

En Lycie [2], les juges et les magistrats des villes étoient élus par le conseil commun, et selon la proportion que nous avons dite. Dans la république de Hollande, ils ne sont point élus par le conseil commun, et chaque ville nomme ses magistrats. S'il falloit donner un modèle d'une belle république fédérative, je prendrois la république de Lycie.

CHAPITRE IV.

Comment les états despotiques pourvoient à leur sûreté.

Comme les républiques pourvoient à leur sûreté en s'unissant, les états despotiques le font en se séparant, et en se tenant, pour ainsi dire, seuls. Ils sacrifient une partie du pays, ravagent les

[1] Strabon, liv. XIV.
[2] *Ibid.*

frontières, et les rendent désertes ; le corps de l'empire devient inaccessible.

Il est reçu en géométrie que, plus les corps ont d'étendue, plus leur circonférence est relativement petite. Cette pratique de dévaster les frontières est donc plus tolérable dans les grands états que dans les médiocres.

Cet état fait contre lui-même tout le mal que pourroit faire un cruel ennemi, mais un ennemi qu'on ne pourroit arrêter.

L'état despotique se conserve par une autre sorte de séparation, qui se fait en mettant les provinces éloignées entre les mains d'un prince qui en soit feudataire. Le Mogol, la Perse, les empereurs de la Chine, ont leurs feudataires ; et les Turcs se sont très-bien trouvés d'avoir mis entre leurs ennemis et eux les Tartares, les Moldaves, les Valaques, et autrefois les Transilvains.

CHAPITRE V.

Comment la monarchie pourvoit à sa sûreté.

La monarchie ne se détruit pas elle-même comme l'état despotique : mais un état d'une grandeur médiocre pourroit être d'abord envahi. Elle a donc des places fortes qui défendent ses frontières, et des armées pour défendre ses places fortes. Le plus petit terrain s'y dispute avec art, avec courage, avec opiniâtreté. Les états despotiques font entre eux des invasions; il n'y a que les monarchies qui fassent la guerre.

Les places fortes appartiennent aux monarchies; les états despotiques craignent d'en avoir. Ils n'osent les confier à personne; car personne n'y aime l'état et le prince.

CHAPITRE VI.

De la force défensive des états en général.

Pour qu'un état soit dans sa force, il faut que sa grandeur soit telle qu'il y ait un rapport de la vitesse avec laquelle on peut exécuter contre lui quelque entreprise, et la promptitude qu'il peut employer pour la rendre vaine. Comme celui qui attaque peut d'abord paroître partout, il faut que celui qui défend puisse se montrer partout aussi; et, par conséquent, que l'étendue de l'état soit médiocre, afin qu'elle soit proportionnée au degré de vitesse que la nature a donné aux hommes pour se transporter d'un lieu à un autre.

La France et l'Espagne sont précisément de la grandeur requise. Les forces se communiquent si bien, qu'elles se portent d'abord là où l'on veut; les armées s'y joignent, et passent rapidement d'une frontière à l'autre; et l'on n'y craint aucune des choses qui ont besoin d'un certain temps pour être exécutées.

En France, par un bonheur admirable, la capitale se trouve plus près des différentes frontières, justement à proportion de leur foiblesse; et le prince y voit mieux chaque partie de son pays, à mesure qu'elle est plus exposée.

Mais, lorsqu'un vaste état, tel que la Perse, est attaqué, il faut plusieurs mois pour que les troupes dispersées puissent s'assembler; et on ne force pas leur marche pendant tant de temps, comme on fait pendant quinze jours. Si l'armée qui est sur la frontière est battue, elle est sûrement dispersée, parce que ses retraites ne sont pas prochaines: l'armée victorieuse, qui ne trouve pas de résistance, s'avance à grandes journées, paroît devant la capitale, et en forme le siége, lorsqu'à peine les gouverneurs des provinces peuvent être avertis d'envoyer du secours. Ceux qui jugent la révolution prochaine la hâtent, en n'obéissant pas. Car des gens, fidèles uniquement parce que la punition est proche, ne le sont plus dès qu'elle est éloignée; ils travaillent à leurs intérêts particuliers. L'empire se dissout, la capitale est prise, et le conquérant dispute les provinces avec les gouverneurs.

La vraie puissance d'un prince ne consiste pas tant dans la facilité qu'il y a à conquérir que dans la difficulté qu'il y a à l'attaquer, et, si j'ose parler ainsi, dans l'immutabilité de sa condition. Mais l'agrandissement des états leur fait montrer de nouveaux côtés par où on peut les prendre.

Ainsi, comme les monarques doivent avoir de la sagesse pour augmenter leur puissance, ils ne doivent pas avoir moins de prudence afin de la borner. En faisant cesser les inconvéniens de la petitesse, il faut qu'ils aient toujours l'œil sur les inconvéniens de la grandeur.

CHAPITRE VII.

Réflexions.

Les ennemis d'un grand prince qui a si long-temps régné l'ont mille fois accusé, plutôt, je crois, sur leurs craintes que sur leurs raisons, d'avoir formé et conduit le projet de la monarchie universelle. S'il y avoit réussi, rien n'auroit été plus fatal à l'Europe, à ses anciens sujets, à lui, à sa famille.

Le ciel, qui connoît les vrais avantages, l'a mieux servi par des défaites qu'il n'auroit fait par des victoires. Au lieu de le rendre le seul roi de l'Europe, il le favorisa plus en le rendant le plus puissant de tous.

Sa nation, qui, dans les pays étrangers, n'est jamais touchée que de ce qu'elle a quitté; qui, en partant de chez elle, regarde la gloire comme le souverain bien, et, dans les pays éloignés, comme un obstacle à son retour; qui indispose par ses bonnes qualités mêmes, parce qu'elle paroît y joindre du mépris; qui peut supporter les blessures, les périls et les fatigues, et non pas la perte de ses plaisirs; qui n'aime rien tant que sa gaieté, et se console de la perte d'une bataille lorsqu'elle a chanté le général, n'auroit jamais été jusqu'au bout d'une entreprise qui ne peut manquer dans un pays sans manquer dans tous les autres, ni manquer un moment sans manquer pour toujours.

CHAPITRE VIII.

Cas où la force défensive d'un état est inférieure à sa force offensive.

C'étoit le mot du sire de Coucy au roi Charles V, « que les Anglais ne sont jamais si foibles ni si

« aisés à vaincre que chez eux. » C'est ce qu'on disoit des Romains ; c'est ce qu'éprouvèrent les Carthaginois ; c'est ce qui arrivera à toute puissance qui a envoyé au loin des armées pour réunir, par la force de la discipline et du pouvoir militaire, ceux qui sont divisés chez eux par des intérêts politiques ou civils. L'état se trouve foible, à cause du mal qui reste toujours ; et il a été encore affoibli par le remède.

La maxime du sire de Coucy est une exception à la règle générale, qui veut qu'on n'entreprenne point de guerres lointaines ; et cette exception confirme bien la règle, puisqu'elle n'a lieu que contre ceux qui ont eux-mêmes violé la règle.

CHAPITRE IX.

De la force relative des états.

TOUTE grandeur, toute force, toute puissance est relative. Il faut bien prendre garde qu'en cherchant à augmenter la grandeur réelle on ne diminue la grandeur relative.

Vers le milieu du règne de Louis XIV, la France fut au plus haut point de sa grandeur relative. L'Allemagne n'avoit point encore les grands monarques qu'elle a eus depuis. L'Italie étoit dans le même cas. L'Écosse et l'Angleterre ne formoient point un corps de monarchie. L'Aragon n'en formoit pas un avec la Castille ; les parties séparées de l'Espagne en étoient affoiblies, et l'affoiblissoient. La Moscovie n'étoit pas plus connue en Europe que la Crimée.

CHAPITRE X.

De la foiblesse des états voisins.

Lorsqu'on a pour voisin un état qui est dans sa décadence, on doit bien se garder de hâter sa ruine, parce qu'on est à cet égard dans la situation la plus heureuse où l'on puisse être, n'y ayant rien de si commode pour un prince que d'être auprès d'un autre qui reçoit pour lui tous les coups et tous les outrages de la fortune. Et il est rare que, par la conquête d'un pareil état, on augmente autant en puissance réelle qu'on a perdu en puissance relative.

LIVRE X.

DES LOIS, DANS LE RAPPORT QU'ELLES ONT AVEC LA FORCE OFFENSIVE.

CHAPITRE I.

De la force offensive.

La force offensive est réglée par le droit des gens, qui est la loi politique des nations considérées dans le rapport qu'elles ont les unes avec les autres.

CHAPITRE II.

De la guerre.

La vie des états est comme celle des hommes : ceux-ci ont droit de tuer dans le cas de la défense naturelle; ceux-là ont droit de faire la guerre pour leur propre conservation.

Dans le cas de la défense naturelle, j'ai droit

de tuer, parce que ma vie est à moi, comme la vie de celui qui m'attaque est à lui; de même un état fait la guerre, parce que sa conservation est juste comme toute autre conservation.

Entre les citoyens, le droit de la défense naturelle n'emporte point avec lui la nécessité de l'attaque. Au lieu d'attaquer, ils n'ont qu'à recourir aux tribunaux. Ils ne peuvent donc exercer le droit de cette défense que dans les cas momentanés où l'on seroit perdu si l'on attendoit le secours des lois. Mais entre les sociétés, le droit de la défense naturelle entraîne quelquefois la nécessité d'attaquer, lorsqu'un peuple voit qu'une plus longue paix en mettroit un autre en état de le détruire, et que l'attaque est dans ce moment le seul moyen d'empêcher cette destruction.

Il suit de là que les petites sociétés ont plus souvent le droit de faire la guerre que les grandes, parce qu'elles sont plus souvent dans le cas de craindre d'être détruites.

Le droit de la guerre dérive donc de la nécessité et du juste rigide. Si ceux qui dirigent la conscience ou les conseils des princes ne se tiennent pas là, tout est perdu; et, lorsqu'on se fondera sur des principes arbitraires de gloire, de bienséance, d'utilité, des flots de sang inonderont la terre.

Que l'on ne parle pas surtout de la gloire du

prince : sa gloire seroit son orgueil ; c'est une passion, et non pas un droit légitime.

Il est vrai que la réputation de sa puissance pourroit augmenter les forces de son état ; mais la réputation de sa justice les augmenteroit tout de même.

CHAPITRE III.

Du droit de conquête.

Du droit de la guerre dérive celui de conquête, qui en est la conséquence ; il en doit donc suivre l'esprit.

Lorsqu'un peuple est conquis, le droit que le conquérant a sur lui suit quatre sortes de lois : la loi de la nature, qui fait que tout tend à la conservation des espèces ; la loi de la lumière naturelle, qui veut que nous fassions à autrui ce que nous voudrions qu'on nous fît ; la loi qui forme les sociétés politiques, qui sont telles que la nature n'en a point borné la durée ; enfin la loi tirée de la chose même. La conquête est une acquisition ; l'esprit d'acquisition porte avec lui l'esprit de conservation et d'usage, et non pas celui de destruction.

Un état qui en a conquis un autre le traite d'une des quatres manières suivantes : il continue à le gouverner selon ses lois, et ne prend pour lui que l'exercice du gouvernement politique et civil ; ou il lui donne un nouveau gouvernement politique et civil ; ou il détruit la société et la disperse dans d'autres ; ou enfin il extermine tous les citoyens.

La première manière est conforme au droit des gens que nous suivons aujourd'hui ; la quatrième est plus conforme au droit des gens des Romains : sur quoi je laisse à juger à quel point nous sommes devenus meilleurs. Il faut rendre ici hommage à nos temps modernes, à la raison présente, à la religion d'aujourd'hui, à notre philosophie, à nos mœurs.

Les auteurs de notre droit public, fondés sur les histoires anciennes, étant sortis des cas rigides, sont tombés dans de grandes erreurs. Ils ont donné dans l'arbitraire ; ils ont supposé dans les conquérans un droit, je ne sais quel, de tuer : ce qui leur a fait tirer des conséquences terribles comme le principe, et établir des maximes que les conquérans eux-mêmes, lorsqu'ils ont eu le moindre sens, n'ont jamais prises. Il est clair que lorsque la conquête est faite le conquérant n'a plus le droit de tuer, puisqu'il n'est plus dans le cas de la défense naturelle et de sa propre conservation.

Ce qui les a fait penser ainsi, c'est qu'ils ont

cru que le conquérant avoit droit de détruire la société; d'où ils ont conclu qu'il avoit celui de détruire les hommes qui la composent; ce qui est une conséquence faussement tirée d'un faux principe. Car, de ce que la société seroit anéantie, il ne s'ensuivroit pas que les hommes qui la forment dussent aussi être anéantis. La société est l'union des hommes, et non pas les hommes; le citoyen peut périr, et l'homme rester.

Du droit de tuer dans la conquête, les politiques ont tiré le droit de réduire en servitude : mais la conséquence est aussi mal fondée que le principe.

On n'a droit de réduire en servitude que lorsqu'elle est nécessaire pour la conservation de la conquête. L'objet de la conquête est la conservation : la servitude n'est jamais l'objet de la conquête; mais il peut arriver qu'elle soit un moyen nécessaire pour aller à la conservation.

Dans ce cas, il est contre la nature de la chose que cette servitude soit éternelle. Il faut que le peuple esclave puisse devenir sujet. L'esclavage dans la conquête est une chose d'accident. Lorsqu'après un certain espace de temps toutes les parties de l'état conquérant se sont liées avec celles de l'état conquis par des coutumes, des mariages, des lois, des associations, et une certaine conformité d'esprit, la servitude doit cesser : car les droits du conquérant ne sont fondés que sur ce que ces choses-là ne sont pas, et qu'il y a un éloignement entre les deux nations tel que l'une ne peut pas prendre confiance en l'autre.

Ainsi le conquérant qui réduit le peuple en servitude doit toujours se réserver des moyens (et ces moyens sont sans nombre) pour l'en faire sortir.

Je ne dis point ici des choses vagues. Nos pères, qui conquirent l'empire romain, en agirent ainsi. Les lois qu'ils firent dans le feu, dans l'action, dans l'impétuosité, dans l'orgueil de la victoire, ils les adoucirent : leurs lois étoient dures, ils les rendirent impartiales. Les Bourguignons, les Goths et les Lombards, vouloient toujours que les Romains fussent le peuple vaincu; les lois d'Euric, de Gondebaud et de Rotharis, firent du Barbare et du Romain des concitoyens [1].

Charlemagne, pour dompter les Saxons, leur ôta l'ingénuité et la propriété des biens. Louis-le-Débonnaire les affranchit [2] : il ne fit rien de mieux dans tout son règne. Le temps et la servitude avoient adouci leurs mœurs, ils lui furent toujours fidèles.

---

[1] Voyez le code des lois des Barbares, et le livre XXVIII ci-après.

[2] Voyez l'auteur incertain de la vie de Louis-le-Débonnaire, dans le recueil de Duchesne, tome II, page 296.

CHAPITRE IV.

Quelques avantages du peuple conquis.

Au lieu de tirer du droit de conquête des conséquences si fatales, les politiques auroient mieux fait de parler des avantages que ce droit peut quelquefois apporter au peuple vaincu. Ils les auroient mieux sentis, si notre droit des gens étoit exactement suivi, et s'il étoit établi dans toute la terre.

Les états que l'on conquiert ne sont pas ordinairement dans la force de leur institution : la corruption s'y est introduite; les lois y ont cessé d'être exécutées; le gouvernement est devenu oppresseur. Qui peut douter qu'un état pareil ne gâgnât, et ne tirât quelques avantages de la conquête même, si elle n'étoit pas destructrice ? Un gouvernement parvenu au point où il ne peut plus se réformer lui-même, que perdroit-il à être refondu ? Un conquérant qui entre chez un peuple où, par mille ruses et mille artifices, le riche s'est insensiblement pratiqué une infinité de moyens d'usurper, où le malheureux qui gémit, voyant ce qu'il croyoit des abus devenir des lois, est dans l'oppression, et croit avoir tort de la sentir; un conquérant, dis-je, peut dérouter tout, et la tyrannie sourde est la première chose qui souffre la violence.

On a vu, par exemple, des états, opprimés par les traitans, être soulagés par le conquérant qui n'avoit ni les engagemens ni les besoins qu'avoit le prince légitime. Les abus se trouvoient corrigés sans même que le conquérant les corrigeât.

Quelquefois la frugalité de la nation conquérante l'a mise en état de laisser aux vaincus le nécessaire, qui leur étoit ôté sous le prince légitime.

*Une conquête peut détruire les préjugés nuisibles, et mettre, si j'ose parler ainsi, une nation sous un meilleur génie.

Quel bien les Espagnols ne pouvoient-ils pas faire aux Mexicains? Ils avoient à leur donner une religion douce; ils leur apportèrent une superstition furieuse. Ils auroient pu rendre libres les esclaves; et ils rendirent esclaves les hommes libres. Ils pouvoient les éclairer sur l'abus des sacrifices humains; au lieu de cela, ils les exterminèrent. Je n'aurois jamais fini si je voulois raconter tous les biens qu'ils ne firent pas, et tous les maux qu'ils firent.

C'est à un conquérant à réparer une partie des maux qu'il a faits. Je définis ainsi le droit de conquête: un droit nécessaire, légitime et malheureux, qui laisse toujours à payer une dette immense pour s'acquitter envers la nature humaine.

CHAPITRE V.

Gélon, roi de Syracuse.

Le plus beau traité de paix dont l'histoire ait parlé est, je crois, celui que Gélon fit avec les Carthaginois. Il voulut qu'ils abolissent la coutume d'immoler leurs enfans [1]. Chose admirable! après avoir défait trois cent mille Carthaginois, il exigeoit une condition qui n'étoit utile qu'à eux; ou plutôt, il stipuloit pour le genre humain.

Les Bactriens faisoient manger leurs pères vieux à de grands chiens: Alexandre le leur défendit [2]; et ce fut un triomphe qu'il remporta sur la superstition.

---

[1] Voyez le recueil de M. de Barbeyrac, art. 112.
[2] Strabon, liv. II.

CHAPITRE VI.

D'une république qui conquiert.

Il est contre la nature de la chose que, dans une constitution fédérative, un état confédéré conquière sur l'autre, comme nous avons vu de nos jours chez les Suisses [1]. Dans les républiques fédératives mixtes, où l'association est entre de petites républiques et de petites monarchies, cela choque moins.

Il est encore contre la nature de la chose qu'une république démocratique conquière des villes qui ne sauroient entrer dans la sphère de la démocratie. Il faut que le peuple conquis puisse jouir des priviléges de la souveraineté, comme les Romains l'établirent au commencement. On doit borner la conquête au nombre des citoyens que l'on fixera pour la démocratie.

Si une démocratie conquiert un peuple pour le gouverner comme sujet, elle exposera sa propre liberté, parce qu'elle confiera une trop grande

---

[1] Pour le Tockembourg.

puissance aux magistrats qu'elle enverra dans l'état conquis.

Dans quel danger n'eût pas été la république de Carthage, si Annibal avoit pris Rome? Que n'eût-il pas fait dans sa ville après la victoire, lui qui y causa tant de révolutions après sa défaite [1].

Hannon n'auroit jamais pu persuader au sénat de ne point envoyer de secours à Annibal, s'il n'avoit fait parler que sa jalousie. Ce sénat, qu'Aristote nous dit avoir été si sage (chose que la prospérité de cette république nous prouve si bien), ne pouvoit être déterminé que par des raisons sensées. Il auroit fallu être trop stupide pour ne pas voir qu'une armée, à trois cents lieues de là, faisoit des pertes nécessaires qui devoient être réparées.

Le parti d'Hannon vouloit qu'on livrât Annibal [2] aux Romains. On ne pouvoit pour lors craindre les Romains; on craignoit donc Annibal.

On ne pouvoit croire, dit-on, les succès d'Annibal : mais comment en douter ? Les Carthaginois, répandus par toute la terre, ignoroient-ils ce qui se passoit en Italie? C'est parce qu'ils ne l'ignoroient pas qu'on ne vouloit pas envoyer de secours à Annibal.

---

[1] Il étoit à la tête d'une faction.

[2] Hannon vouloit livrer Annibal aux Romains, comme Caton vouloit qu'on livrât César aux Gaulois.

Hannon devient plus ferme après Trébie, après Trasimène, après Cannes : ce n'est point son incrédulité qui augmente, c'est sa crainte.

CHAPITRE VII.

Continuation du même sujet.

Il y a encore un inconvénient aux conquêtes faites par les démocraties. Leur gouvernement est toujours odieux aux états assujettis. Il est monarchique par la fiction ; mais, dans la vérité, il est plus dur que le monarchique, comme l'expérience de tous les temps et de tous les pays l'a fait voir.

Les peuples conquis y sont dans un état triste ; ils ne jouissent ni des avantages de la république, ni de ceux de la monarchie.

Ce que j'ai dit de l'état populaire se peut appliquer à l'aristocratie.

CHAPITRE VIII.

Continuation du même sujet.

Ainsi, quand une république tient quelque peuple sous sa dépendance, il faut qu'elle cherche à réparer les inconvéniens qui naissent de la nature de la chose, en lui donnant un bon droit politique et de bonnes lois civiles.

Une république d'Italie tenoit des insulaires sous son obéissance : mais son droit politique et civil à leur égard étoit vicieux. On se souvient de cet acte[1] d'amnistie qui porte qu'on ne les condamneroit plus à des peines afflictives *sur la conscience informée du gouverneur.* On a vu souvent des peuples demander des priviléges : ici le souverain accorde le droit de toutes les nations.

---

[1] Du 18 octobre 1738, imprimé à Gênes, chez Franchelli. *Vietamo al nostro general-governatore in detta isola di condannare in avvenire solamente* ex informatâ conscientiâ *persona alcuna nazionale in pena afflittiva. Potrà ben si far arrestare ed incarcerare le persone che gli saranno sospette; salvo di rendere poi à noi sollecitamente.* Art. VI.

CHAPITRE IX.

D'une monarchie qui conquiert autour d'elle.

Si une monarchie peut agir long-temps avant que l'agrandissement l'ait affoiblie, elle deviendra redoutable, et sa force durera tout autant qu'elle sera pressée par les monarchies voisines.

Elle ne doit donc conquérir que pendant qu'elle reste dans les limites naturelles à son gouvernement. La prudence veut qu'elle s'arrête sitôt qu'elle passe ces limites.

Il faut dans cette sorte de conquête laisser les choses comme on les a trouvées; les mêmes tribunaux, les mêmes lois, les mêmes coutumes, les mêmes priviléges : rien ne doit être changé que l'armée et le nom du souverain.

Lorsque la monarchie a étendu ses limites par la conquête de quelques provinces voisines, il faut qu'elle les traite avec une grande douceur.

Dans une monarchie qui a travaillé long-temps à conquérir, les provinces de son ancien domaine seront ordinairement très-foulées. Elles ont à souffrir les nouveaux abus et les anciens; et souvent une vaste capitale, qui engloutit tout, les a dépeuplées. Or, si après avoir conquis autour de ce domaine on traitoit les peuples vaincus comme on fait ses anciens sujets, l'état seroit perdu : ce que les provinces conquises enverroient de tributs à la capitale ne leur reviendroit plus; les frontières seroient ruinées, et par conséquent plus foibles; les peuples en seroient mal affectionnés; la subsistance des armées qui doivent y rester et agir seroit plus précaire.

Tel est l'état nécessaire d'une monarchie conquérante; un luxe affreux dans la capitale, la misère dans les provinces qui s'en éloignent, l'abondance aux extrémités. Il en est comme de notre planète : le feu est au centre; la verdure à la surface; une terre aride, froide et stérile entre les deux.

CHAPITRE X.

D'une monarchie qui conquiert une autre monarchie.

QUELQUEFOIS une monarchie en conquiert une autre. Plus celle-ci sera petite, mieux on la contiendra par des forteresses; plus elle sera grande, mieux on la conservera par des colonies.

CHAPITRE XI.

Des mœurs du peuple vaincu.

Dans ces conquêtes, il ne suffit pas de laisser à la nation vaincue ses lois ; il est peut-être plus nécessaire de lui laisser ses mœurs, parce qu'un peuple connoît, aime et défend toujours plus ses mœurs que ses lois.

Les Français ont été chassés neuf fois de l'Italie, à cause, disent les historiens [1], de leur insolence à l'égard des femmes et des filles. C'est trop pour une nation d'avoir à souffrir la fierté du vainqueur, et encore son incontinence, et encore son indiscrétion, sans doute plus fâcheuse, parce qu'elle multiplie à l'infini les outrages.

[1] Parcourez l'histoire de l'univers, par M. Puffendorff.

CHAPITRE XII.

D'une loi de Cyrus.

Je ne regarde pas comme une bonne loi celle que fit Cyrus pour que les Lydiens ne pussent exercer que des professions viles, ou des professions infâmes. On va au plus pressé; on songe aux révoltes, et non pas aux invasions. Mais les invasions viendront bientôt; les deux peuples s'unissent, ils se corrompent tous les deux. J'aimerois mieux maintenir par les lois la rudesse du peuple vainqueur qu'entretenir par elles la mollesse du peuple vaincu.

Aristodème, tyran de Cumes [1], chercha à énerver le courage de la jeunesse. Il voulut que les garçons laissassent croître leurs cheveux, comme les filles; qu'ils les ornassent de fleurs, et portassent des robes de différentes couleurs jusqu'aux talons; que, lorsqu'ils alloient chez leurs maîtres de danse et de musique, des femmes leur portassent des parasols, des parfums et des éventails; que, dans le bain, elles leur donnassent des pei-

---

[1] Denys d'Halicarnasse, liv. VII.

gnes et des miroirs. Cette éducation duroit jusqu'à l'âge de vingt ans. Cela ne peut convenir qu'à un petit tyran, qui expose sa souveraineté pour défendre sa vie.

CHAPITRE XIII.

Charles XII.

Ce prince, qui ne fit usage que de ses seules forces, détermina sa chute, en formant des desseins qui ne pouvoient être exécutés que par une longue guerre ; ce que son royaume ne pouvoit soutenir.

Ce n'étoit pas un état qui fût dans la décadence qu'il entreprit de renverser, mais un empire naissant. Les Moscovites se servirent de la guerre qu'il leur faisoit, comme d'une école. A chaque défaite, ils s'approchoient de la victoire ; et, perdant audehors, ils apprenoient à se défendre au-dedans.

Charles se croyoit le maître du monde dans les déserts de la Pologne, où il erroit, et dans lesquels la Suède étoit comme répandue, pendant que son principal ennemi se fortifioit contre lui, le serroit, s'établissoit sur la mer Baltique, détruisoit ou prenoit la Livonie.

La Suède ressembloit à un fleuve dont on coupoit les eaux dans sa source, pendant qu'on les détournoit dans son cours.

Ce ne fut point Pultava qui perdit Charles : s'il n'avoit pas été détruit dans ce lieu, il l'auroit été dans un autre. Les accidens de la fortune se réparent aisément : on ne peut pas parer à des événemens qui naissent continuellement de la nature des choses.

Mais la nature ni la fortune ne furent jamais si fortes contre lui que lui-même.

Il ne se régloit point sur la disposition actuelle des choses, mais sur un certain modèle qu'il avoit pris : encore le suivit-il très-mal. Il n'étoit point Alexandre; mais il auroit été le meilleur soldat d'Alexandre.

Le projet d'Alexandre ne réussit que parce qu'il étoit sensé. Les mauvais succès des Perses dans les invasions qu'ils firent de la Grèce, les conquêtes d'Agésilas, et la retraite des dix mille, avoient fait connoître au juste la supériorité des Grecs dans leur manière de combattre, et dans le genre de leurs armes; et l'on savoit bien que les Perses étoient trop grands pour se corriger.

Ils ne pouvoient plus affoiblir la Grèce par des divisions : elle étoit alors réunie sous un chef qui ne pouvoit avoir de meilleur moyen pour lui cacher sa servitude que de l'éblouir par la destruction de ses ennemis éternels et par l'espérance de la conquête de l'Asie.

Un empire cultivé par la nation du monde la plus industrieuse, et qui travailloit les terres par principe de religion, fertile et abondant en toutes choses, donnoit à un ennemi toutes sortes de facilités pour y subsister.

On pouvoit juger par l'orgueil de ces rois, toujours vainement mortifiés par leurs défaites, qu'ils précipiteroient leur chute, en donnant toujours des batailles, et que la flatterie ne permettroit jamais qu'ils pussent douter de leur grandeur.

Et non-seulement le projet étoit sage, mais il fut sagement exécuté. Alexandre, dans la rapidité des ses actions, dans le feu de ses passions mêmes, avoit, si j'ose me servir de ce terme, une saillie de raison qui le conduisoit, et que ceux qui ont voulu faire un roman de son histoire, et qui avoient l'esprit plus gâté que lui, n'ont pu nous dérober. Parlons-en tout à notre aise.

CHAPITRE XIV.

Alexandre.

Il ne partit qu'après avoir assuré la Macédoine contre les peuples barbares qui en étoient voisins, et achevé d'accabler les Grecs ; il ne se servit de cet accablement que pour l'exécution de son entreprise; il rendit impuissante la jalousie des Lacédémoniens ; il attaqua les provinces maritimes ; il fit suivre à son armée de terre les côtes de la mer, pour n'être point séparé de sa flotte; il se servit admirablement bien de la discipline contre le nombre; il ne manqua point de subsistance : et, s'il est vrai que la victoire lui donna tout, il fit aussi tout pour se procurer la victoire.

Dans le commencement de son entreprise, c'est-à-dire dans un temps où un échec pouvoit le renverser, il mit peu de chose au hasard : quand la fortune le mit au-dessus des événemens, la témérité fut quelquefois un de ses moyens. Lorsqu'avant son départ, il marche contre les Triballiens et les Illyriens, vous voyez une guerre [1] comme celle

---

[1] Voyez Arrien, *de exped. Alexand.*, lib. I.

que César fit depuis dans les Gaules. Lorsqu'il est de retour dans la Grèce¹, c'est comme malgré lui qu'il prend et détruit Thèbes : campé auprès de leur ville, il attend que les Thébains veuillent faire la paix; ils précipitent eux-mêmes leur ruine. Lorsqu'il s'agit de combattre² les forces maritimes des Perses, c'est plutôt Parménion qui a de l'audace, c'est plutôt Alexandre qui a de la sagesse. Son industrie fut de séparer les Perses des côtes de la mer, et de les réduire à abandonner eux-mêmes leur marine, dans laquelle ils étoient supérieurs. Tyr étoit par principe attachée aux Perses, qui ne pouvoient se passer de son commerce et de sa marine; Alexandre la détruisit. Il prit l'Égypte, que Darius avoit laissée dégarnie de troupes pendant qu'il assembloit des armées innombrables dans un autre univers.

Le passage du Granique fit qu'Alexandre se rendit maître des colonies grecques; la bataille d'Issus lui donna Tyr et l'Égypte; la bataille d'Arbelles lui donna toute la terre.

Après la bataille d'Issus, il laisse fuir Darius, et ne s'occupe qu'à affermir et à régler ses conquêtes : après la bataille d'Arbelles, il le suit de si près³, qu'il ne lui laisse aucune retraite dans

---

¹ Voyez Arrien, *de exped. Alexand.*, lib. I.
² *Ibid.*
³ *Ibid.*, lib. III.

son empire. Darius n'entre dans ses villes et dans ses provinces que pour en sortir : les marches d'Alexandre sont si rapides que vous croyez voir l'empire de l'univers plutôt le prix de la course, comme dans les jeux de la Grèce, que le prix de la victoire.

C'est ainsi qu'il fit ses conquêtes : voyons comment il les conserva.

Il résista à ceux qui vouloient qu'il traitât[1] les Grecs comme maîtres, et les Perses comme esclaves ; il ne songea qu'à unir les deux nations, et à faire perdre les distinctions du peuple conquérant et du peuple vaincu ; il abandonna après la conquête tous les préjugés qui lui avoient servi à la faire ; il prit les mœurs des Perses, pour ne pas désoler les Perses, en leur faisant prendre les mœurs des Grecs ; c'est ce qui fit qu'il marqua tant de respect pour la femme et pour la mère de Darius, et qu'il montra tant de continence. Qu'est-ce que ce conquérant qui est pleuré de tous les peuples qu'il a soumis ? qu'est-ce que cet usurpateur sur la mort duquel la famille qu'il a renversée du trône verse des larmes ? C'est un trait de cette vie dont les historiens ne nous disent pas que quelque autre conquérant puisse se vanter.

[1] C'étoit le conseil d'Aristote. Plutarque, OEuvres morales, *de la fortune d'Alexandre.*

Rien n'affermit plus une conquête que l'union qui se fait des deux peuples par les mariages. Alexandre prit des femmes de la nation qu'il avoit vaincue; il voulut que ceux de sa cour [1] en prissent aussi; le reste des Macédoniens suivit cet exemple. Les Francs et les Bourguignons [2] permirent ces mariages: les Wisigoths les défendirent [3] en Espagne, et ensuite ils les permirent; les Lombards ne les permirent pas seulement, mais même les favorisèrent [4] : quand les Romains voulurent affoiblir la Macédoine, ils y établirent qu'il ne pourroit se faire d'union par mariage entre les peuples des provinces.

Alexandre, qui cherchoit à unir les deux peuples, songea à faire dans la Perse un grand nombre de colonies grecques : il bâtit une infinité de villes, et il cimenta si bien toutes les parties de ce nouvel empire qu'après sa mort, dans le trouble et la confusion des plus affreuses guerres civiles, après que les Grecs se furent, pour ainsi dire, anéantis eux-mêmes, aucune province de Perse ne se révolta.

---

[1] Voyez Arrien, *de exped. Alexand.*, lib. VII.

[2] Voyez la loi des Bourguignons, titre XII, art. 5.

[3] Voyez la loi des Wisigoths, liv. III, titre v, § 1, qui abroge la loi ancienne, qui avoit plus d'égard, y est-il dit, à la différence des nations, que des conditions.

[4] Voyez la loi des Lombards, liv. II, tit. VII, § 1 et 2.

Pour ne point épuiser la Grèce et la Macédoine, il envoya à Alexandrie une colonie de Juifs [1] : il ne lui importoit quelles mœurs eussent ces peuples, pourvu qu'ils lui fussent fidèles.

Il ne laissa pas seulement aux peuples vaincus leurs mœurs; il leur laissa encore leurs lois civiles, et souvent même les rois et les gouverneurs qu'il avoit trouvés. Il mettoit les Macédoniens [2] à la tête des troupes, et les gens du pays à la tête du gouvernement; aimant mieux courir le risque de quelque infidélité particulière (ce qui lui arriva quelquefois), que d'une révolte générale. Il respecta les traditions anciennes, et tous les monumens de la gloire ou de la vanité des peuples. Les rois de Perse avoient détruit les temples des Grecs, des Babyloniens et des Égyptiens : il les rétablit [3] : peu de nations se soumirent à lui, sur les autels desquelles il ne fit des sacrifices. Il sembloit qu'il n'eût conquis que pour être le monarque particulier de chaque nation, et le premier citoyen de chaque ville. Les Romains conquirent tout pour tout détruire : il voulut tout conquérir pour tout conserver; et, quelque pays qu'il pacourût, ses

---

[1] Les rois de Syrie, abandonnant le plan des fondateurs de l'empire, voulurent obliger les Juifs à prendre les mœurs des Grecs ; ce qui donna à leur état de terribles secousses.

[2] Voyez Arrien, *de exped. Alexand.*, lib. III et autres.

[3] *Ibid.*

premières idées, ses premiers desseins furent toujours de faire quelque chose qui pût en augmenter la prospérité et la puissance. Il en trouva les premiers moyens dans la grandeur de son génie; les seconds, dans sa frugalité et son économie particulière [1]; les troisièmes, dans son immense prodigalité pour les grandes choses. Sa main se fermoit pour les dépenses privées ; elle s'ouvroit pour les dépenses publiques. Falloit-il régler sa maison, c'étoit un Macédonien ; falloit-il payer les dettes des soldats, faire part de sa conquête aux Grecs, faire la fortune de chaque homme de son armée, il étoit Alexandre.

Il fit deux mauvaises actions : il brûla Persépolis, et tua Clitus. Il les rendit célèbres par son repentir : de sorte qu'on oublia ses actions criminelles, pour se souvenir de son respect pour la vertu ; de sorte qu'elles furent considérées plutôt comme des malheurs que comme des choses qui lui fussent propres; de sorte que la postérité trouve la beauté de son âme presque à côté de ses emportemens et de ses foiblesses; de sorte qu'il fallut le plaindre, et qu'il n'étoit plus possible de le haïr.

Je vais le comparer à César. Quand César voulut imiter les rois d'Asie, il désespéra les Romains pour

---

[1] Voyez Arrien, *de exped. Alexand.*, lib. VII.

une chose de pure ostentation; quand Alexandre voulut imiter les rois d'Asie, il fit une chose qui entroit dans le plan de sa conquête.

CHAPITRE XV.

Nouveaux moyens de conserver la conquête.

Lorsqu'un monarque conquiert un grand état, il y a une pratique admirable, également propre à modérer le despotisme et à conserver la conquête : les conquérans de la Chine l'ont mise en usage.

Pour ne point désespérer le peuple vaincu, et ne point enorgueillir le vainqueur, pour empêcher que le gouvernement ne devienne militaire, et pour contenir les deux peuples dans le devoir, la famille tartare qui règne présentement à la Chine a établi que chaque corps de troupes, dans les provinces, seroit composé de moitié Chinois et moitié Tartares, afin que la jalousie entre les deux nations les contienne dans le devoir. Les tribunaux sont aussi moitié chinois, moitié tartares. Cela produit plusieurs bons effets : 1° les deux nations se contiennent l'une l'autre; 2° elles gardent toutes les deux la puissance militaire et civile, et l'une n'est pas anéantie par l'autre ; 3° la nation conquérante peut se répandre partout sans s'affoiblir et se perdre ; elle devient capable de résister aux guerres civiles et étrangères. Institution si sensée que c'est le défaut d'une pareille qui a perdu presque tous ceux qui ont conquis sur la terre.

CHAPITRE XVI.

D'un état despotique qui conquiert.

Lorsque la conquête est immense, elle suppose le despotisme. Pour lors l'armée répandue dans les provinces ne suffit pas. Il faut qu'il y ait toujours autour du prince un corps particulièrement affidé, toujours prêt à fondre sur la partie de l'empire qui pourroit s'ébranler. Cette milice doit contenir les autres, et faire trembler tous ceux à qui on a été obligé de laisser quelque autorité dans l'empire. Il y a autour de l'empereur de la Chine un gros corps de Tartares toujours prêts pour le besoin. Chez le Mogol, chez les Turcs, au Japon, il y a un corps à la solde du prince, indépendamment de ce qui est entretenu du revenu des terres. Ces forces particulières tiennent en respect les générales.

CHAPITRE XVII.

Continuation du même sujet.

Nous avons dit que les états que le monarque despotique conquiert doivent être feudataires. Les historiens s'épuisent en éloges sur la générosité des conquérans qui ont rendu la couronne aux princes qu'ils avoient vaincus. Les Romains étoient donc bien généreux, qui faisoient partout des rois pour avoir des instrumens de servitude [1]. Une action pareille est un acte nécessaire. Si le conquérant garde l'état conquis, les gouverneurs qu'il enverra ne sauront contenir les sujets, ni lui-même ses gouverneurs. Il sera obligé de dégarnir de troupes son ancien patrimoine pour garantir le nouveau. Tous les malheurs des deux états seront communs; la guerre civile de l'un sera la guerre civile de l'autre. Que si, au contraire, le conquérant rend le trône au prince légitime, il aura un allié nécessaire, qui, avec les forces qui lui seront propres, augmentera les siennes. Nous venons de voir Schah-Nadir conquérir les trésors du Mogol, et lui laisser l'Indoustan.

[1] *Ut haberet instrumenta servitutis et reges.* Tacit., J. Agr. vit., § 14.

LIVRE XI.

DES LOIS QUI FORMENT LA LIBERTÉ POLITIQUE DANS SON RAPPORT AVEC LA CONSTITUTION.

CHAPITRE I.

Idée générale.

Je distingue les lois qui forment la liberté politique dans son rapport avec la constitution, d'avec celles qui la forment dans son rapport avec le citoyen. Les premières seront le sujet de ce livre-ci; je traiterai des secondes dans le livre suivant.

CHAPITRE II.

Diverses significations données au mot de liberté.

Il n'y a point de mot qui ait reçu plus de différentes significations et qui ait frappé les esprits de tant de manières, que celui de *liberté*. Les uns l'ont pris pour la facilité de déposer celui à qui ils avoient donné un pouvoir tyrannique ; les autres, pour la faculté d'élire celui à qui ils devoient obéir ; d'autres, pour le droit d'être armés, et de pouvoir exercer la violence ; ceux-ci, pour le privilége de n'être gouvernés que par un homme de leur nation, ou par leurs propres lois[1]. Certain peuple a long-temps pris la liberté, pour l'usage de porter une longue barbe[2]. Ceux-ci ont attaché ce nom à une forme de gouvernement, et en ont exclu les autres. Ceux qui avoient goûté du gouvernement républicain l'ont mise dans ce gouvernement ; ceux qui avoient joui du gouvernement monarchique l'ont placée dans la monarchie[3]. Enfin chacun a appelé *liberté* le gouvernement qui étoit conforme à ses coutumes ou à ses inclinations ; et comme, dans une république, on n'a pas toujours devant les yeux, et d'une manière si présente, les instrumens des maux dont on se plaint, et que même les lois paroissent y parler plus, et les exécuteurs de la loi y parler moins, on la place ordinairement dans les républiques, et on l'a exclue des

---

[1] « J'ai, dit Cicéron, copié l'édit de Scévola, qui permet aux Grecs de terminer entre eux leurs différends, selon leurs lois, ce qui fait qu'ils se regardent comme des peuples libres. »

[2] Les Moscovites ne pouvoient souffrir que le czar Pierre la leur fît couper.

[3] Les Cappadociens refusèrent l'état républicain, que leur offrirent les Romains.

monarchies. Enfin, comme dans les démocraties le peuple paroît à peu près faire ce qu'il veut, on a mis la liberté dans ces sortes de gouvernemens, et on a confondu le pouvoir du peuple avec la liberté du peuple.

CHAPITRE III.

Ce que c'est que la liberté.

Il est vrai que dans les démocraties le peuple paroît faire ce qu'il veut ; mais la liberté politique ne consiste point à faire ce que l'on veut. Dans un état, c'est-à-dire dans une société où il y a des lois, la liberté ne peut consister qu'à pouvoir faire ce que l'on doit vouloir, et à n'être point contraint de faire ce que l'on ne doit pas vouloir.

Il faut se mettre dans l'esprit ce que c'est que l'indépendance, et ce que c'est que la liberté. La liberté est le droit de faire tout ce que les lois permettent ; et, si un citoyen pouvoit faire ce qu'elles défendent, il n'auroit plus de liberté, parce que les autres auroient tout de même ce pouvoir.

CHAPITRE IV.

Continuation du même sujet.

La démocratie et l'aristocratie ne sont point des états libres par leur nature. La liberté politique ne se trouve que dans les gouvernemens modérés. Mais elle n'est pas toujours dans les états modérés; elle n'y est que lorsqu'on n'abuse pas du pouvoir : mais c'est une expérience éternelle, que tout homme qui a du pouvoir est porté à en abuser; il va jusqu'à ce qu'il trouve des limites. Qui le diroit! la vertu même a besoin de limites.

Pour qu'on ne puisse abuser du pouvoir, il faut que, par la disposition des choses, le pouvoir arrête le pouvoir. Une constitution peut être telle que personne ne sera contraint de faire les choses auxquelles la loi ne l'oblige pas, et à ne point faire celles que la loi lui permet.

CHAPITRE V.

De l'objet des états divers.

Quoique tous les états aient en général un même objet, qui est de se maintenir, chaque état en a pourtant un qui lui est particulier. L'agrandissement étoit l'objet de Rome; la guerre, celui de Lacédémone; la religion, celui des lois judaïques; le commerce, celui de Marseille; la tranquillité publique, celui des lois de la Chine [1]; la navigation, celui des lois des Rhodiens; la liberté naturelle, l'objet de la police des sauvages; en général, les délices du prince, celui des états despotiques; sa gloire et celle de l'état, celui des monarchies : l'indépendance de chaque particulier est l'objet des lois de Pologne; et ce qui en résulte, l'oppression de tous [2].

Il y a aussi une nation dans le monde qui a pour objet direct de sa constitution la liberté politique. Nous allons examiner les principes sur lesquels

---

[1] Objet naturel d'un état qui n'a point d'ennemis au dehors, ou qui croit les avoir arrêtés par des barrières.

[2] Inconvénient du *Liberum veto*.

elle la fonde. S'ils sont bons, la liberté y paroîtra comme dans un miroir.

Pour découvrir la liberté politique dans la constitution, il ne faut pas tant de peine. Si on peut la voir où elle est, si on l'a trouvée, pourquoi la chercher?

CHAPITRE VI.

De la constitution d'Angleterre.

Il y a dans chaque état trois sortes de pouvoirs; la puissance législative, la puissance exécutrice des choses qui dépendent du droit des gens, et la puissance exécutrice de celles qui dépendent du droit civil.

Par la première, le prince ou le magistrat fait des lois pour un temps ou pour toujours, et corrige ou abroge celles qui sont faites. Par la seconde, il fait la paix ou la guerre, envoie ou reçoit des ambassades, établit la sûreté, prévient les invasions. Par la troisième, il punit les crimes, ou juge les différends des particuliers. On appellera cette dernière la puissance de juger; et l'autre, simplement la puissance exécutrice de l'état.

La liberté politique dans un citoyen est cette

tranquillité d'esprit qui provient de l'opinion que chacun a de sa sûreté; et, pour qu'on ait cette liberté, il faut que le gouvernement soit tel qu'un citoyen ne puisse pas craindre un autre citoyen.

Lorsque dans la même personne ou dans le même corps de magistrature la puissance législative est réunie à la puissance exécutrice, il n'y a point de liberté, parce qu'on peut craindre que le même monarque ou le même sénat ne fasse des lois tyranniques pour les exécuter tyranniquement.

Il n'y a point encore de liberté si la puissance de juger n'est pas séparée de la puissance législative et de l'exécutrice. Si elle étoit jointe à la puissance législative, le pouvoir sur la vie et la liberté des citoyens seroit arbitraire; car le juge seroit législateur. Si elle étoit jointe à la puissance exécutrice, le juge pourroit avoir la force d'un oppresseur.

Tout seroit perdu si le même homme, ou le même corps des principaux, ou des nobles ou du peuple, exerçoient ces trois pouvoirs; celui de faire des lois, celui d'exécuter les résolutions publiques, et celui de juger les crimes ou les différends des particuliers.

Dans la plupart des royaumes de l'Europe, le gouvernement est modéré, parce que le prince, qui a les deux premiers pouvoirs, laisse à ses sujets l'exercice du troisième. Chez les Turcs, où ces trois pouvoirs sont réunis sur la tête du sultan, il règne un affreux despotisme.

Dans les républiques d'Italie, où ces trois pouvoirs sont réunis, la liberté se trouve moins que dans nos monarchies. Aussi le gouvernement a-t-il besoin, pour se maintenir, de moyens aussi violens que le gouvernement des Turcs; témoin les inquisiteurs d'état[1], et le tronc où tout délateur peut, à tous les momens, jeter avec un billet son accusation.

Voyez quelle peut être la situation d'un citoyen dans ces républiques. Le même corps de magistrature a, comme exécuteur des lois, toute la puissance qu'il s'est donnée comme législateur. Il peut ravager l'état par ses volontés générales; et, comme il a encore la puissance de juger, il peut détruire chaque citoyen par ses volontés particulières.

Toute la puissance y est une; et, quoiqu'il n'y ait point de pompe extérieure qui découvre un prince despotique, on le sent à chaque instant.

Aussi les princes qui ont voulu se rendre despotiques ont-ils toujours commencé par réunir en leur personne toutes les magistratures; et plusieurs rois d'Europe, toutes les grandes charges de leur état.

[1] A Venise.

Je crois bien que la pure aristocratie héréditaire des républiques d'Italie ne répond pas précisément au despotisme de l'Asie. La multitude des magistrats adoucit quelquefois la magistrature; tous les nobles ne concourent pas toujours aux mêmes desseins; on y forme divers tribunaux qui se tempèrent. Ainsi, à Venise, le grand conseil a la législation; le pregadi, l'exécution; les quaranties, le pouvoir de juger. Mais le mal est que ces tribunaux différens sont formés par des magistrats du même corps; ce qui ne fait guère qu'une même puissance.

La puissance de juger ne doit pas être donnée à un sénat permanent, mais exercée par des personnes tirées du corps du peuple [1], dans certains temps de l'année, de la manière prescrite par la loi, pour former un tribunal qui ne dure qu'autant que la nécessité le requiert.

De cette façon, la puissance de juger, si terrible parmi les hommes, n'étant attachée ni à un certain état, ni à une certaine profession, devient, pour ainsi dire, invisible et nulle. On n'a point continuellement des juges devant les yeux; et l'on craint la magistrature, et non pas les magistrats.

Il faut même que dans les grandes accusations, le criminel, concurremment avec la loi, se choi-

---

[1] Comme à Athènes.

sisse des juges; ou, du moins, qu'il en puisse récuser un si grand nombre, que ceux qui restent soient censés être de son choix.

Les deux autres pouvoirs pourroient plutôt être donnés à des magistrats ou à des corps permanens, parce qu'ils ne s'exercent sur aucun particulier, n'étant, l'un, que la volonté générale de l'état, et l'autre, que l'exécution de cette volonté générale.

Mais, si les tribunaux ne doivent pas être fixes, les jugemens doivent l'être à un tel point qu'ils ne soient jamais qu'un texte précis de la loi. S'ils étoient une opinion particulière du juge, on vivroit dans la société, sans savoir précisément les engagemens que l'on y contracte.

Il faut même que les juges soient de la condition de l'accusé, ou ses pairs, pour qu'il ne puisse pas se mettre dans l'esprit qu'il soit tombé entre les mains de gens portés à lui faire violence.

Si la puissance législative laisse à l'exécutrice le droit d'emprisonner des citoyens qui peuvent donner caution de leur conduite, il n'y a plus de liberté, à moins qu'ils ne soient arrêtés pour répondre sans délai à une accusation que la loi a rendue capitale; auquel cas ils sont réellement libres, puisqu'ils ne sont soumis qu'à la puissance de la loi.

Mais si la puissance législative se croyoit en

danger par quelque conjuration secrète contre l'état, ou quelque intelligence avec les ennemis du dehors, elle pourroit, pour un temps court et limité, permettre à la puissance exécutrice de faire arrêter les citoyens suspects, qui ne perdroient leur liberté pour un temps que pour la conserver pour toujours.

Et c'est le seul moyen conforme à la raison de suppléer à la tyrannique magistrature des éphores, et aux inquisiteurs d'état de Venise, qui sont aussi despotiques.

Comme dans un état libre tout homme qui est censé avoir un âme libre doit être gouverné par lui-même, il faudroit que le peuple en corps eût la puissance législative; mais comme cela est impossible dans les grands états, et est sujet à beaucoup d'inconvéniens dans les petits, il faut que le peuple fasse par ses représentans tout ce qu'il ne peut faire par lui-même.

L'on connoît beaucoup mieux les besoins de sa ville que ceux des autres villes, et on juge mieux de la capacité de ses voisins que de celle de ses autres compatriotes. Il ne faut donc pas que les membres du corps législatif soient tirés en général du corps de la nation; mais il convient que, dans chaque lieu principal, les habitans se choisissent un représentant.

Le grand avantage des représentans, c'est qu'ils

sont capables de discuter les affaires. Le peuple n'y est point du tout propre; ce qui forme un des grands inconvéniens de la démocratie.

Il n'est pas nécessaire que les représentans, qui ont reçu de ceux qui les ont choisis une instruction générale, en reçoivent une particulière sur chaque affaire, comme cela se pratique dans les diètes d'Allemagne. Il est vrai que, de cette manière, la parole des députés seroit plus l'expression de la voix de la nation : mais cela jetteroit dans des longueurs infinies, rendroit chaque député le maître de tous les autres; et, dans les occasions les plus pressantes, toute la force de la nation pourroit être arrêtée par un caprice.

Quand les députés, dit très-bien M. Sidney, représentent un corps de peuple comme en Hollande, ils doivent rendre compte à ceux qui les ont commis : c'est autre chose lorsqu'ils sont députés par des bourgs, comme en Angleterre.

Tous les citoyens, dans les divers districts, doivent avoir droit de donner leur voix pour choisir le représentant, excepté ceux qui sont dans un tel état de bassesse qu'ils sont réputés n'avoir point de volonté propre.

Il y avoit un grand vice dans la plupart des anciennes républiques : c'est que le peuple avoit droit d'y prendre des résolutions actives, et qui demandent quelque exécution; chose dont il est entièrement incapable Il ne doit entrer dans le gouvernement que pour choisir ses représentans; ce qui est très à sa portée. Car, s'il y a peu de gens qui connoissent le degré précis de la capacité des hommes, chacun est pourtant capable de savoir en général si celui qu'il choisit est plus éclairé que la plupart des autres.

Le corps représentant ne doit pas être choisi non plus pour prendre quelque résolution active, chose qu'il ne feroit pas bien, mais pour faire des lois, ou pour voir si l'on a bien exécuté celles qu'il a faites, chose qu'il peut très-bien faire, et qu'il n'y a même que lui qui puisse bien faire.

Il y a toujours dans un état des gens distingués par la naissance, les richesses ou les honneurs; mais, s'ils étoient confondus parmi le peuple, et s'ils n'y avoient qu'une voix comme les autres, la liberté commune seroit leur esclavage, et ils n'auroient aucun intérêt à la défendre, parce que la plupart des résolutions seroient contre eux. La part qu'ils ont à la législation doit donc être proportionnée aux autres avantages qu'ils ont dans l'état; ce qui arrivera s'ils forment un corps qui ait droit d'arrêter les entreprises du peuple, comme le peuple a droit d'arrêter les leurs.

Ainsi la puissance législative sera confiée et au corps des nobles, et au corps qui sera choisi pour représenter le peuple, qui auront chacun leurs assemblées et leurs délibérations à part, et des vues et des intérêts séparés.

Des trois puissances dont nous avons parlé, celle de juger est en quelque façon nulle. Il n'en reste que deux; et comme elles ont besoin d'une puissance réglante pour les tempérer, la partie du corps législatif qui est composée de nobles est très-propre à produire cet effet.

Le corps des nobles doit être héréditaire. Il l'est premièrement par sa nature, et d'ailleurs il faut qu'il ait un très-grand intérêt à conserver ses prérogatives, odieuses par elles-mêmes, et qui, dans un état libre, doivent toujours être en danger.

Mais, comme une puissance héréditaire pourroit être induite à suivre ses intérêts particuliers et à oublier ceux du peuple, il faut que dans les choses où l'on a un souverain intérêt à la corrompre, comme dans les lois qui concernent la levée de l'argent, elle n'ait de part à la législation que par sa faculté d'empêcher, et non par sa faculté de statuer.

J'appelle *faculté de statuer*, le droit d'ordonner par soi-même, ou de corriger ce qui a été ordonné par un autre. J'appelle *faculté d'empêcher*, le droit de rendre nulle une résolution prise par quelque autre; ce qui étoit la puissance des tribuns de Rome. Et quoique celui qui a la faculté d'empêcher puisse avoir aussi le droit d'approuver, pour lors cette approbation n'est autre chose qu'une déclaration qu'il ne fait point d'usage de sa faculté d'empêcher, et dérive de cette faculté.

La puissance exécutrice doit être entre les mains d'un monarque, parce que cette partie du gouvernement, qui a presque toujours besoin d'une action momentanée, est mieux administrée par un que par plusieurs; au lieu que ce qui dépend de la puissance législative est souvent mieux ordonné par plusieurs que par un seul.

Que s'il n'y avoit point de monarque, et que la puissance exécutrice fût confiée à un certain nombre de personnes tirées du corps législatif, il n'y auroit plus de liberté, parce que les deux puissances seroient unies, les mêmes personnes ayant quelquefois, et pouvant toujours avoir part à l'une et à l'autre.

Si le corps législatif étoit un temps considérable sans être assemblé, il n'y auroit plus de liberté. Car il arriveroit de deux choses l'une : ou qu'il n'y auroit plus de résolution législative, et l'état tomberoit dans l'anarchie; ou que ces résolutions seroient prises par la puissance exécutrice, et elle deviendroit absolue.

Il seroit inutile que le corps législatif fût toujours assemblé. Cela seroit incommode pour les représentans, et d'ailleurs occuperoit trop la puissance exécutrice, qui ne penseroit point à exécuter, mais à défendre ses prérogatives et le droit qu'elle a d'exécuter.

De plus, si le corps législatif étoit continuellement assemblé, il pourroit arriver que l'on ne feroit que suppléer de nouveaux députés à la place de ceux qui mourroient ; et dans ce cas, si le corps législatif étoit une fois corrompu, le mal seroit sans remède. Lorsque divers corps législatifs se succèdent les uns aux autres, le peuple, qui a mauvaise opinion du corps législatif actuel, porte avec raison ses espérances sur celui qui viendra après : mais, si c'étoit toujours le même corps, le peuple, le voyant une fois corrompu, n'espéreroit plus rien de ses lois ; il deviendroit furieux, ou tomberoit dans l'indolence.

Le corps législatif ne doit point s'assembler lui-même : car un corps n'est censé avoir de volonté que lorsqu'il est assemblé ; et, s'il ne s'assembloit pas unanimement, on ne sauroit dire quelle partie seroit véritablement le corps législatif, celle qui seroit assemblée, ou celle qui ne le seroit pas. Que s'il avoit droit de se proroger lui-même, il pourroit arriver qu'il ne se prorogeroit jamais ; ce qui seroit dangereux dans le cas où il voudroit attenter contre la puissance exécutrice. D'ailleurs, il y a des temps plus convenables les uns que les autres pour l'assemblée du corps législatif : il faut donc que ce soit la puissance exécutrice qui règle le temps de la tenue et de la durée de ces assemblées, par rapport aux circonstances qu'elle connoît.

Si la puissance exécutrice n'a pas le droit d'arrêter les entreprises du corps législatif, celui-ci sera despotique; car, comme il pourra se donner tout le pouvoir qu'il peut imaginer, il anéantira toutes les autres puissances.

Mais il ne faut pas que la puissance législative ait réciproquement la faculté d'arrêter la puissance exécutrice; car l'exécution ayant ses limites par sa nature, il est inutile de la borner; outre que la puissance exécutrice s'exerce toujours sur des choses momentanées. Et la puissance des tribuns de Rome étoit vicieuse, en ce qu'elle arrêtoit non-seulement la législation, mais même l'exécution; ce qui causoit de grands maux.

Mais si, dans un état libre, la puissance législative ne doit pas avoir le droit d'arrêter la puissance exécutrice, elle a droit, et doit avoir la faculté d'examiner de quelle manière les lois qu'elle a faites ont été exécutées; et c'est l'avantage qu'a ce gouvernement sur celui de Crète et de Lacédémone, où les *cosmes* et les *éphores* ne rendoient point compte de leur administration.

Mais, quel que soit cet examen, le corps législatif ne doit point avoir le pouvoir de juger la personne, et par conséquent la conduite de celui qui exécute. Sa personne doit être sacrée, parce qu'étant nécessaire à l'état pour que le corps législatif n'y devienne pas tyrannique, dès le moment qu'il seroit accusé ou jugé, il n'y auroit plus de liberté.

Dans ce cas l'état ne seroit point une monarchie, mais une république non libre. Mais comme celui qui exécute ne peut exécuter mal sans avoir des conseillers méchans et qui haïssent les lois comme ministres, quoiqu'elles les favorisent comme hommes, ceux-ci peuvent être recherchés et punis. Et c'est l'avantage de ce gouvernement sur celui de Gnide, où la loi ne permettant point d'appeler en jugement les *amimones*[1], même après leur administration[2], le peuple ne pouvoit jamais se faire rendre raison des injustices qu'on lui avoit faites.

Quoique en général la puissance de juger ne doive être unie à aucune partie de la législative, cela est sujet à trois exceptions fondées sur l'intérêt particulier de celui qui doit être jugé.

Les grands sont toujours exposés à l'envie; et, s'ils étoient jugés par le peuple, ils pourroient

[1] C'étoient des magistrats que le peuple élisoit tous les ans. Voyez Étienne de Byzance.

[2] On pouvoit accuser les magistrats romains après leur magistrature. Voyez, dans Denys d'Halicarnasse, liv. IX, l'affaire du tribun Genutius.

être en danger, et ne jouiroient pas du privilége qu'a le moindre des citoyens, dans un état libre, d'être jugé par ses pairs. Il faut donc que les nobles soient appelés, non pas devant les tribunaux ordinaires de la nation, mais devant cette partie du corps législatif qui est composée de nobles.

Il pourroit arriver que la loi, qui est en même temps clairvoyante et aveugle, seroit, en de certains cas, trop rigoureuse. Mais les juges de la nation ne sont, comme nous avons dit, que la bouche qui prononce les paroles de la loi, des êtres inanimés qui n'en peuvent modérer ni la force ni la rigueur. C'est donc la partie du corps législatif que nous venons de dire être, dans une autre occasion, un tribunal nécessaire, qui l'est encore dans celle-ci; c'est à son autorité suprême à modérer la loi en faveur de la loi même, en prononçant moins rigoureusement qu'elle.

Il pourroit encore arriver que quelque citoyen, dans les affaires publiques, violeroit les droits du peuple, et feroit des crimes que les magistrats établis ne sauroient ou ne voudroient pas punir. Mais, en général, la puissance législative ne peut pas juger; et elle le peut encore moins dans ce cas particulier, où elle représente la partie intéressée, qui est le peuple. Elle ne peut donc être qu'accusatrice. Mais devant qui accusera-t-elle? Ira-t-elle s'abaisser devant les tribunaux de la loi, qui lui sont inférieurs, et d'ailleurs composés de gens qui, étant peuple comme elle, seroient entraînés par l'autorité d'un si grand accusateur? Non : il faut, pour conserver la dignité du peuple et la sûreté du particulier, que la partie législative du peuple accuse devant la partie législative des nobles, laquelle n'a ni les mêmes intérêts qu'elle, ni les mêmes passions.

C'est l'avantage qu'a ce gouvernement sur la plupart des républiques anciennes, où il y avoit cet abus, que le peuple étoit en même temps et juge et accusateur.

La puissance exécutrice, comme nous avons dit, doit prendre part à la législation par sa faculté d'empêcher; sans quoi, elle sera bientôt dépouillée de ses prérogatives. Mais si la puissance législative prend part à l'exécution, la puissance exécutrice sera également perdue.

Si le monarque prenoit part à la législation par la faculté de statuer, il n'y auroit plus de liberté. Mais comme il faut pourtant qu'il ait part à la législation pour se défendre, il faut qu'il y prenne part par la faculté d'empêcher.

Ce qui fut cause que le gouvernement changea à Rome, c'est que le sénat, qui avoit une partie de la puissance exécutrice, et les magistrats qui avoient l'autre, n'avoient pas, comme le peuple, la faculté d'empêcher.

Voici donc la constitution fondamentale du gouvernement dont nous parlons. Le corps législatif y étant composé de deux parties, l'une enchaînera l'autre par sa faculté mutuelle d'empêcher. Toutes les deux seront liées par la puissance exécutrice, qui le sera elle-même par la législative.

Ces trois puissances devroient former un repos ou une inaction. Mais, comme par le mouvement nécessaire des choses elles sont contraintes d'aller, elles seront forcées d'aller de concert.

La puissance exécutrice ne faisant partie de la législative que par sa faculté d'empêcher, elle ne sauroit entrer dans le débat des affaires. Il n'est pas même nécessaire qu'elle propose, parce que, pouvant toujours désapprouver les résolutions, elle peut rejeter les décisions des propositions qu'elle auroit voulu qu'on n'eût pas faites.

Dans quelques républiques anciennes, où le peuple en corps avoit le débat des affaires, il étoit naturel que la puissance exécutrice les proposât et les débattît avec lui; sans quoi, il y auroit eu, dans les résolutions, une confusion étrange.

Si la puissance exécutrice statue sur la levée des deniers publics autrement que par son consentement, il n'y aura plus de liberté, parce qu'elle deviendra législative dans le point le plus important de la législation.

Si la puissance législative statue, non pas d'année

en année, mais pour toujours, sur la levée des deniers publics, elle court risque de perdre sa liberté, parce que la puissance exécutrice ne dépendra plus d'elle; et quand on tient un pareil droit pour toujours, il est assez indifférent qu'on le tienne de soi ou d'un autre. Il en est de même si elle statue, non pas d'année en année, mais pour toujours, sur les forces de terre et de mer qu'elle doit confier à la puissance exécutrice.

Pour que celui qui exécute ne puisse pas opprimer, il faut que les armées qu'on lui confie soient peuple, et aient le même esprit que le peuple, comme cela fut à Rome jusqu'au temps de Marius. Et, pour que cela soit ainsi, il n'y a que deux moyens : ou que ceux que l'on emploie dans l'armée aient assez de bien pour répondre de leur conduite aux autres citoyens, et qu'ils ne soient enrôlés que pour un an, comme il se pratiquoit à Rome ; ou, si on a un corps de troupes permanent, et où les soldats soient une des plus viles parties de la nation, il faut que la puissance législative puisse le casser sitôt qu'elle le désire; que les soldats habitent avec les citoyens, et qu'il n'y ait ni camp séparé, ni casernes, ni places de guerre.

L'armée étant une fois établie, elle ne doit point dépendre immédiatement du corps législatif, mais de la puissance exécutrice ; et cela par la nature de la chose, son fait consistant plus en action qu'en délibération.

Il est dans la manière de penser des hommes que l'on fasse plus de cas du courage que de la timidité, de l'activité que de la prudence, de la force que des conseils. L'armée méprisera toujours un sénat, et respectera ses officiers. Elle ne fera point cas des ordres qui lui seront envoyés de la part d'un corps composé de gens qu'elle croira timides, et indignes par-là de lui commander. Ainsi, sitôt que l'armée dépendra uniquement du corps législatif, le gouvernement deviendra militaire. Et si le contraire est jamais arrivé, c'est l'effet de quelques circonstances extraordinaires; c'est que l'armée y est toujours séparée; c'est qu'elle est composée de plusieurs corps qui dépendent chacun de leur province particulière; c'est que les villes capitales sont des places excellentes, qui se défendent par leur situation seule, et où il n'y a point de troupes.

La Hollande est encore plus en sûreté que Venise : elle submergeroit les troupes révoltées, elle les feroit mourir de faim. Elles ne sont point dans les villes qui pourroient leur donner la subsistance; cette subsistance est donc précaire.

Que si, dans le cas où l'armée est gouvernée par le corps législatif, des circonstances particulières empêchent le gouvernement de devenir militaire, on tombera dans d'autres inconvéniens : de deux choses l'une; ou il faudra que l'armée détruise le gouvernement, ou que le gouvernement affoiblisse l'armée.

Et cet affoiblissement aura une cause bien fatale; il naîtra de la foiblesse même du gouvernement.

Si l'on veut lire l'admirable ouvrage de Tacite sur les mœurs des Germains ¹, on verra que c'est d'eux que les Anglais ont tiré l'idée de leur gouvernement politique. Ce beau système a été trouvé dans les bois.

Comme toutes les choses humaines ont une fin, l'état dont nous parlons perdra sa liberté, il périra. Rome, Lacédémone, et Carthage, ont bien péri. Il périra lorsque la puissance législative sera plus corrompue que l'exécutrice.

Ce n'est point à moi à examiner si les Anglais jouissent actuellement de cette liberté ou non. Il me suffit de dire qu'elle est établie par leurs lois, et je n'en cherche pas davantage.

Je ne prétends point par-là ravaler les autres gouvernemens, ni dire que cette liberté politique extrême doive mortifier ceux qui n'en ont qu'une

---

¹ *De minoribus rebus principes consultant, de majoribus omnes : ita tamen ut ea quoque, quorum penes plebem arbitrium est apud principes pertractentur.* Tacit. *de moribus Germanorum*, c. xi.

modérée. Comment dirois-je cela, moi qui crois que l'excès même de la raison n'est pas toujours désirable ; et que les hommes s'accommodent presque toujours mieux des milieux que des extrémités?

Harrington, dans son *Oceana*, a aussi examiné quel étoit le plus haut point de liberté où la constitution d'un état peut être portée. Mais on peut dire de lui qu'il n'a cherché cette liberté qu'après l'avoir méconnue, et qu'il a bâti Chalcédoine ayant le rivage de Byzance devant les yeux.

CHAPITRE VII.

Des monarchies que nous connoissons.

LES monarchies que nous connoissons n'ont pas, comme celle dont nous venons de parler, la liberté pour leur objet direct; elles ne tendent qu'à la gloire des citoyens, de l'état et du prince. Mais de cette gloire il résulte un esprit de liberté qui, dans ces états, peut faire d'aussi grandes choses, et peut être contribuer autant au bonheur que la liberté même.

Les trois pouvoirs n'y sont point distribués et fondus sur le modèle de la constitution dont nous avons parlé. Ils ont chacun une distribution particulière, selon laquelle ils approchent plus ou moins de la liberté politique ; et, s'ils n'en approchoient pas, la monarchie dégénéreroit en despotisme.

CHAPITRE VIII.

Pourquoi les anciens n'avoient pas une idée bien claire de la monarchie.

Les anciens ne connoissoient point le gouvernement fondé sur un corps de noblesse, et encore moins le gouvernement fondé sur un corps législatif formé par les représentans d'une nation. Les républiques de Grèce et d'Italie étoient des villes qui avoient chacune leur gouvernement, et qui assembloient leurs citoyens dans leurs murailles. Avant que les Romains eussent englouti toutes les républiques, il n'y avoit presque point de roi nulle part, en Italie, Gaule, Espagne, Allemagne; tout cela étoit de petits peuples ou de petites républiques : l'Afrique même étoit soumise à une grande; l'Asie mineure étoit occupée par les colonies grecques. Il n'y avoit donc point d'exemple de députés de villes, ni d'assemblées d'états : il falloit aller jusqu'en Perse pour trouver le gouvernement d'un seul.

Il est vrai qu'il y avoit des républiques fédératives; plusieurs villes envoyoient des députés à une assemblée. Mais je dis qu'il n'y avoit point de monarchie sur ce modèle-là.

Voici comment se forma le premier plan des monarchies que nous connoissons. Les nations germaniques qui conquirent l'empire romain étoient, comme l'on sait, très-libres. On n'a qu'à voir là-dessus Tacite sur *les Mœurs des Germains*. Les conquérans se répandirent dans le pays; ils habitoient les campagnes et peu les villes. Quand ils étoient en Germanie, toute la nation pouvoit s'assembler. Lorsqu'ils furent dispersés dans la conquête, ils ne le purent plus. Il falloit pourtant que la nation délibérât sur ses affaires, comme elle avoit fait avant la conquête : elle le fit par des représentans. Voilà l'origine du gouvernement gothique parmi nous. Il fut d'abord mêlé de l'aristocratie et de la monarchie. Il avoit cet inconvénient, que le bas peuple y étoit esclave; c'étoit un bon gouvernement qui avoit en soi la capacité de devenir meilleur. La coutume vint d'accorder des lettres d'affranchissemens; et bientôt la liberté civile du peuple, les prérogatives de la noblesse et du clergé, la puissance des rois, se trouvèrent dans un tel concert, que je ne crois pas qu'il y ait eu sur la terre de gouvernement si bien tempéré que le fut celui de chaque partie de l'Europe dans le temps qu'il y subsista. Et il est admirable que la corruption du gouvernement d'un peuple conquérant ait formé la meilleure espèce de gouvernement que les hommes aient pu imaginer.

CHAPITRE IX.

Manière de penser d'Aristote.

L'EMBARRAS d'Aristote paroît visiblement quand il traite de la monarchie [1]. Il en établit cinq espèces : il ne les distingue pas par la forme de la constitution, mais par des choses d'accident, comme les vertus ou les vices du prince; ou par des choses étrangères, comme l'usurpation de la tyrannie, ou la succession à la tyrannie.

Aristote met au rang des monarchies et l'empire des Perses et le royaume de Lacédémone. Mais qui ne voit que l'un étoit un état despotique; et l'autre, une république ?

Les anciens, qui ne connoissoient pas la distribution des trois pouvoirs dans le gouvernement

[1] Politique, liv. III, chap. XIV.

d'un seul, ne pouvoient se faire une idée juste de la monarchie.

CHAPITRE X.

Manière de penser des autres politiques.

Pour tempérer le gouvernement d'un seul, Arribas[1], roi d'Épire, n'imagina qu'une république. Les Molosses, ne sachant comment borner le même pouvoir, firent deux rois[2] : par-là on affoiblissoit l'état plus que le commandement ; on vouloit des rivaux, et on avoit des ennemis.

Deux rois n'étoient tolérables qu'à Lacédémone : ils n'y formoient pas la constitution, mais ils étoient une partie de la constitution.

CHAPITRE XI.

Des rois des temps héroïques chez les Grecs.

Chez les Grecs, dans les temps héroïques, il s'établit une espèce de monarchie qui ne subsista

---

[1] Voyez Justin, liv. XVII, chap. III.
[2] Aristote, Politique, liv. V, chap. IX.

pas ¹. Ceux qui avoient inventé des arts, fait la guerre pour le peuple, assemblé des hommes dispersés, ou qui leur avoient donné des terres, obtenoient le royaume pour eux, et le transmettoient à leurs enfans. Ils étoient rois, prêtres, et juges. C'est une des cinq espèces de monarchies dont nous parle Aristote ²; et c'est la seule qui puisse réveiller l'idée de la constitution monarchique. Mais le plan de cette constitution est opposé à celui de nos monarchies d'aujourd'hui.

Les trois pouvoirs y étoient distribués de manière que le peuple y avoit la puissance législative ³; et le roi, la puissance exécutrice, avec la puissance de juger; au lieu que dans les monarchies que nous connoissons le prince a la puissance exécutrice et la législative, ou du moins une partie de la législative; mais il ne juge pas.

Dans le gouvernement des rois des temps héroïques, les trois pouvoirs étoient mal distribués. Ces monarchies ne pouvoient subsister; car, dès que le peuple avoit la législation, il pouvoit, au moindre caprice, anéantir la royauté, comme il fit partout.

Chez un peuple libre, et qui avoit le pouvoir

¹ Aristote, Politique, liv. III, chap. xiv.
² *Ibid.*
³ Voyez ce que dit Plutarque, Vie de Thésée, Voyez aussi Thucydide, liv. I.

législatif; chez un peuple renfermé dans une ville, où tout ce qu'il y a d'odieux devient plus odieux encore, le chef-d'œuvre de la législation est de savoir bien placer la puissance de juger. Mais elle ne le pouvoit être plus mal que dans les mains de celui qui avoit déjà la puissance exécutrice. Dès ce moment, le monarque devenoit terrible. Mais en même temps, comme il n'avoit pas la législation, il ne pouvoit pas se défendre contre la législation; il avoit trop de pouvoir, et il n'en avoit pas assez.

On n'avoit pas encore découvert que la vraie fonction du prince étoit d'établir des juges, et non pas de juger lui-même. La politique contraire rendit le gouvernement d'un seul insupportable. Tous ces rois furent chassés. Les Grecs n'imaginèrent point la vraie distribution des trois pouvoirs dans le gouvernement d'un seul; ils ne l'imaginèrent que dans le gouvernement de plusieurs, et ils appelèrent cette sorte de constitution, *police* [1].

---

[1] Voyez Aristote, Politique, liv. **IV**, chap. **VIII**

CHAPITRE XII.

Du gouvernement des rois de Rome, et comment les trois pouvoirs y furent distribués.

Le gouvernement des rois de Rome avoit quelque rapport à celui des rois des temps héroïques chez les Grecs. Il tomba comme les autres par son vice général, quoique en lui-même et dans sa nature particulière il fût très-bon.

Pour faire connoître ce gouvernement, je distinguerai celui des cinq premiers rois, celui de Servius Tullius, et celui de Tarquin.

La couronne étoit élective; et, sous les cinq premiers rois, le sénat eut la plus grande part à l'élection.

Après la mort du roi, le sénat examinoit si l'on garderoit la forme du gouvernement qui étoit établie. S'il jugeoit à propos de la garder, il nommoit un magistrat [1], tiré de son corps, qui élisoit un roi : le sénat devoit approuver l'élection; le peuple, la confirmer; les auspices, la garantir. Si une de ces trois conditions manquoit, il falloit faire une autre élection.

[1] Denys d'Halicarnasse, liv. II, p. 120; et liv. IV, p. 242 et 243.

La constitution étoit monarchique, aristocratique et populaire. Telle fut l'harmonie du pouvoir, qu'on ne vit ni jalousie, ni dispute, dans les premiers règnes. Le roi commandoit les armées, et avoit l'intendance des sacrifices; il avoit la puissance de juger les affaires civiles [1] et criminelles [2]; il convoquoit le sénat; il assembloit le peuple; il lui portoit de certaines affaires, et régloit les autres avec le sénat [3].

Le sénat avoit une grande autorité. Les rois prenoient souvent des sénateurs pour juger avec eux, ils ne portoient point d'affaires au peuple qu'elles n'eussent été délibérées [4] dans le sénat.

Le peuple avoit le droit d'élire [5] les magistrats, de consentir aux nouvelles lois, et, lorsque le roi le permettoit, celui de déclarer la guerre et de faire la paix. Il n'avoit point la puissance de juger.

---

[1] Voyez le discours de Tanaquil, dans Tite-Live, liv. I, et le réglement de Servius Tullius, dans Denys d'Halicarnasse, liv. IV, pag. 229.

[2] Voyez Denys d'Halicarnasse, liv. II, p. 118; et liv. III, p. 171.

[3] Ce fut par un sénatus-consulte que Tullus Hostilius envoya détruire Albe. Denys d'Halicarnasse, liv. III, page 167 et 172.

[4] *Ibid.* liv. IV, page 276.

[5] Denys d'Halicarnasse, liv. II. Il falloit pourtant qu'il ne nommât pas à toutes les charges, puisque Valerius Publicola fit la fameuse loi qui défendoit à tout citoyen d'exercer aucun emploi, s'il ne l'avoit obtenu par le suffrage du peuple.

Quand Tullius Hostilius renvoya le jugement d'Horace au peuple, il eut des raisons particulières, que l'on trouve dans Denys d'Halicarnasse [1].

La constitution changea sous [2] Servius Tullius. Le sénat n'eut point de part à son élection; il se fit proclamer par le peuple. Il se dépouilla des jugemens [3] civils, et ne se réserva que les criminels; il porta directement au peuple toutes les affaires : il le soulagea des taxes, et en mit tout le fardeau sur les patriciens. Ainsi, à mesure qu'il affoiblissoit la puissance royale et l'autorité du sénat, il augmentoit le pouvoir du peuple [4].

Tarquin ne se fit élire ni par le sénat ni par le peuple. Il regarda Servius Tullius comme un usurpateur, et prit la couronne comme un droit héréditaire; il extermina la plupart des sénateurs; il ne consulta plus ceux qui restoient, et ne les appela pas même à ses jugemens [5]. Sa puissance augmenta: mais ce qu'il y avoit d'odieux dans cette puissance devint plus odieux encore : il usurpa le

---

[1] Liv. III, page 159.

[2] Liv. IV.

[3] Il se priva de la moitié de la puissance royale, dit Denys d'Halicarnasse, liv. IV, page 229.

[4] On croyoit que, s'il n'avoit pas été prévenu par Tarquin, il auroit établi le gouvernement populaire. Denys d'Halicarnasse, liv. IV, page 243.

[5] Denys d'Halicarnasse, liv. IV.

pouvoir du peuple; il fit des lois sans lui; il en fit même contre lui [1]. Il auroit réuni les trois pouvoirs dans sa personne; mais le peuple se souvint un moment qu'il étoit législateur, et Tarquin ne fut plus.

CHAPITRE XIII.

Réflexions générales sur l'état de Rome après l'expulsion des rois.

On ne peut jamais quitter les Romains : c'est ainsi qu'encore aujourd'hui, dans leur capitale, on laisse les nouveaux palais pour aller chercher des ruines; c'est ainsi que l'œil qui s'est reposé sur l'émail des prairies aime à voir les rochers et les montagnes.

Les familles patriciennes avoient eu, de tout temps, de grandes prérogatives. Ces distinctions, grandes sous les rois, devinrent bien plus importantes après leur expulsion. Cela causa la jalousie des plébéiens, qui voulurent les abaisser. Les contestations frappoient sur la constitution sans affoiblir le gouvernement : car, pourvu que

---

[1] Denys d'Halicarnasse, liv. IV.

les magistratures conservassent leur autorité, il étoit assez indifférent de quelle famille étoient les magistrats.

Une monarchie élective, comme étoit Rome, suppose nécessairement un corps aristocratique puissant qui la soutienne; sans quoi elle se change d'abord en tyrannie ou en état populaire : mais un état populaire n'a pas besoin de cette distinction de familles pour se maintenir. C'est ce qui fit que les patriciens, qui étoient des parties nécessaires de la constitution du temps des rois, en devinrent une partie superflue du temps des consuls; le peuple put les abaisser sans se détruire lui-même, et changer la constitution sans la corrompre.

Quand Servius Tullius eut avili les patriciens, Rome dut tomber des mains des rois dans celles du peuple. Mais le peuple, en abaissant les patriciens, ne dut point craindre de retomber dans celles des rois.

Un état peut changer de deux manières; ou parce que la constitution se corrige, ou parce qu'elle se corrompt. S'il a conservé ses principes, et que la constitution change, c'est qu'elle se corrige ; s'il a perdu ses principes, quand la constitution vient à changer, c'est qu'elle se corrompt.

Rome, après l'expulsion des rois, devoit être une démocratie. Le peuple avoit déjà la puissance législative : c'étoit son suffrage unanime qui avoit chassé les rois ; et, s'il ne persistoit pas dans cette volonté, les Tarquins pouvoient à tous les instans revenir. Prétendre qu'il eût voulu les chasser pour tomber dans l'esclavage de quelques familles, cela n'étoit pas raisonnable. La situation des choses demandoit donc que Rome fût une démocratie, et cependant elle ne l'étoit pas. Il fallut tempérer le pouvoir des principaux, et que les lois inclinassent vers la démocratie.

Souvent les états florissent plus dans le passage insensible d'une constitution à une autre, qu'ils ne le faisoient dans l'une ou l'autre de ces constitutions. C'est pour lors que tous les ressorts du gouvernement sont tendus ; que tous les citoyens ont des prétentions ; qu'on s'attaque ou qu'on se caresse, et qu'il y a une noble émulation entre ceux qui défendent la constitution qui décline, et ceux qui mettent en avant celle qui prévaut.

CHAPITRE XIV.

Comment la distribution des trois pouvoirs commença à changer après l'expulsion des rois.

Quatre choses choquoient principalement la liberté de Rome. Les patriciens obtenoient seuls tous les emplois sacrés, politiques, civils et militaires : on avoit attaché au consulat un pouvoir exorbitant; on faisoit des outrages au peuple; enfin on ne lui laissoit presque aucune influence dans les suffrages. Ce furent ces quatre abus que le peuple corrigea.

1° Il fit établir qu'il y auroit des magistratures où les plébéiens pourroient prétendre ; et il obtint peu à peu qu'il auroit part à toutes, excepté à celle d'*entre-roi*.

2° On décomposa le consulat, et on en forma plusieurs magistratures. On créa des préteurs [1] à qui on donna la puissance de juger les affaires privées; on nomma des questeurs [2] pour faire juger les crimes publics ; on établit des édiles à

---

[1] Tite-Live, liv. VII.

[2] *Quæstores parricidii.* Pomponius, leg. 2, § 23, ff. *de orig. jur.*

qui on donna la police; on fit des trésoriers [1] qui eurent l'administration des deniers publics; enfin, par la création des censeurs, on ôta aux consuls cette partie de la puissance législative qui règle les mœurs des citoyens et la police momentanée des divers corps de l'état. Les principales prérogatives qui leur restèrent furent de présider aux grands [2] états du peuple, d'assembler le sénat, et de commander les armées.

3° Les lois sacrées établirent des tribuns qui pouvoient à tous les instans arrêter les entreprises des patriciens, et n'empêchoient pas seulement les injures particulières, mais encore les générales.

4° Enfin les plébéiens augmentèrent leur influence dans les décisions publiques. Le peuple romain étoit divisé de trois manières, par centuries, par curies et par tribus; et, quand il donnoit son suffrage, il étoit assemblé et formé d'une de ces trois manières.

Dans la première, les patriciens, les principaux, les gens riches, le sénat, ce qui étoit à peu près la même chose, avoient presque toute l'autorité; dans la seconde, ils en avoient moins; dans la troisième, encore moins.

La division par centuries étoit plutôt une di-

[1] Plutarque, Vie de Publicola.
[2] *Comitiis centuriatis.*

vision de cens et de moyens qu'une division de personnes. Tout le peuple étoit partagé en cent quatre-vingt-treize centuries [1] qui avoient chacune une voix. Les patriciens et les principaux formoient les quatre-vingt-dix-huit premières centuries ; le reste des citoyens étoit répandu dans les quatre-vingt-quinze autres. Les patriciens étoient donc dans cette division les maîtres des suffrages.

Dans la division par curies [2] les patriciens n'avoient pas les mêmes avantages : ils en avoient pourtant. Il falloit consulter les auspices, dont les patriciens étoient les maîtres : on n'y pouvoit faire de proposition au peuple qui n'eût été auparavant portée au sénat et approuvée par un sénatus-consulte. Mais, dans la division par tribus, il n'étoit question ni d'auspices ni de sénatus-consulte, et les patriciens n'y étoient pas admis.

Or le peuple chercha toujours à faire par curies les assemblées qu'on avait coutume de faire par centuries, et à faire par tribus les assemblées qui se faisoient par curies ; ce qui fit passer les affaires des mains des patriciens dans celles des plébéiens.

Ainsi, quand les plébéiens eurent obtenu le

---

[1] Voyez là-dessus Tite-Live, liv. I, c. 43, et Denys d'Halicarnasse, liv. IV et VII.

Denys d'Halicarnasse, liv. IX, page 598.

droit de juger les patriciens, ce qui commença lors de l'affaire de Coriolan [1], les plébéiens voulurent les juger assemblés par tribus [2] et non par centuries; et lorsqu'on établit en faveur du peuple les nouvelles magistratures [3] de tribuns et d'édiles, le peuple obtint qu'il s'assembleroit par curies pour les nommer ; et quand sa puissance fut affermie, il obtint [4] qu'ils seroient nommés dans une assemblée par tribus.

CHAPITRE XV.

Comment, dans l'état florissant de la république, Rome perdit tout-à-coup sa liberté.

Dans le feu des disputes entre les patriciens et les plébéiens, ceux-ci demandèrent que l'on donnât des lois fixes, afin que les jugemens ne fussent plus l'effet d'une volonté capricieuse ou d'un pouvoir arbitraire. Après bien des résistances, le sénat y acquiesça. Pour composer ces lois,

[1] Denys d'Halicarnasse, liv. VII.

[2] Contre l'ancien usage, comme on le voit dans Denys d'Halicarnasse, liv. V, page 320.

[3] Liv. VI, page 410 et 411.

[4] Liv. IX, page 605.

on nomma des décemvirs. On crut qu'on devoit leur accorder un grand pouvoir, parce qu'ils avoient à donner des lois à des partis qui étoient presque incompatibles. On suspendit la nomination de tous les magistrats; et, dans les comices, ils furent élus seuls administrateurs de la république. Ils se trouvèrent revêtus de la puissance consulaire et de la puissance tribunitienne. L'une leur donnoit le droit d'assembler le sénat; l'autre, celui d'assembler le peuple : mais ils ne convoquèrent ni le sénat ni le peuple. Dix hommes dans la république eurent seuls toute la puissance législative, toute la puissance exécutrice, toute la puissance des jugemens. Rome se vit soumise à une tyrannie aussi cruelle que celle de Tarquin. Quand Tarquin exerçoit ses vexations, Rome étoit indignée du pouvoir qu'il avoit usurpé; quand les décemvirs exercèrent les leurs, elle fut étonnée du pouvoir qu'elle avoit donné.

Mais quel étoit ce système de tyrannie, produit par des gens qui n'avoient obtenu le pouvoir politique et militaire que par la connoissance des affaires civiles, et qui, dans les circonstances de ces temps-là, avoient besoin au dedans de la lâcheté des citoyens pour qu'ils se laissassent gouverner, et de leur courage au dehors pour les défendre?

Le spectacle de la mort de Virginie, immolée par son père à la pudeur et à la liberté, fit évanouir la puissance des décemvirs. Chacun se trouva libre, parce que chacun fut offensé : tout le monde devint citoyen, parce que tout le monde se trouva père. Le sénat et le peuple rentrèrent dans une liberté qui avoit été confiée à des tyrans ridicules.

Le peuple romain, plus qu'un autre, s'émouvoit par les spectacles : celui du corps sanglant de Lucrèce fit finir la royauté ; le débiteur qui parut sur la place couvert de plaies fit changer la forme de la république ; la vue de Virginie fit chasser les décemvirs. Pour faire condamner Manlius, il fallut ôter au peuple la vue du Capitole ; la robe sanglante de César remit Rome dans la servitude.

CHAPITRE XVI.

De la puissance législative dans la république romaine.

On n'avoit point de droits à se disputer sous les décemvirs ; mais, quand la liberté revint, on vit les jalousies renaître : tant qu'il resta quelques priviléges aux patriciens, les plébéiens les leur ôtèrent.

Il y auroit eu peu de mal si les plébéiens s'étoient

contentés de priver les patriciens de leurs prérogatives, et s'ils ne les avoient pas offensés dans leur qualité même de citoyen. Lorsque le peuple étoit assemblé par curies ou par centuries, il étoit composé de sénateurs, de patriciens et de plébéiens. Dans les disputes, les plébéiens gagnèrent ce point [1] que seuls, sans les patriciens et sans le sénat, ils pourroient faire des lois qu'on appela plébiscites ; et les comices où on les fit s'appelèrent comices par tribus. Ainsi il y eut des cas où les patriciens [2] n'eurent point de part à la puissance législative [3], et où ils furent soumis à la puissance législative d'un autre corps de l'état : ce fut un délire de la liberté. Le peuple, pour établir la démocratie, choqua les principes mêmes de la démocratie. Il sembloit qu'une puissance aussi exorbitante auroit dû anéantir l'autorité du sénat ; mais Rome avoit des institutions admirables. Elle en avoit deux surtout : par l'une, la puissance lé-

[1] Denys d'Halicarnasse, liv. XI, page 725.

[2] Par les lois sacrées, les plébéiens purent faire des plébiscites, seuls, et sans que les patriciens fussent admis dans leur assemblée. Denys d'Halicarnasse, liv. VI, page 410 ; et liv. VII, page 430.

[3] Par la loi faite après l'expulsion des décemvirs, les patriciens furent soumis aux plébiscites, quoiqu'ils n'eussent pu y donner leur voix. Tite-Live, liv. III, c. 57, et Denys d'Halicarnasse, livre XI, page 725. Et cette loi fut confirmée par celle de Publius Philo, dictateur, l'an de Rome 416. Tite-Live, liv. VIII, c. 12.

gislative du peuple étoit réglée : par l'autre, elle étoit bornée.

Les censeurs, et avant eux les consuls [1], formoient et créoient, pour ainsi dire, tous les cinq ans, le corps du peuple; ils exerçoient la législation sur le corps même qui avoit la puissance législative. « Tiberius Gracchus, censeur, dit Cicéron, transféra les affranchis dans les tribus de la ville, non par la force de son éloquence, mais par une parole et par un geste, et, s'il ne l'eût pas fait, cette république, qu'aujourd'hui nous soutenons à peine, nous ne l'aurions plus. »

D'un autre côté le sénat avoit le pouvoir d'ôter, pour ainsi dire, la république des mains du peuple, par la création d'un dictateur, devant lequel le souverain baissoit la tête, et les lois les plus populaires restoient dans le silence [2].

---

[1] L'an 312 de Rome, les consuls faisoient encore le cens, comme il paroît par Denys d'Halicarnasse, liv. XI.

[2] Comme celles qui permettoient d'appeler au peuple des ordonnances de tous les magistrats.

CHAPITRE XVII.

De la puissance exécutrice dans la même république.

Si le peuple fut jaloux de sa puissance législative, il le fut moins de sa puissance exécutrice. Il la laissa presque toute entière au sénat et aux consuls, et il ne se réserva guère que le droit d'élire les magistrats, et de confirmer les actes du sénat et des généraux.

Rome, dont la passion étoit de commander, dont l'ambition étoit de tout soumettre, qui avoit toujours usurpé, qui usurpoit encore, avoit continuellement de grandes affaires; ses ennemis conjuroient contre elle, ou elle conjuroit contre ses ennemis.

Obligée de se conduire d'un côté avec un courage héroïque, et de l'autre avec une sagesse consommée, l'état des choses demandoit que le sénat eût la direction des affaires. Le peuple disputoit au sénat toutes les branches de la puissance législative, parce qu'il étoit jaloux de sa liberté; il ne lui disputoit point les branches de la puissance exécutrice, parce qu'il étoit jaloux de sa gloire.

La part que le sénat prenoit à la puissance exécutrice étoit si grande que Polybe[1] dit que les étrangers pensoient tous que Rome étoit une aristocratie. Le sénat disposoit des deniers publics et donnoit les revenus à ferme; il étoit l'arbitre des affaires des alliés; il décidoit de la guerre et de la paix, et dirigeoit à cet égard les consuls; il fixoit le nombre des troupes romaines et des troupes alliées, distribuoit les provinces et les armées aux consuls ou aux préteurs; et, l'an du commandement expiré, il pouvoit leur donner un successeur; il décernoit les triomphes; il recevoit des ambassades, et en envoyoit; il nommoit les rois, les récompensoit, les punissoit, les jugeoit, leur donnoit ou leur faisoit perdre le titre d'alliés du peuple romain.

Les consuls faisoient la levée des troupes qu'ils devoient mener à la guerre; ils commandoient les armées de terre ou de mer, disposoient des alliés; ils avoient dans les provinces toute la puissance de la république; ils donnoient la paix aux peuples vaincus, leur en imposoient les conditions, ou les renvoyoient au sénat.

Dans les premiers temps, lorsque le peuple prenoit quelque part aux affaires de la guerre et de la paix, il exerçoit plutôt sa puissance législative que sa puissance exécutrice : il ne faisoit guère

---

[1] Liv. VI.

que confirmer ce que les rois, et après eux les consuls et le sénat, avoient fait. Bien loin que le peuple fût l'arbitre de la guerre, nous voyons que les consuls ou le sénat la faisoient souvent malgré l'opposition de ses tribuns. Mais, dans l'ivresse des prospérités, il augmenta sa puissance exécutrice. Ainsi il créa lui-même [1] les tribuns des légions, que les généraux avoient nommés jusqu'alors; et, quelque temps avant la première guerre punique, il régla qu'il auroit seul le droit de déclarer la guerre [2].

CHAPITRE XVIII.

De la puissance de juger dans le gouvernement de Rome.

La puissance de juger fut donnée au peuple, au sénat, aux magistrats, à de certains juges. Il faut voir comment elle fut distribuée. Je commence par les affaires civiles.

---

[1] L'an de Rome 444. Tite-Live, liv. IX. La guerrre contre Persée paroissant périlleuse, un sénatus consulte ordonna que cette loi seroit suspendue, et le peuple y consentit. Tite-Live, liv. LII.

[2] Il l'arracha du sénat, dit Freinshemius, deuxième décade, liv. VI.

Les consuls[1] jugèrent après les rois, comme les préteurs jugèrent après les consuls. Servius Tullius s'étoit dépouillé du jugement des affaires civiles; les consuls ne les jugèrent pas non plus, si ce n'est dans des cas très-rares[2], que l'on appela pour cette raison *extraordinaires*[3]. Ils se contentèrent de nommer les juges, et de former les tribunaux qui devoient juger. Il paroît, par le discours d'Appius Claudius dans Denys d'Halicarnasse[4], que, dès l'an de Rome 259, ceci étoit regardé comme une coutume établie chez les Romains; et ce n'est pas la faire remonter bien haut que de la rapporter à Servius Tullius.

Chaque année le préteur formoit une liste[5] ou tableau de ceux qu'il choisissoit pour faire la fonction de juges pendant l'année de sa magistrature. On en prenoit le nombre suffisant pour chaque affaire. Cela se pratique à peu près de même en Angleterre. Et ce qui étoit très-favorable à la li-

---

[1] On ne peut douter que les consuls, avant la création des préteurs, n'eussent eu les jugemens civils. (Voyez Tite-Live, liv. II, c. 1. Denys d'Halicarnasse, liv. X, page 627; et même livre, page 645.

[2] Souvent les tribuns jugèrent seuls; rien ne les rendit plus odieux. Denys d'Halicarnasse, liv. XI, page 709.

[3] *Judicia extraordinaria.* Voyez les institutes, liv. IV.

[4] Liv. VI, page 360.

[5] *Album judicium.*

berté[1], c'est que le préteur prenoit les juges du consentement[2] des parties. Le grand nombre de récusations que l'on peut faire aujourd'hui en Angleterre revient à peu près à cet usage.

Ces juges ne décidoient que des questions de fait[3] : par exemple, si une somme avoit été payée ou non, si une action avoit été commise ou non. Mais, pour les questions de droit[4], comme elles demandoient une certaine capacité, elles étoient portées au tribunal des centumvirs[5].

Les rois se réservèrent le jugement des affaires criminelles, et les consuls leur succédèrent en cela. Ce fut en conséquence de cette autorité que le consul Brutus fit mourir ses enfans et tous ceux

---

[1] Nos ancêtres n'ont pas voulu, dit Cicéron, *pro Cluentio*, qu'un homme dont les parties ne seroient pas convenues pût être juge, non-seulement de la réputation d'un citoyen, mais même de la moindre affaire pécuniaire.

[2] Voyez dans les fragmens de la loi Servilienne, de la Cornélienne, et autres, de quelle manière ces lois donnoient des juges dans les crimes qu'elles se proposoient de punir. Souvent ils étoient pris par le choix, quelquefois par le sort, ou enfin par le sort mêlé avec le choix.

[3] Sénèque, *de benef.*, liv. III, chap. VII, *in fine*.

[4] Voyez Quintilien, livre IV, page 54, in-folio, édition de Paris, 1541.

[5] *Leg.* 2, § 24, ff. *de orig. jur.* Des magistrats appelés décemvirs présidoient au jugement, le tout sous la direction d'un préteur.

qui avoient conjuré pour les Tarquins. Ce pouvoir étoit exorbitant. Les consuls ayant déjà la puissance militaire, ils en portoient l'exercice même dans les affaires de la ville; et leurs procédés, dépouillés des formes de la justice, étoient des actions violentes plutôt que des jugemens.

Cela fit faire la loi Valérienne, qui permit d'appeler au peuple de toutes les ordonnances des consuls qui mettroient en péril la vie d'un citoyen. Les consuls ne purent plus prononcer une peine capitale contre un citoyen romain que par la volonté du peuple [1].

On voit dans la première conjuration pour le retour des Tarquins que le consul Brutus juge les coupables; dans la seconde, on assemble le sénat et les comices pour juger [2].

Les lois qu'on appela *sacrées* donnèrent aux plébéiens des tribuns qui formèrent un corps qui eut d'abord des prétentions immenses. On ne sait quelle fut plus grande, ou dans les plébéiens la lâche hardiesse de demander, ou dans le sénat la condescendance et la facilité d'accorder. La loi Valérienne avoit permis les appels au peuple; c'est-à-dire au peuple composé de sénateurs, de patri-

[1] *Quoniam de capite civis Romani, injussu populi Romani, non erat permissum consulibus jus dicere.* Voyez Pomponius, leg. 2, § 6, ff. de orig. jur.

[2] Denys d'Halicarnasse, liv. V, page 322.

ciens et de plébéiens. Les plébéiens établirent que ce seroit devant eux que les appellations seroient portées. Bientôt on mit en question si les plébéiens pourroient juger un patricien : cela fut le sujet d'une dispute que l'affaire de Coriolan fit naître, et qui finit avec cette affaire. Coriolan, accusé par les tribuns devant le peuple, soutenoit, contre l'esprit de la loi Valérienne, qu'étant patricien il ne pouvoit être jugé que par les consuls; les plébéiens, contre l'esprit de la même loi, prétendirent qu'il ne devoit être jugé que par eux seuls; et ils le jugèrent.

La loi des douze tables modifia ceci. Elle ordonna qu'on ne pourroit décider de la vie d'un citoyen que dans les grands états du peuple [1]. Ainsi, le corps des plébéiens, ou, ce qui est la même chose, les comices par tribus, ne jugèrent plus que les crimes dont la peine n'étoit qu'une amende pécuniaire. Il falloit une loi pour infliger une peine capitale; pour condamner à une peine pécuniaire, il ne falloit qu'un plébiscite.

Cette disposition de la loi des douze tables fut très-sage. Elle forma une conciliation admirable entre le corps des plébéiens et le sénat. Car, comme la compétence des uns et des autres dépendit de

---

[1] Les comices par centuries. Aussi Manlius Capitolinus fut-il jugé dans ces comices. Tite-Live, liv. VI, c. xx.

la grandeur de la peine et de la nature du crime, il fallut qu'ils se concertassent ensemble.

La loi Valérienne ôta tout ce qui restoit à Rome du gouvernement qui avoit du rapport à celui des rois grecs des temps héroïques. Les consuls se trouvèrent sans pouvoir pour la punition des crimes. Quoique tous les crimes soient publics, il faut pourtant distinguer ceux qui intéressent plus les citoyens entre eux, de ceux qui intéressent plus l'état dans le rapport qu'il a avec un citoyen. Les premiers sont appelés privés, les seconds sont les crimes publics. Le peuple jugea lui-même les crimes publics; et, à l'égard des privés, il nomma pour chaque crime, par une commission particulière, un questeur pour en faire la poursuite. C'étoit souvent un des magistrats, quelquefois un homme privé, que le peuple choisissoit. On l'appeloit *questeur du parricide*. Il en est fait mention dans la loi des douze tables [1].

Le questeur nommoit ce qu'on appeloit le juge de la question, qui tiroit au sort les juges, formoit le tribunal, et présidoit sous lui au jugement [2].

Il est bon de faire remarquer ici la part que prenoit le sénat dans la nomination du questeur,

---

[1] Dit Pomponius, dans la loi 2, au digeste *de orig. jur.*

[2] Voyez un fragment d'Ulpien, qui en rapporte un autre de la loi Cornélienne : on le trouve dans la collation des lois Mosaïques et Romaines, tit. 1, *de sicariis et homicidiis*.

afin que l'on voie comment les puissances étoient à cet égard balancées. Quelquefois le sénat faisoit élire un dictateur pour faire la fonction de questeur [1]; quelquefois il ordonnoit que le peuple seroit convoqué par un tribun pour qu'il nommât un questeur [2]; enfin le peuple nommoit quelquefois un magistrat pour faire son rapport au sénat sur un certain crime, et lui demander qu'il donnât un questeur, comme on voit dans le jugement de Lucius Scipion [3], dans Tite-Live [4].

L'an de Rome 604, quelques-unes de ces commissions furent rendues permanentes [5]. On divisa peu à peu toutes les matières criminelles en diverses parties, qu'on appela des *questions perpétuelles*. On créa divers préteurs, et on attribua à chacun d'eux quelqu'une de ces questions. On leur donna pour un an la puissance de juger les crimes qui en dépendoient; et ensuite ils alloient gouverner leur province.

A Carthage, le sénat des cent étoit composé de

---

[1] Cela avoit surtout lieu dans les crimes commis en Italie, où le sénat avoit une principale inspection. Voyez Tite-Live, liv. IX, c. 25, sur les conjurations de Capoue.

[2] Cela fut ainsi dans la poursuite de la mort de Posthumius, l'an 341 de Rome. Voyez Tite-Live, liv. IV, c. 40.

[3] Ce jugement fut rendu l'an de Rome 567.

[4] Liv. VIII.

[5] Cicéron, *in Bruto*.

juges qui étoient pour la vie¹. Mais à Rome les préteurs étoient annuels; et les juges n'étoient pas même pour un an, puisqu'on les prenoit pour chaque affaire. On a vu dans le chapitre vi de ce livre combien, dans de certains gouvernemens, cette disposition étoit favorable à la liberté.

Les juges furent pris dans l'ordre des sénateurs, jusqu'au temps des Gracques. Tiberius Gracchus fit ordonner qu'on les prendroit dans celui des chevaliers; changement si considérable, que le tribun se vanta d'avoir, par une seule rogation, coupé les nerfs de l'ordre des sénateurs.

Il faut remarquer que les trois pouvoirs peuvent être bien distribués par rapport à la liberté de la constitution, quoiqu'ils ne le soient pas si bien dans le rapport avec la liberté du citoyen. A Rome, le peuple ayant la plus grande partie de la puissance législative, une partie de la puissance exécutrice, et une partie de la puissance de juger, c'étoit un grand pouvoir qu'il falloit balancer par un autre. Le sénat avoit bien une partie de la puissance exécutrice; il avoit quelque branche de la puissance législative² : mais cela ne suffisoit pas pour contrebalancer le peuple. Il falloit qu'il eût part à la

¹ Cela se prouve par Tite-Live, liv. XLIII, qui dit qu'Annibal rendit leur magistrature annuelle.

² Les sénatus-consultes avoient force pendant un an, quoiqu'ils ne fussent pas confirmés par le peuple. Denys d'Halicarnasse, liv. IX, page 595; et liv. XI, page 735.

puissance de juger; et il y avoit part lorsque les juges étoient choisis parmi les sénateurs. Quand les Gracques privèrent les sénateurs de la puissance de juger [1], le sénat ne put plus résister au peuple. Ils choquèrent donc la liberté de la constitution, pour favoriser la liberté du citoyen; mais celle-ci se perdit avec celle-là.

Il en résulta des maux infinis. On changea la constitution dans un temps où, dans le feu des discordes civiles, il y avoit à peine une constitution. Les chevaliers ne furent plus cet ordre moyen qui unissoit le peuple au sénat; et la chaîne de la constitution fut rompue.

Il y avoit même des raisons particulières qui devoient empêcher de transporter les jugemens aux chevaliers. La constitution de Rome étoit fondée sur ce principe, que ceux-là devoient être soldats, qui avoient assez de bien pour répondre de leur conduite à la république. Les chevaliers, comme les plus riches, formoient la cavalerie des légions. Lorsque leur dignité fut augmentée, ils ne voulurent plus servir dans cette milice; il fallut lever une autre cavalerie : Marius prit toute sorte de gens dans les légions, et la république fut perdue [2].

[1] En l'an 630.
[2] *Capite censos plerosque.* Salluste, guerre de Jugurtha, c. LXXXIV.

De plus, les chevaliers étoient les traitans de la république; ils étoient avides, ils semoient les malheurs dans les malheurs, et faisoient naître les besoins publics des besoins publics. Bien loin de donner à de telles gens la puissance de juger, il auroit fallu qu'ils eussent été sans cesse sous les yeux des juges. Il faut dire cela à la louange des anciennes lois françaises; elles ont stipulé avec les gens d'affaires, avec la méfiance que l'on garde à des ennemis. Lorsqu'à Rome les jugemens furent transportés aux traitans, il n'y eut plus de vertu, plus de police, plus de lois, plus de magistrature, plus de magistrats.

On trouve une peinture bien naïve de ceci dans quelques fragmens de Diodore de Sicile et de Dion. « Mutius Scévola, dit Diodore [1], voulut rappeler « les anciennes mœurs, et vivre de son bien pro- « pre avec frugalité et intégrité. Car ses prédéces- « seurs, ayant fait une société avec les traitans, « qui avoient pour lors les jugemens à Rome, ils « avoient rempli la province de toutes sortes de « crimes. Mais Scévola fit justice des publicains, « et fit mener en prison ceux qui y traînoient les « autres. »

Dion nous dit [2] que Publius Rutilius, son lieu-

---

[1] Fragment de cet auteur, liv. XXXVI, dans le recueil de Constantin Porphyrogénète, des vertus et des vices.

[2] Fragm. de son Histoire, tiré de l'extrait des vertus et des vices.

tenant, qui n'étoit pas moins odieux aux chevaliers, fut accusé à son retour d'avoir reçu des présens, et fut condamné à une amende. Il fit sur-le-champ cession de biens. Son innocence parut, en ce que l'on lui trouva beaucoup moins de bien qu'on ne l'accusoit d'en avoir volé, et il montroit les titres de sa propriété. Il ne voulut plus rester dans la ville avec de telles gens.

Les Italiens, dit encore Diodore[1], achetoient en Sicile des troupes d'esclaves pour labourer leurs champs et avoir soin de leurs troupeaux; ils leur refusoient la nourriture. Ces malheureux étoient obligés d'aller voler sur les grands chemins, armés de lances et de massues, couverts de peaux de bêtes, de grands chiens autour d'eux. Toute la province fut dévastée, et les gens du pays ne pouvoient dire avoir en propre que ce qui étoit dans l'enceinte des villes. Il n'y avoit ni proconsul ni préteur qui pût ou voulût s'opposer à ce désordre, et qui osât punir ces esclaves, parce qu'ils appartenoient aux chevaliers, qui avoient à Rome les jugemens[2]. Ce fut pourtant une des causes de la guerre des esclaves. Je ne dirai qu'un mot : une

---

[1] Fragm. du liv. XXXIV, dans l'extrait des vertus et des vices.

[2] *Penes quos Romæ tum judicia erant, atque ex equestri ordine solerent sortito judices eligi in causâ prætorum et proconsulum, quibus, post administratam provinciam, dies dicta erat.*

profession qui n'a ni ne peut avoir d'objet que le gain; une profession qui demandoit toujours, et à qui on ne demandoit rien; une profession sourde et inexorable, qui appauvrissoit les richesses et la misère même, ne devoit point avoir à Rome les jugemens.

CHAPITRE XIX.

Du gouvernement des provinces romaines.

C'est ainsi que les trois pouvoirs furent distribués dans la ville; mais il s'en faut bien qu'ils le fussent de même dans les provinces. La liberté étoit dans le centre et la tyrannie aux extrémités.

Pendant que Rome ne domina que dans l'Italie, les peuples furent gouvernés comme des confédérés : on suivoit les lois de chaque république. Mais, lorsqu'elle conquit plus loin, que le sénat n'eut pas immédiatement l'œil sur les provinces, que les magistrats qui étoient à Rome ne purent plus gouverner l'empire, il fallut envoyer des préteurs et des proconsuls. Pour lors, cette harmonie des trois pouvoirs ne fut plus. Ceux qu'on envoyoit avoient une puissance qui réunissoit celle de toutes les magistratures romaines; que dis-je? celle même du sénat, celle même du peuple¹. C'étoient des magistrats despotiques, qui convenoient beaucoup à l'éloignement des lieux où ils étoient envoyés. Ils exerçoient les trois pouvoirs; ils étoient, si j'ose me servir de ce terme, les bachas de la république.

Nous avons dit ailleurs² que les mêmes citoyens, dans la république, avoient, par la nature des choses, les emplois civils et militaires. Cela fait qu'une république qui conquiert ne peut guère communiquer son gouvernement, et régir l'état conquis selon la forme de sa constitution. En effet, le magistrat qu'elle envoie pour gouverner, ayant la puissance exécutrice civile et militaire, il faut bien qu'il ait aussi la puissance législative; car qui est-ce qui feroit des lois sans lui? Il faut aussi qu'il ait la puissance de juger; car qui est-ce qui jugeroit indépendamment de lui? Il faut donc que le gouverneur qu'elle envoie ait les trois pouvoirs, comme cela fut dans les provinces romaines.

Une monarchie peut plus aisément communiquer son gouvernement, parce que les officiers qu'elle envoie ont, les uns la puissance exécutrice civile, et les autres la puissance exécutrice militaire; ce qui n'entraîne pas après soi le despotisme.

C'étoit un privilége d'une grande conséquence

---

¹ Ils faisoient leurs édits en entrant dans les provinces.
² Liv. V, chap. XIX. Voyez aussi les liv. II, III, IV et V.

pour un citoyen romain, de ne pouvoir être jugé que par le peuple. Sans cela, il auroit été soumis dans les provinces au pouvoir arbitraire d'un proconsul ou d'un propréteur. La ville ne sentoit point la tyrannie, qui ne s'exerçoit que sur les nations assujetties.

Ainsi, dans le monde romain, comme à Lacédémone, ceux qui étoient libres étoient extrêmement libres, et ceux qui étoient esclaves étoient extrêmement esclaves.

Pendant que les citoyens payoient des tributs, ils étoient levés avec une équité très-grande. On suivoit l'établissement de Servius Tullius, qui avoit distribué tous les citoyens en six classes, selon l'ordre de leurs richesses, et fixé la part de l'impôt à proportion de celle que chacun avoit dans le gouvernement. Il arrivoit de là qu'on souffroit la grandeur du tribut, à cause de la grandeur du crédit; et que l'on se consoloit de la petitesse du crédit par la petitesse du tribut.

Il y avoit encore une chose admirable; c'est que la division de Servius Tullius par classes étant, pour ainsi dire, le principe fondamental de la constitution, il arrivoit que l'équité, dans la levée des tributs, tenoit au principe fondamental du gouvernement, et ne pouvoit être ôtée qu'avec lui.

Mais, pendant que la ville payoit les tributs

sans peine, ou n'en payoit point du tout [1], les provinces étoient désolées par les chevaliers, qui étoient les traitans de la république. Nous avons parlé de leurs vexations, et toute l'histoire en est pleine.

« Toute l'Asie m'attend comme son libérateur, « disoit Mithridate [2], tant ont excité de haine « contre les Romains les rapines des proconsuls [3], « les exactions des gens d'affaires, et les calom- « nies des jugemens [4]. »

Voilà ce qui fit que la force des provinces n'ajouta rien à la force de la république, et ne fit au contraire que l'affoiblir. Voilà ce qui fit que les provinces regardèrent la perte de la liberté de Rome comme l'époque de l'établissement de la leur.

---

[1] Après la conquête de la Macédoine, les tributs cessèrent à Rome.

[2] Harangue tirée de Trogue Pompée, rapportée par Justin, liv. XXXVIII, chap. 4.

[3] Voyez les oraisons contre Verrès.

[4] On sait que ce fut le tribunal de Varrus qui fit révolter les Germains.

CHAPITRE XX.

Fin de ce livre.

Je voudrois rechercher, dans tous les gouvernemens modérés que nous connoissons, quelle est la distribution des trois pouvoirs, et calculer par-là les degrés de liberté dont chacun d'eux peut jouir. Mais il ne faut pas toujours tellement épuiser un sujet, qu'on ne laisse rien à faire au lecteur. Il ne s'agit pas de faire lire, mais de faire penser.

FIN DU TOME SECOND.

TABLE DES MATIÈRES

CONTENUES DANS CE VOLUME.

Avertissement de l'auteur................... Page 3
Préface.. 5
Analyse de l'Esprit des lois, par d'Alembert........ 10
Analyse raisonnée de l'Esprit des lois, par Bertholini. 35

LIVRE I.

Des lois en général.

Chap. I. Des lois, dans le rapport qu'elles ont avec les divers êtres.................................... 125
Chap. II. Des lois de la nature..................... 130
Chap. III. Des lois positives........................ 132

LIVRE II.

Des lois qui dérivent directement de la nature du gouvernement.

Chap. I. De la nature des trois divers gouvernemens... 137
Chap. II. Du gouvernement républicain, et des lois relatives à la démocratie........................ 138
Chap. III. Des lois relatives à la nature de l'aristocratie. 146
Chap. IV. Des lois, dans leur rapport avec la nature du gouvernement monarchique..................... 151
Chap. V. Des lois relatives à la nature de l'état despotique.. 156

LIVRE III.

Des principes des trois gouvernemens.

Chap. I. Différence de la nature du gouvernement et de son principe.................................... 158
Chap. II. Du principe des divers gouvernemens....... 159
Chap. III. Du principe de la démocratie............ *ibid.*
Chap. IV. Du principe de l'aristocratie............ 164
Chap. V. Que la vertu n'est point le principe du gouvernement monarchique........................ 165
Chap. VI. Comment on supplée à la vertu dans le gouvernement monarchique........................ 168
Chap. VII. Du principe de la monarchie............ 169
Chap. VIII. Que l'honneur n'est point le principe des états despotiques................................. 170
Chap. IX. Du principe du gouvernement despotique... 171
Chap. X. Différence de l'obéissance dans les gouvernemens modérés, et dans les gouvernemens despotiques. 173
Chap. XI. Réflexions sur tout ceci.................. 176

LIVRE IV.

Que les lois de l'éducation doivent être relatives aux principes du gouvernement.

Chap. I. Des lois de l'éducation.................... 177
Chap. II. De l'éducation dans les monarchies........ 178
Chap. III. De l'éducation dans le gouvernement despotique.. 184
Chap. IV. Différence des effets de l'éducation chez les anciens et parmi nous........................... 185
Chap. V. De l'éducation dans le gouvernement républicain.. 186

CHAP. VI. De quelques institutions des Grecs............ 188
CHAP. VII. En quel cas ces institutions singulières peuvent être bonnes............................ 192
CHAP. VIII. Explication d'un paradoxe des anciens, par rapport aux mœurs............................ 194

LIVRE V.

Que les lois que le législateur donne doivent être relatives au principe du gouvernement.

CHAP. I. Idée de ce livre........................ 199
CHAP. II. Ce que c'est que la vertu dans l'état politique. 200
CHAP. III. Ce que c'est que l'amour de la république dans la démocratie........................... 201
CHAP. IV. Comment on inspire l'amour de l'égalité et de la frugalité................................ 203
CHAP. V. Comment les lois établissent l'égalité dans la démocratie.................................. 204
CHAP. VI. Comment les lois doivent entretenir la frugalité dans la démocratie........................ 210
CHAP. VII. Autre moyen de favoriser le principe de la démocratie.................................. 213
CHAP. VIII. Comment les lois doivent se rapporter au principe du gouvernement dans l'aristocratie....... 218
CHAP. IX. Comment les lois sont relatives à leur principe dans la monarchie......................... 226
CHAP. X. De la promptitude de l'exécution dans la monarchie...................................... 228
CHAP. XI. De l'excellence du gouvernement monarchique..................................... 230
CHAP. XII. Continuation du même sujet............. 233
CHAP. XIII. Idée du despotisme.................... 234

Chap. XIV. Comment les lois sont relatives au principe du gouvernement despotique.................... 234
Chap. XV. Continuation du même sujet............. 243
Chap. XVI. De la communication du pouvoir........ 246
Chap. XVII. Des présens...................... 248
Chap. XVIII. Des récompenses que le souverain donne. 250
Chap. XIX. Nouvelles conséquences des principes des trois gouvernemens........................ 252

LIVRE VI.

Conséquences des principes des divers gouvernemens, par rapport à la simplicité des lois civiles et criminelles, la forme des jugemens, et l'établissement des peines.

Chap. I. De la simplicité des lois civiles dans les divers gouvernemens................................ 259
Chap. II. De la simplicité des lois criminelles dans les divers gouvernemens........................ 264
Chap. III. Dans quels gouvernemens et dans quels cas on doit juger selon un texte précis de la loi........ 266
Chap. IV. De la manière de former les jugemens..... 268
Chap. V. Dans quels gouvernemens le souverain peut être juge................................. 270
Chap. VI. Que, dans la monarchie, les ministres ne doivent pas juger........................... 275
Chap. VII. Du magistrat unique................. 276
Chap. VIII. Des accusations dans les divers gouvernemens.................................. 277
Chap. IX. De la sévérité des peines dans les divers gouvernemens.............................. 278
Chap. X. Des anciennes lois françaises............. 281
Chap. XI. Que, lorsqu'un peuple est vertueux, il faut peu de peines............................. 282

Chap. XII. De la puissance des peines............ 283
Chap. XIII. Impuissance des lois japonaises......... 286
Chap. XIV. De l'esprit du sénat de Rome.......... 290
Chap. XV. Des lois des Romains à l'égard des peines... 291
Chap. XVI. De la juste proportion des peines avec le crime.. 295
Chap. XVII. De la torture ou question contre les criminels.. 297
Chap. XVIII. Des peines pécuniaires, des peines corporelles.. 299
Chap. XIX. De la loi du talion................... 300
Chap. XX. De la punition des pères pour leurs enfans. 301
Chap. XXI. De la clémence du prince............. 302

LIVRE VII.

Conséquences des différens principes des trois gouvernemens par rapport aux lois somptuaires, au luxe, et à la condition des femmes.

Chap. I. Du luxe................................. 305
Chap. II. Des lois somptuaires dans la démocratie.... 308
Chap. III. Des lois somptuaires dans l'aristocratie.... 311
Chap. IV. Des lois somptuaires dans les monarchies... 312
Chap. V. Dans quels cas les lois somptuaires sont utiles dans une monarchie............................ 315
Chap. VI. Du luxe à la Chine..................... 317
Chap. VII. Fatale conséquence du luxe à la Chine..... 319
Chap. VIII. De la continence publique............. 321
Chap. IX. De la condition des femmes dans les divers gouvernemens.................................. 322
Chap. X. Du tribunal domestique chez les Romains... 324
Chap. XI. Comment les institutions changèrent à Rome avec le gouvernement......................... 326

Chap. XII. De la tutelle des femmes chez les Romains. 328
Chap. XIII. Des peines établies par les empereurs contre les débauches des femmes.................. 329
Chap. XIV. Lois somptuaires chez les Romains........ 332
Chap. XV. Des dots et des avantages nuptiaux dans les diverses constitutions........................ 333
Chap. XVI. Belle coutume des Samnites............ 335
Chap. XVII. De l'administration des femmes........ 336

LIVRE VIII.

De la corruption des principes des trois gouvernemens.

Chap. I. Idée générale de ce livre................. 338
Chap. II. De la corruption du principe de la démocratie. *ibid.*
Chap. III. De l'esprit d'égalité extrême............. 342
Chap. IV. Cause particulière de la corruption du peuple. 343
Chap. V. De la corruption du principe de l'aristocratie. 344
Chap. VI. De la corruption du principe de la monarchie. 346
Chap. VII. Continuation du même sujet............ 348
Chap. VIII. Danger de la corruption du principe du gouvernement monarchique...................... 349
Chap. IX. Combien la noblesse est portée à défendre le trône.... 350
Chap. X. De la corruption du principe du gouvernement despotique.................................. 351
Chap. XI. Effets naturels de la bonté et de la corruption des principes................................ 352
Chap. XII. Continuation du même sujet............ 355
Chap. XIII. Effet du serment chez un peuple vertueux. 356
Chap. XIV. Comment le plus petit changement dans la constitution entraîne la ruine des principes......... 358
Chap. XV. Moyens très-efficaces pour la conservation des trois principes............................ 359

www.ingramcontent.com/pod-product-compliance
Lightning Source LLC
Chambersburg PA
CBHW050253230426
43664CB00012B/1932